人物叢書

新装版

二宮尊徳《にのみやそんとく》

大藤　修

日本歴史学会編集

吉川弘文館

二宮尊徳肖像画（小田原市尊徳記念館蔵）

天保13年（1842），小田原藩士で画家の岡本秋暉《しゅうき》が描いた56歳の時の肖像．
小田原藩の士分になっていたので，裃《かみしも》を着て帯刀する武士の身なりをしている．

夫元天地ハ萬物之父
母無天地而無有萬物
也萬物ハ生民之父
母無萬物而無有
生民也故生民ハ
天地之化身也天
地之間喰天地之

二宮尊徳自筆草稿（報徳博物館蔵）

文政12年（1829）の成田山参籠後，尊徳の思索は深まり，天保５年（1834）から翌年にかけて自ら会得した哲理を表現した文章を反故《ほご》紙の紙背に多くしたためている．これはその一つである（第六185頁参照）．

はしがき

予《よ》が足を開ケ、予が手を開ケ、予が書簡ヲ見よ、予が日記ヲ見よ、戦々兢々《せんせんきょうきょう》深淵《しんえん》に
臨むが如《ごと》く、薄氷をふむが如し

安政《あんせい》二年（一八五五）の大晦日《おおみそか》、二宮尊徳《にのみやそんとく》は自《みずか》らの人生の感懐《かんかい》をこう吐露した。悲痛な白鳥《はくちょう》の歌（辞世）を発し、その十ヵ月余りのち、数え七十歳の生涯を閉じる。

天明《てんめい》の大飢饉《ききん》の最中《さなか》、現在は神奈川県小田原《おだわら》市に属す小田原城下近郊の村に百姓の子として生まれた彼は、死去した時には幕府の御家人《ごけにん》身分で御普請役《ごふしんやく》という役職にあった。江戸時代と言われる近世は身分制社会であったが、民間の民が能力を見込まれて幕府や藩の役人に登用されるのは、決してめずらしくはなかった。彼もその一人である。幕藩《ばくはん》体制が揺らぎ解体に向かった渦中に生きた尊徳は、維新を目前にして没し、新しい時代を見届けることはなかったが、死して近代の歴史に大きな影響を及ぼしつづけた。

「尊徳」は、天保《てんぽう》十三年（一八四二）に幕臣になったのを機に名乗った実名《じつみょう》＝諱《いみな》であり、正

式には「たかのり」と訓読みするのだが、後世の人びとには「そんとく」と音読みされた。彼が唱えた「報徳《ほうとく》」に語感的に対応していたからである。だが一般的には、「尊徳」よりも通称の「金次郎《きんじろう》」の方がなじみが深いであろう。そして、「二宮金次郎」の名から思い描かれるのは、薪《たきぎ》を背負って本を読む、あの、あどけない顔立ちの少年ではなかろうか。

この金次郎少年の銅像や石像は、今日でも時折目にすることがあるが、昭和の戦前期には全国いたる所の小学校の校庭に立っていた。少年「二宮金次郎」は、明治半ば以降、修身の教科書に頻繁《ひんぱん》に取り上げられ、明治三十七年（一九〇四）に始まる国定修身教科書には、明治天皇とともにもっとも多く登場するようになる。

そこでは、極貧《ごくひん》のなかにあって「孝行」「勤勉」「勉学」の徳目を実践した模範的な人物として描かれ、同四十四年（一九一一）には文部省唱歌の題材ともなり、国民教化に絶大な役割を果たした。その模範的な少年が、なぜ、あのような悲痛な白鳥の歌を発して世を去らねばならなかったのか。

尊徳が生きた時代には、市場経済化の波が農村にも押し寄せ、経済的な格差が拡大し、没落して貧窮化する農民が続発した。そこに冷害や洪水などの自然災害がたびたび襲い、飢饉をひき起こして餓死者や病死者を大量に発生させた。領主は仁政《じんせい》を施《ほどこ》し領民の生存を保障する責務を負っていたが、それも財政難から後退を余儀なくされていた。

このような自然環境と社会的・政治的な条件のもとで、農村は疲弊し、ことに関東や東北地方の太平洋側では、耕作の手が足りずに荒地化する田畑が増大し、荒廃化が進んだ。

尊徳の生家も没落して極貧の少年時代を送ることになったが、やがて自力で家を立て直す。だが彼は、勤倹力行《きんけんりっこう》して家を再興した行為を、安楽に暮したいという「私欲」しか念頭になかったと自己反省し、後半生を多くの貧窮民の救済と村々の復興に捧げることになる。その実践のなかで、「報徳」という独自の思想を培《つちか》い、「興国安民《こうこくあんみん》」を実現するための具体的な方策を編み出す。

この方策およびその実践事業を「仕法《しほう》」あるいは「趣《しゅ》(主)法《ほう》」と称した。昭和二年(一九二七)から七年にかけて刊行された全三六巻の『二宮尊徳全集』の大部分は、仕法書類や日記・書簡で占められている。

それらは尊徳の実践の軌跡を語る記録である。彼はあくまで実践家であり、自らの思想を書物に著し出版して広めるという方法をとらなかった。実地に指導し、実践を通して、報徳の教えと仕法の真髄《しんずい》を身をもって理解させようとした。

近代に入って彼の門弟たちが著し出版した報徳関係の書物は多いが、それらには報徳思想を新しい時代に適応させ、権力側にも受け入れられるように工夫が施されており、それがただちに尊徳の思想そのものを表わしているわけではない。報徳思想は近代には国家にとって都合のよい内容に作りかえられ、少年「二宮金次郎」は国民教化に利用されたために、その真の思想と人物像がつかまえにくくなった。ために、賛美するにせよ、批判するにせよ、近代に流布《るふ》された思想と人物像を念頭においている例が少なくない。

尊徳は門弟たちに、「予が書簡ヲ見よ、予が日記ヲ見よ」と遺言《ゆいごん》した。自分がどのような考えで何をめざして仕法を行ってきたのか。その過程で政治や社会の現実とどのような軋轢《あつれき》・葛藤《かっとう》を生じざるをえなかったのか。それをどのように乗り越えようとしたのか。それらはすべて書簡や日記に記録されているので、どうか見てくれ、と悲痛な思いで訴えかけたのである。彼の伝記を著す際にも、その思いを受けとめ、実践しなくてはなるまい。

膨大な日記・書簡や仕法書類を丹念に読み解くのは根気のいる作業である。だが、それを通してでしか、彼の真の人物像と思想には肉薄できまい。「戦々兢々深淵に臨むが如く、薄氷をふむが如し」という、人生の感懐の意味するところも理解できまい。ひいては、近代国家が彼の少年時代のみを造形して国民教化に利用した意味も理解できまい。

私は若かりし頃、江戸時代の家と村を研究テーマにしていたが、家と村の崩壊が農民の内面にどのような衝撃を与え、それを立て直すためにどのような思想を生み出し実践したのか、という問題関心から、その事例として尊徳の思想と仕法の研究にも手をつけ、最初の論文を一九八二年に発表した。その直後に『人物叢書　二宮尊徳』の執筆依頼を受けた。尊徳そのものを研究テーマにしてゆくつもりは毛頭なかったので、断ったのだが、とうとう押し切られてしまった。三十歳代の半ばのことである。

だが、調べれば調べるほど、自身が人生経験を積まなければ、とうていその深みをとらえきれない、一筋縄ではいかない人物だと思い知らされ、執筆を躊躇《ちゅうちょ》しているうちに三十年余も歳月が流れてしまった。昨年三月末に定年退職したのを機に、踏ん切りをつけて執筆にとりかかったものの、案《あん》の定《じょう》、悪戦苦闘の連続であった。

この間、尊徳の思想や仕法について、新たな視角からすぐれた研究が多く出されており、その成果を盛り込むように努めたが、どれだけ咀嚼《そしゃく》できているのか、はなはだ心もとない（歴史学の立場からの研究史については、拙著『近世の村と生活文化』Ｉ部第一章、早田旅人『報徳仕法と近世社会』第一章を参照されたい）。

人物史には、著者の歴史認識のみならず、人間認識の深浅も投影せざるをえない。読者に尊徳が魅力のない人物に映ったならば、ひとえに筆者の歴史家としての力量不足と人間認識の浅薄《せんぱく》さによる。

ところで、筆者はかつて、福島県原町市《はらまち》（現南相馬市）の市史編纂《へんさん》事業に参画した経験がある。当地は江戸時代には中村藩主相馬氏《なかむらはんしゅそうまし》が領知《りようち》していた。同藩は衰弊した農村を復興するため、弘化《こうか》二年（一八四五）に報徳仕法を導入して廃藩置県《はいはんちけん》まで実施した。この事業は、近代に向けての地域の生産・生活基盤と人づくりに大きな力を発揮する。

だが、二〇一一年三月十一日、東日本大震災が襲い、先人たちが苦労して切り開いた田畑の大半は、巨大な津波に呑み込まれ、一瞬にして荒地に帰してしまった。多くの人命も失われた。津波を免《まぬが》れた人びとと田畑には、原発事故によって飛散した放射能が襲いかかった。当地に伝わる史料の調査で多くの方々にお世話になっただけに、その惨状には胸が痛む思いひとしおである。

江戸時代の後期には、全国各地で人びとは地域の復興に取り組み、それを通じて人間としての強靭《きようじん》な主体性を形成し、知恵や思想を培い、新たな技術を生み出した。「報徳」の思想と仕法も、そうした社会的な営みのなかで創出されたのである。

今日、地域社会は、グローバルな市場経済化の波に席捲《せつけん》されて疲弊したうえに、震災、暴風雨災害、果ては科学技術災害など相次ぐ災害に見舞われ、「復興」「再生」が叫ばれている。それは我われに、価値観や生き方そのものの問い直しをもせまる。それに向き合うなかで、どのような新たな思想や技術を創造し、よりよい社会づくりをするか。人類社会の未来にも関わる、私たちに突きつけられた歴史的な課題である。

本書は、江戸時代末期、似たような課題と格闘した一人の男と、その家族の人生の軌跡を描いたものである。そこから、現代に生きる我われが、何か汲みとるべきものがあるか。その判断は読者各位にゆだねるほかない。

なお、引用史料は書き下し文に改めるか現代語訳し、『二宮尊徳全集』所収史料については、各章の初出時に（『全集』六）というふうに略記して巻数を示した。巻末の主要参考文献にあげた論文は、本文中では所収の雑誌・書籍名を省略している。年齢はすべて数え年である。

二〇一四年十一月一日

大藤　修

目次

口　絵

挿図表

第一　誕生と時代・生活環境

一　運命の子

日本近世の気象環境

気象学によると、十六世紀半ばから十九世紀後半にかけては小氷期で、気候はおおむね寒冷であったが、とりわけ一六一〇～一六五〇年、一六九〇～一七四〇年、一七八〇～一八八〇年の三つの期間が寒冷期のピークをなしていたとされる（前島郁雄「歴史時代の気候復元」『地学雑誌』九三―七）。日本の近世はこの小氷期にすっぽり入っていたのであり、冷害による凶作・飢饉《ききん》がしばしば発生した。特に第三の寒冷ピーク時には、一七八〇年代の天明《てんめい》の飢饉、一八三〇年代の天保《てんぽう》の飢饉と、二度にわたって大飢饉が襲っている。

誕生と政治・社会状況

天明七年（一七八七）は全国的に大飢饉となり、各地で米屋などを打ちこわす米騒動が発生し、幕府においては老中《ろうじゅう》田沼意次《たぬまおきつぐ》の一派が責任を問われて排され、松平定信《まつだいらさだのぶ》が老中首座に就いて寛政《かんせい》の改革を開始した。

世上騒然たるなか、この年の七月二十三日朝、相模国足柄上郡栢山村《さがみのくにあしがらかみぐんかやまむら》（神奈川県小田原市栢山）の百姓であった二宮《にのみや》利《り》右衛《え》門《もん》と妻好《よし》の間に、長男が誕生した。この男児はのちに「二宮金次郎」「二宮尊徳」の名で世に知られることになる。誕生年月日は、文政《ぶんせい》三年（一八二〇）に再婚した際の「婚礼祝儀控帳」（『全集』一四）の裏表紙に、自身について「天明丁未《ひのとひつじ》年七月廿《にじゅう》三日朝誕生」と記していることから判明する。

彼は、安政《あんせい》三年（一八五六）十月二十日に没するまで、近世小氷期の第三のピーク時、政治・社会史の上では幕藩《ばくはん》体制解体期とされる時代を、足掛け七十年生きることになる。天明の大飢饉の最中《さなか》、政治・社会史的にも転換点に生を享《う》けたことは、その後の彼の事蹟を想起するとき、まこと、運命的なものを感じざるをえない。

その意味ではまさに、「運命の子」であった。

「金治郎」と「金次郎」

自筆文書では「金治郎」と署名している例が多いので、親の命名も「金治郎」であった可能性が高いが、当時は名前に同音の異字を当てることはめずらしくなく、文政四年に小田原藩《おだわらはん》に登用された際に公文書に「金次郎」と記されたので、それが通用するようになったのである。後世にも「二宮金次郎」で知られているので、本書では史料上の表記を除いて「金次郎」に統一して叙述する。

仮名＝通称

中世・近世には十五歳が子どもと大人の境界年齢であり、男子は大人になると童名《わらわな》（幼名《ようみょう》）を成人名に改め実名《じつみょう》と通称を持つのが通例であった。実名は諱《いみな》（忌み名）であり、他人に実名を名乗ったり、他人の実名を呼んだりすることはタブー（禁忌《きんき》）とされていたので、通常は仮名《けみょう》という通称を用いた。庶民は宗門人別改帳《しゅうもんにんべつあらためちょう》に童名と通称が登録され、領主に提出する公的文書にも通称を記した。庶民男子も童名から成人名の通称に改めている例が多いが、「金治（次）郎」は成人後もそれを通称として使用している。「鶴松」「亀吉」などという童名固有の名前ではなく、「治郎」にしろ「次郎」にしろ童名にも成人後の通称にも用いられていたので、改名の必要を感じなかったのであろう。

実名＝諱

実名＝諱は、文政四年（一八二一）九月二十一日に名主役格《なぬしやくかく》として小田原藩に登用され、同九年（一八二六）五月一日、組徒格《くみかちかく》の士分に昇進したのを機に、「治政」を名乗っていたが、天保十三年（一八四二）十月二日に幕臣になってからは「尊徳」と改めている。

正式には「たかのり」と訓読みするのであるが、音読の「そんとく」が彼の唱えた「報徳《ほうとく》」に対応していることもあって、それが定着してしまったのである。

名字（苗字）

名字《みょうじ》（苗字）は「二宮《にのみや》」である。十四世紀以降、百姓層においても財産、職業を「家産」「家業（家職）」として父子相承していく「家《いえ》」の形成が進んだのに伴い、「家名」として名字を名乗るようになっていた（坂田聡『苗字と名前の歴史』）。所領や居住地の地名にちなむものが多く、当初は「名字」と表記したが、それは家の出自・由緒を示すので、同種同根の苗裔《びょうえい》という意味で「苗字」とも表記するようになり、江戸時代には幕府の法令にも「苗字」が用いられたこともあって、それが一般化したのである。江戸時代には苗字を公式に名乗れるのは支配身分である武士の特権となり、庶民が苗字を公称することは禁じられたので、庶民は苗字を持っていなかったという俗説も生まれたのであるが、私的には用いていた例は多い。金次郎も「二宮」の苗字をたびたび私用している。

二　足柄平野と栢山村

栢山村の沿革と地理

二宮金次郎生誕地の栢山《かやま》村は、明治二十二年（一八八九）、町村制の施行に伴い曽比《そび》村、竹《たけ》松《まつ》村飛地《とびち》と合併して神奈川県足柄上郡桜井《さくらい》村となり、昭和二十五年（一九五〇）に小田原市に編入され、その大字《おおあざ》栢山として今日に至っている。旧小田原城下町の市街からは北へ約八キロの所に位置する。栢山村は酒匂《さかわ》川流域の沖積《ちゅうせき》平地である足柄平野の中央部に開かれた村で、東端を酒匂川、中央を仙了《せんりょう》川、西端を要定《ようさだ》川が流れている。西方に箱根《はこね》外輪山、北方に丹沢《たんざわ》山系がそびえる。村内は仙了川を境に東栢山と西栢山に分かれ、それぞれに名主《なぬし》を置いたが、行政上は一村であった。金次郎の生家は東栢山に属し、酒匂川と仙了川にはさまれた平地の中央部に形成された集落の中にあった。

小田原藩の藩主と領知高

栢山村は小田原藩領に属し、藩主は譜代大名《ふだいだいみょう》の大久保《おおくぼ》氏が貞享《じょうきょう》三年（一六八六）に再び

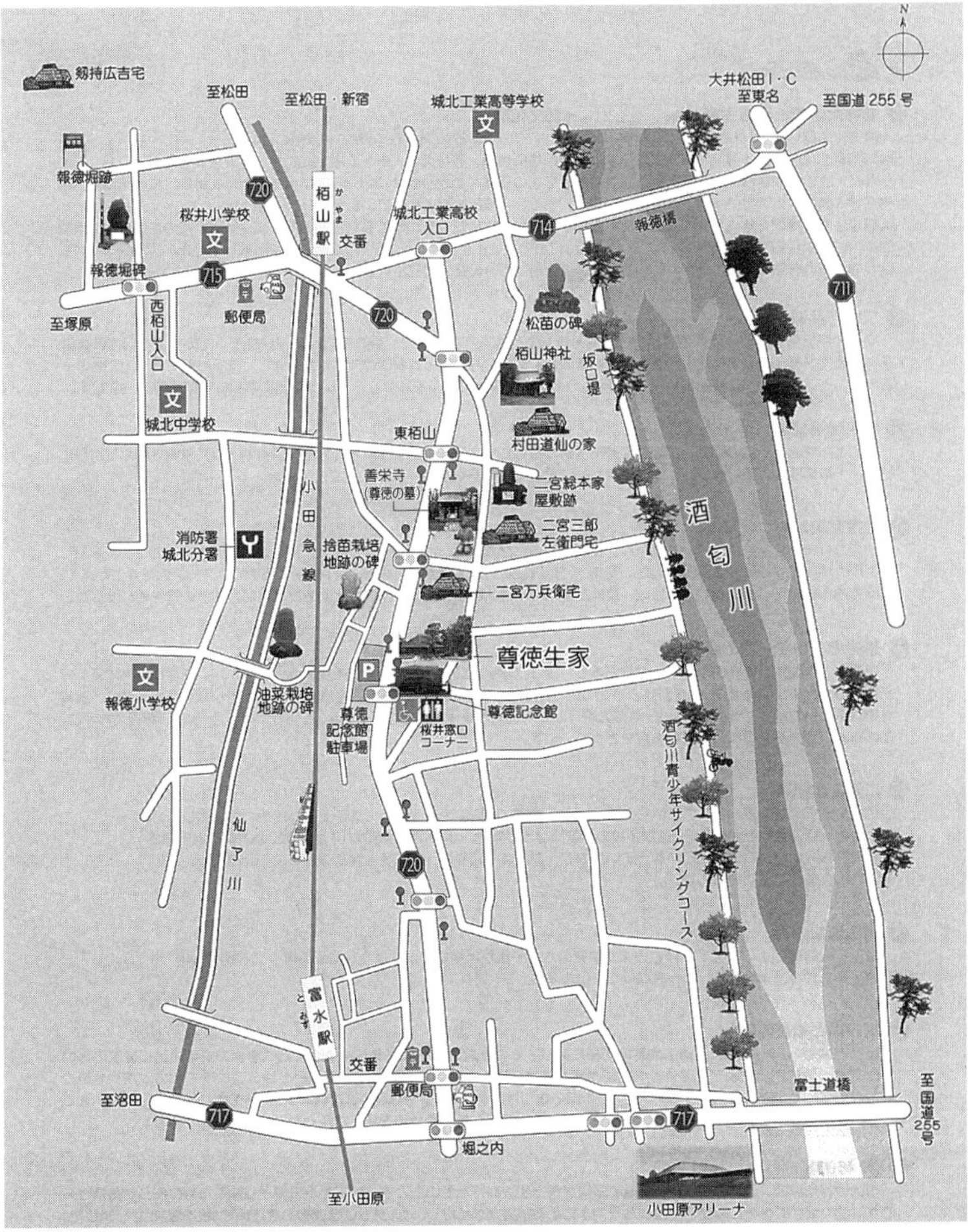

小田原市栢山の二宮尊徳関係遺跡所在地図
（小田原市尊徳記念館「二宮尊徳遺跡案内図」より）

入封してからは、宝永《ほうえい》四年（一七〇七）の富士山大噴火後、復興のために一時的に幕府直轄地とされたのを除き、幕末まで変わらなかった。大久保氏が将軍から宛てがわれた表《おもて》高《だか》という公式の領知《りょうち》高は、元禄《げんろく》七年（一六九四）以降は一一万三〇〇〇石《ごく》余である。

栢山村の面積

栢山村の田畑屋敷の面積は、万治《まんじ》元年（一六五八）の「検地帳《けんちちょう》」（『全集』一一六）では、田地四六町《ちょう》五反《たん》八歩《ぶ》、畑地七反九畝《せ》一四歩、屋敷一町二畝七歩、計四八町三反一畝二九歩であった。一歩は一坪《つぼ》で約三・三平方メートル、一畝は三〇歩、一反は一〇畝、一町は一〇反で一〇〇アール弱である。

耕地の大開発

十七世紀は耕地が全国的に大規模に開発された時代である。戦乱が終息すると戦争によって領地を拡大することができなくなったので、幕府も諸藩も自己の領地内の原野を開墾して経済基盤を拡大しようとしたからである。百姓たちもまた、所持する田畑の地先を開墾して耕地をふやそうとした。木村礎『近世の新田村』によれば、全国の耕地面積は、十六世紀末には約二〇〇万町歩であったのが、十八世紀初めには約三〇〇万町歩にも増加しているので、この間の開墾がいかに盛んであったかが知られよう。したがって、大名の領知高も公式の表高より実際の収穫高（内高《うちだか》＝実高《じつだか》）ははるかに大きかった。

足柄平野と栢山村の開発

足柄平野でも十七世紀には、小田原藩主導の治水事業により酒匂川中・下流域の開墾が進み、多くの新田村が生まれるとともに、旧来の村でも耕地面積は増加した（足柄平野については『小田原市史　通史編　近世』『開成町史　通史編』『南足柄市史6　通史編』参照）。栢山村も同様であり、延宝《えんぽう》七年（一六七九）の「新田畑改帳」（『全集』一六）によると、田畑合わせて一五町五反五畝二九歩となっている。このほかに四町八反四畝一三歩の「川原新田畑」が存在した。万治元年の検地で把握されていた田畑屋敷と合計すると、六八町七反二畝一一歩となり、うち田地が五八町六反三畝一〇歩で、八五％余を占める。水田に恵まれた村であったのであるが、川原に開かれた耕地では約三分の二が畑である。

栢山村の村高

幕府の日本国土把握の土地台帳であった「元禄郷帳《ごうちょう》」（一七〇二年）と「天保郷帳」（一八三四年）では、栢山村の村高はそれぞれ九八二石余、一二七一石余であり、足柄平野では大村である。なお、後者の石高は新田畑の高も含まれている実高であるのに対し、前者は表高である。実際には十八世紀初頭までに耕地の開発はもっとも進展しており、小田原藩がそれをも把握して設定した元禄十三年（一七〇〇）の村高は一二〇四石余であり（『角川地名大辞典14　神奈川県』）、元禄郷帳の村高よりも二二二石ほども多い。

開発の進展と洪水

江戸時代の開墾事業は河川《かせん》中・下流域の氾濫原《はんらんげん》にまで及んだのが特徴であったが、それは耕地の洪水被害を受けやすくした。足柄平野にあっても同様である。加えて、関東・中部地方では、宝永四年に富士山が、天明三年（一七八三）には現在の群馬・長野両県の境にそびえる浅間山《あさまやま》が、それぞれ大噴火を起こし、その際に広範囲にわたって降り積もった土砂により川床《かわどこ》が高くなっていた。ことに中・下流域には上流から土砂が運ばれて堆積したため、氾濫の危険性はより大きくなっていたのである。

酒匂川の流路変更と氾濫

天正《てんしょう》十八年（一五九〇）、小田原を居城とする北条《ほうじょう》氏が豊臣秀吉《とよとみのひでよし》の軍勢によって滅ぼされ、徳川家康《とくがわいえやす》が関東に移封すると、譜代《ふだい》の有力家臣であった大久保忠世《ただよ》が小田原城主に据えられた。丹沢山地と足柄山地の水を集める酒匂川は、大久保氏入封以前は現在の流路より約二キロ西側を流れていたが、足柄平野に入ると乱流して氾濫しやすく、平野の東側では用水の確保が困難であった。

そこで、大久保忠世とその跡《あと》を継いだ忠隣《ただちか》は、延長約九三〇メートルに及ぶ大口堤《おおぐちつつみ》という土《ど》手《て》の堤防を築いて流路を東側に変え、足柄平野中央部を貫流するようにした。そして、酒匂川から灌漑《かんがい》用水を取水する堰《せき》を造成し、耕地の開発を進めた。しかし、増水すると堤防に圧力がかかって決壊しやすく、下流域にたびたび甚大な被害を及ぼした。

それに拍車をかけたのが、元禄十六年（一七〇三）に関東を襲った大地震と宝永四年の富士山大噴火である。大地震で酒匂川の堤防が各所で損壊して大水害をひき起こしていたところに、四年後には富士山が火を噴き、その際の降砂で田畑が甚大な被害を受けたばかりか、川床が上がって氾濫がちになったのである。

酒匂川の堤防修築

小田原藩領のうち特に被害が大きかった地域は、一時的に幕府直轄地の天領《てんりょう》とされ、幕府の主導のもと、国家的公共事業として復旧が進められた。酒匂川両岸も天領化し、享保《きょうほう》七年（一七二二）頃から地方御用《じかたごよう》を兼務した町奉行《まちぶぎょう》の大岡忠相《おおおかただすけ》の指揮下で、堤防が再建された。大口堤は同二十年（一七三五）に竣工したとされる。築堤工事は当時最高水準の技術を駆使して行われており、治水の安定度は以前よりはるかに高まったが、酒匂川の洪水との闘いの歴史に終止符が打たれたわけではない。その後も氾濫は発生しており、二宮金次郎の生家も田畑が残らず流出し、没落することになる。

三　生命の再生産の危機

傍系親族と隷属民の自立

江戸時代初期には、譜代下人《ふだいげにん》や傍系親族を家内に抱え、名子《なご》、門屋《かどや》、被官《ひかん》などと呼ばれる家を従属させて、比較的大規模な農業経営を行っていた土豪的な百姓も少なからず存在した。譜代下人は家内奴隷的な存在であり、売買・譲渡の対象ともなった。後者は主人から土地を分与ないし貸与されて分家したのちも、いまだ主人の人身的支配のもとに置かれた隷属身分の家で、主家に労働奉仕をする代わりに庇護を受けていた。しかし、耕地開発の進展を基盤に、譜代下人や傍系親族が分家独立していくとともに、名子なども隷属身分から脱して、村の正規の構成員である一軒前《いっけんまえ》の百姓身分へと自立していった。

小農民の「家」の形成

それが十七世紀の一般的な趨勢《すうせい》であり、栢山村でも門屋の百姓化の動向が確認されている（『小田原市史　通史編　近世』）。その結果、地域によって差異はあるものの、十七世紀半ば以降、家長夫婦と子ども、それに隠居親が加わることもある、五人前後の小家族から成る小さな「家《いえ》」が広範に成立していくことになった。歴史学ではそれを小農民《しょうのうみん》の家と呼ぶ。そして村はその連合体となり、地縁共同体として個々の家の存続を保障した。

足柄平野にあっても、十七世紀後半には小農民の家の形成が進んでいた。

「家」意識と生活規範

この小農民の家が、農業経営のみならず死者・先祖の祭祀の単位ともなったところに、江戸時代の特徴がある。十七世紀半ば頃までは、死後、恒久的な石塔墓標を建立され、戒名《かいみょう》を与えられ、位牌を作られて個別に供養されていたのは、上層の家の家長とその妻に限られていた。それが十七世紀後半以降になると、墓標、過去帳に記載された戒名の数、位牌も急増する。このことは、各地の調査で明らかにされているところである。それは、村落においても都市においても小経営体の家が広範に成立し、多くの家が自己の家の死者・先祖を主体的に祭祀するようになっていたことを物語る。

この時代には、先祖から子々孫々へと永続していくことを希求する「家」が、広い社会階層において形成され、社会の基礎単位となるとともに、生命を再生産する単位ともなった。そして、人びとの生存と死後の魂の安穏を保障する機能を果たした。

家の没落はただちに生存の危機につながり、家が絶えれば生命の流れも途絶し、死者は無縁仏となった。したがって、人びとにとって、先祖から受け継いだ「家産」を減じないよう「家業」に励み、「家」を維持・繁栄させ、子孫をもうけて譲り渡し、先祖の祭祀を絶やさないことが、至上の生活規範となったのである。それが、先祖とそれに連なる父母への「孝」である、と考えられてもいた（拙著『近世農民と家・村・国家』）。

家族労働で営む小経営にあっては、家長の統率のもとに家族が力を合わせて家業に出精することが求められる。それゆえ、「家」を存続させるために、勤勉、倹約、和合、孝行などの徳目を生活規範として打ち立て、その実践によって自己を規律・鍛錬して、人間としての主体性を確立しなくてはならないという「通俗道徳思想」が、江戸時代中頃から民衆の間に定着していくことになる（安丸良夫『日本の近代化と民衆思想』）。

二宮金次郎は青年期に、没落した生家を勤倹力行《きんけんりっこう》して独力で立て直すが、それは当時の生活規範からすれば、先祖・父母への孝を実践する、至極《しごく》当然の行為であったのである。

人口の爆発的増加

耕地の大開発を基盤に譜代下人や傍系親族も分家独立し、結婚して家族を形成するようになったことにより、人口も爆発的に増加した。歴史人口学によると、一六〇〇年頃には一二〇〇〜一八〇〇万人と推定されるのが、幕府の全国的人口調査の始まった享保六年（一七二一）には三一〇〇万人となっている（鬼頭宏『環境先進国江戸』）。

耕地開発の頭打ちと産児制限

しかし、十八世紀に入ると耕地の開発は頭打ちとなった。しかも、小経営体の家にあっては、経済力が低いうえに主婦も家業労働に従事するので、扶養能力と育児の手間を考えて産児数を制限することが家の存続にとって不可欠になる。その手段として、結婚年齢を遅らせることによって出生力を低下させるとともに、堕胎《だたい》や間引《まび》き（嬰児《えいじ》殺し）という措置《そち》もとられたことが、歴史人口学で指摘されている。

経世家の西川如見《にしかわじょけん》が享保六年に著した『百姓嚢《ひゃくしょうぶくろ》』のなかでも、三人目以上の子を間引くのが村里の風習となっていたことが述べられている。堕胎や間引き自体は古くから行われていたであろうが、近世に村落と都市で小経営体の家が広く成立したのに伴い、家の存続に不可欠な処置として社会現象化したのであり、単に貧窮化したから行ったと解したのでは、歴史的必然性を見落とすことになる。江戸時代には、広範な家の形成を機に、家を連ねていく存在として子どもへの関心が高まり、「子宝」意識が広く成立したが、それと表裏の関係をなして堕胎・間引きも一般化したのである。

人口の停滞と減少

耕地開発の頭打ち、産児制限の社会化、相次ぐ災害、こうした要因により、十八世紀には人口が停滞するか、地域によっては減少していった。

関東・陸奥の人口激減

特に関東と陸奥国《むつのくに》（東北地方の太平洋側）で減少が激しかった。両地域の農村では、土地生産力が低かったうえに貢租が過重であったこと、商品貨幣経済の浸透により農民層の分解が進み、没落した農民が都市に流出したこと、小氷期の気候寒冷化の影響を特に強く受け、凶作・飢饉が相次ぎ、餓死者や病死者が大量発生したこと、こうした諸要因が複合的に作用して人口が激減したのである。

農村人口の流入した都市部では、人口密集のために衛生環境が悪く、死亡率が高かった。歴史人口学者の速水融は、それを「都市蟻地獄《ありじごく》（都市墓場）」と評する（『歴史人口学の世界』）。ために関東と陸奥国では全体として人口の激減に結果したのである。

関東・陸奥の人口変遷

関山直太郎『近世日本の人口構造』に示されている国別の人口変遷をもとに、享保六年の人口指数を一〇〇として、天明六年（一七八六）、寛政十年（一七九八）、文政五年（一八二二）それぞれの指数を算出してみよう。天明六年は全国九六・二、関東八五・四、陸奥七九・七、寛政十年は全国九七・七、関東八四・九、陸奥七八・四、文政五年は全国一〇二・一、関東八二・八、陸奥八四・一となっている。東北地方日本海側の出羽《でわ》国でも十八世紀には人口が減少しているが、太平洋側の陸奥国でいちじるしかったのは、冷雨を運んでくる「ヤマセ」という北東風の影響で冷害が激しかったからである。

下野・常陸の人口激減

関東八ヵ国のうち、房総半島南部に位置し、沖合いを流れる黒潮の暖流の影響で温暖な気候であった安房《あわ》国（千葉県南部）のみは、十八世紀にも人口が微増しているものの、他はいずれも災害の頻発した十八世紀半ばより人口減に転じている。とりわけ下野国《しもつけ》（栃木県）と常陸国《ひたち》（茨城県）ではいちじるしく、二宮金次郎の郷里の足柄平野の属する相模国《さがみ》（神奈川県）もかなり落ち込んでいる。この三ヵ国の人口指数は、天明六年＝下野七七・六、常陸七二・二、相模八九・四、寛政十年＝下野七三・八、常陸六九・二、相模八八・七、文政五年＝下野七〇・五、常陸六九・六、相模八六・三である。

農村荒廃

農村人口が激減した地域では耕作の手が足りず、多くの田畑が手余り地となって荒地と化し、農村荒廃という現象を生じた。それを促進したのが年貢村請《ねんぐむらうけ》制のシステムである。江戸時代には年貢は領主から村単位に賦課され、村の責任で皆済しなくてはならなかった。潰《つぶれ》百姓という経営破綻した百姓が出れば、他の百姓たちがその分の年貢を肩代わりして納める責任を負ったので、百姓の負担はますます過重化し、新たな潰百姓の発生→手余り荒地の増大→年貢収納量の減少という悪循環におちいったのである。

生命再生産の危機と農村復興

江戸時代には大多数の人びとは村に住み、家と村を基盤に生産と生活を営み、生命を再生産していた。武士階級は、百姓から年貢として取り立てた米によって生命を維持するとともに、余剰米を販売して換金し、他の必要物資を購入していた。

年貢収納量が激減すれば当然、武士の家も困窮する。また、都市の商人・職人や鉱山労働者、漁業・林業従事者なども米などの農産物を購入していた。

のみならず、十八世紀には農村においても食料農産物を自給しない層が拡大していた。商品貨幣経済が浸透し、商品生産として木綿や油の原料となる綿花・菜種の栽培、染料の藍《あい》・紅花《べにばな》の栽培、養蚕などが盛んになるとともに、製糸・織物業、絞油《こうゆ》業、酒・醤油醸造業などの加工業も展開するようになっていたからである。

したがって、食料を外国から輸入していなかった当時にあっては、農村荒廃が進み、農産食料の生産が減退することは、社会全体の生命再生産の仕組みを危うくすることにつながったのである。ことに凶作ともなれば、深刻な飢饉状態におちいり、農村の荒廃化を加速させ、社会の存続を危機に瀕せしめた。

ために、天明の大飢饉を機に、領主層も民間人も凶作に備えて穀物を蓄えておく必要を自覚し、社倉《しゃそう》や義倉《ぎそう》などを設けるとともに、農村の復興に取り組んでいく。

二宮金次郎も長じてからは、こうした時代の課題を担って奮闘することになる。

四　二宮一族と生家

栢山村二宮一族の始祖

栢山《かやま》村における二宮一族の歴史は、二宮伊右衛門《いえもん》という人物が戦国時代に土着して、田畑を開いたことに始まる、とされている。初代伊右衛門の没年については、菩提寺善《ぼだいじぜん》永寺《えいじ》の「旧記」は永正《えいしょう》十七年（一五二〇）、同寺境内の二宮家累代の供養墓碑は天正八年（一五八〇）としているという（飯森富夫「「栢山二宮氏」の出自をめぐって」）。

　いずれにしても戦国時代に土着したことになる。

二宮一族の形成

　尊徳の孫の尊親《たかちか》が明治二十七年（一八九四）に家系調査をしてしたためた「二宮家系図下調」（同前で紹介）では、寛永《かんえい》二年（一六二五）、三代目伊右衛門の代に二男の権右衛門《ごんえもん》を分家させたのを皮切りに、その後も分家を輩出し、分家からまた枝分かれし、ついには分家と末家《まっけ》（孫分家）を合わせ一二戸に及んだとする。宗家《そうけ》（総本家）を合わせると一三戸で、金次郎誕生時の二宮一族の戸数と合致する。

総本家の所持地

　万治元年（一六五八）の栢山村の「田方名寄帳《たがたなよせちょう》」（検地帳の名請人《なうけにん》＝登録人ごとに名請田地を集計した帳簿。『全集』一六）では、伊右衛門の所持地は四町八反九畝五歩である。同家三代目の時に権右衛門に次いで三郎左衛門《さぶろうざえもん》が分家しており、両者の所持田地は権右衛門四町九反六歩、三郎左衛門九反三畝一歩である。「二宮家系図下調」では、寛永二年の権右衛門分家に際して田畑一〇分の四が分与されたとしているが、万治元年段階では所持田地は権右衛門の方が伊右衛門のそれを若干上回り、村内で一番となっている。

　伊右衛門家が二つの分家を出す前は所持地はもっと大きかったはずなので、初代伊右衛門が栢山村を開発した有力草分《くさわけ》百姓の一人であったことは間違いないであろう。

二宮氏の出自と姓

「二宮家系図下調」は、二宮氏は伊豆国《いずのくに》（静岡県）の伊東氏に出自し、姓《せい》は藤原であったとする。ちなみに、姓は中国で発生した父系血統の標識であり、それを継受した日本においては、大王《おおきみ》（のちの天皇）が支配の対象とする豪族や民に賜与するものとなる。

二宮一族の出自認識の齟齬

この二宮氏の出自認識は、二宮伊右衛門家からの第一の分家筋である二宮権右衛門の安政五年（一八五八）の調書を根拠としている。ところが、尊徳の門人たちが著した菅谷八《すげのやはち》郎《ろう》右衛門《えもん》『桜街拾実《おうがいしゅうじつ》』（『報徳博物館資料集1』）、富田高慶《とみたたかよし》『報徳記《ほうとくき》』（『全集』三六）、福住正《ふくずみまさ》兄《え》『報徳教祖二宮尊徳翁略伝』（同前）では、二宮氏の出自は平氏の流れをくむ曽我氏であったとしている。尊徳からそう聞かされていたのであろう。

二宮一族の間でも出自認識が異なっていたのである。ではそれは、どのような事情に由来するのであろうか。この疑問を解くべく、飯森富夫が、中世前期の西相模における二宮、伊東、曽我三氏の関係を検証している（前掲論文）。

それによれば、相模国二宮《にのみや》を本貫《ほんがん》とする二宮氏は桓武《かんむ》平氏良文《よしふみ》流の中村氏の一族で、友平という人物が二宮河勾荘《かわわのしょう》（神奈川県二宮町）の地頭《じとう》になって「二宮」を苗字として名乗るようになり、相模国の二の宮であった川勾神社の宮司職《ぐうじしき》をも掌握していたらしいという。そして、この二宮氏と伊東氏、曽我氏は三者相互に幾重もの血縁関係で結ばれ、組織的な武士団として活動していたことから、栢山二宮氏の出自について、種々の曲折を経て曽我氏説と伊東氏説を生み出したのではないかと、飯森は推測する。

苗字は所領や居住地にちなむのが通例なので、栢山二宮氏の苗字もたぶん相模国の二宮荘に由来しているのであろう。

金次郎の生家

さて、栢山二宮氏の宗家伊右衛門家からは、三代目の時に権右衛門に次いで三郎左衛門が分家した。この初代三郎左衛門が出した分家のうちの一つに万兵衛《まんべえ》家があり、その三代目当主の弟、銀右衛門《ぎんえもん》が分家創設したのが金次郎の生家で、万兵衛家の南隣に位置する。銀右衛門は金次郎の祖父に当たる。金次郎が幕府に登用された後の弘化《こうか》二年（一八四五）に勘定所《かんじょうしょ》に提出した「親類書」（『全集』一四）では、銀右衛門は「無妻」だったので、兄で栢山村組頭《くみがしら》であった万兵衛の二男、利右衛門《りえもん》を養子にしたとしている。

銀右衛門と利右衛門は、二宮の苗字を冠した連名で、安永《あんえい》七年（一七七八）正月に「家株《いえかぶ》」（家産）の明細取調書を作成した。連名は「二宮銀右衛門、同利右衛門」の順である。

前近代にあっては格上の者の名を後に記すのが原則であったので、家産調べをしたうえで家長の地位と家産が利右衛門に譲られたのかもしれない。

生家の所持地

調査の結果、田畑屋敷は合わせて二町三反六畝二二歩、うち下々畑《げげばた》というもっとも地味の悪い畑四畝一八歩を万兵衛方の屋敷に造成替えするために渡していたので、実質の所持地は二町三反二畝四歩であることが判明した（「家株田畑反別取調帳」『全集』一四）。

二宮金次郎の生家の家屋外観（上）と内部（下）
（小田原市栢山尊徳生誕地）

生家の家屋

当時の栢山村の土地所持の階層構成は不明であるが、一般的には中層上位の農家である。利右衛門はまだ結婚していなかったので、養父子二人のみではとても耕作できるような規模ではない。おそらく、手作《てづく》りできない耕地は小作に出していたにちがいない。

家屋は後年、金次郎が父母を亡くして弟二人とも離別した際に売り払い、人手に渡っていたが、昭和三十四年（一九五九）、尊徳記念館第二期事業として当時の所有者から譲渡を受け、翌年、生誕の地に復元された。江戸時代の中流農家の典型的家屋とされる。

祖父銀右衛門の土地集積

銀右衛門が分家に際し万兵衛からどのくらいの土地を分与されたのかは判明しないが、彼が買得によって所持地をふやしたことは、祖父銀右衛門の代から金次郎の代までの田畑購入の証文を書き留めた「田畑本証文 並《ならびに》 添書《そえがき》 扣《ひかえ》帳」（『全集』一四）によって確認できる。銀右衛門は、寛延《かんえん》四年（一七五二）から安永六年（一七七七）にかけて、田畑購入に計三三両《りょう》一分《ぶ》二朱《しゅ》を費やしているのである。銀右衛門宛の売渡証文のうち一通は田地面積が記載されていないが、それを除いても買得田畑は七反一四歩となる。彼は妻帯しなかったので、独力で家を興《おこ》したわけである。

『報徳記』の銀右衛門評

尊徳の一番弟子の富田高慶が安政《あんせい》三年（一八五六）に著した『報徳記』は、尊徳の伝記の出発点となったもので、その後の尊徳伝に多大な影響を及ぼしたが、この書でも「祖父銀右衛門常に節倹を守り家業に力を尽し頗《すこぶ》る富有を致せり」と記してある。この記述は史料に照らしてもあながち誇張ではない。

二人の祖父

銀右衛門の兄の万兵衛も、弟を分家させるほどの資産を築き、自身は栢山村の組頭《くみがしら》という名主《なぬし》（村長）の補佐役にも就任しているところからして、努力家で才覚と名望もあったのであろう。血縁的には彼が金次郎の祖父であり、「親類書」でも父方親類の筆頭に「祖父　相州足柄上郡栢山村組頭　万兵衛死」と記しており、金次郎も彼との血のつながりを意識していたことが知られる。義理の祖父である銀右衛門と金次郎とは、万兵衛―利右衛門の実の親子関係を介して血続きであった。

金次郎の努力ぶりと才覚は、両祖父の資質を引き継いでいたのかもしれない。

親類書によると銀右衛門は天明二年（一七八二）十月に死去しているので、祖父と生活をともにはしていなかったことになる。しかしながら、父の利右衛門から銀右衛門のことは当然聞かされていただろう。金次郎が没落した自家を独力で再興した際も、あるいは、独力で家を興した銀右衛門の伝承が精神的支えになっていたのかもしれない。

父利右衛門の土地買得

利右衛門も安永四（一七七五）、五年に田地計一一畝一六歩を一一両三分で購入している（「田畑本証文並添書扣帳」）。持参金を資金としていたのかもしれない。下々田四畝一八歩に七両三分もの大金を支払っているので、困窮者扶助のために買ってやったのであろう。彼は困っている者には求めに応じて施《ほどこ》しをしたので、村人から「栢山の善人」と称さ

父母の誕生年と母の出自

れていたという（『報徳記』）。

利右衛門は天明四年（一七八四）十二月、祝言《しゅうげん》をあげた。このことは祝儀を書き留めた同年月付の「祝儀扣帳」（『全集』一四）によって確認できる。その裏表紙に、のちに金次郎が父母の名を「二宮利右衛門」「川久保《かわくぼ》お好《よし》」と苗字付けで表記し、それぞれの右脇に誕生年と年齢を書き込んでいる。それによると、利右衛門は宝暦《ほうりゃく》三年（一七五三）生まれで三十二歳、お好は明和《めいわ》四年（一七六七）生まれで十八歳であった。

お好は「親類書」には「相州足柄上郡曽我別所《そがべっしょ》村組頭太兵衛《たへえ》娘」とある。近郷の組頭の家から嫁を迎えているので、当時の利右衛門家は、家柄と経済力が地域社会において認知されていたのであろう。

「お好」の「お」は女性名に冠する接頭語であり、本名は「よし」である。近世には宗門人別帳をみても、庶民女性の名前は「まつ」「なつ」といった仮名書き二音節であるのが通例であり、漢字で表記する場合は「好」「波」のように同音の一字を当てる。

なお、金次郎の妻「なみ（波）」は後世に「波子」と表記されている例が多い。しかし、中世後期の十四世紀以降、内親王《ないしんのう》や高級女官の女房《にょうぼう》として宮中に仕える女性、あるいは天皇から位階《いかい》を授けられた女性は「子」を付した実名《じつみょう》に改めたものの、それ以外は童名《わらわな》を生涯使用するようになっているので、「波子」と表記するのは誤りである。

第二　自家・総本家の没落と再興

一　自家の没落

有合売渡慣行

金次郎の生家は、祖父銀右衛門《ぎんえもん》の代に田畑の買得によって所持地をふやしていたのであるが、それは売り渡しから何年たとうと、売主の家が地代金を返済すれば請け戻せる「有合《ありあわせ》売渡慣行」によるものであった。証文の事書《ことがき》は「有合に売渡申田地之《の》事」となっており、本文にも、「右の地代金返済仕《つかまつ》り候《そうら》はゞ、何年過ぎ、何年なるとも、相違なくこの証文御返し下さるべく候《そうろう》」という契約文言が明記されている（「田畑本証文並添書扣帳」『全集』一四）。百姓が困窮した時には、土地を質入れしたり売り渡したりして金銭を調達し、当座を凌がざるをえないが、近世の村落共同体にあっては、質入れあるいは売り渡しから何年経過しようと、元金さえ返せば土地を請け戻せる慣行が広く形成されていた（白川部達夫『日本近世の村と百姓的世界』、神谷智『近世における百姓の土地所有』）。

それは、百姓の土地所有の回復を保障して家の存続を支える、共同体の相互扶助《ふじょ》的な土地慣行であった。小田原藩《おだわらはん》領域でも同慣行が存在し、それが土地の請け戻しを容易にする社会的基盤をなしていた（松尾公就「小田原藩政の展開と報徳仕法」）。

したがって、請け戻し要求があれば応じるのが共同体のルールである。銀右衛門から土地を相続した利右衛門《りえもん》も、四名から「田畑追々請け戻したき旨懸け合い」があり、計五反《たん》八畝《せ》三歩《ぶ》の田畑を返却した（「家株田畑高反別取調帳」『全集』一四）。利右衛門が相続した二町《ちょう》三反二畝四歩から返却分を差し引いても、まだ一町七反四畝一歩残っており、田畑返却で得た貨幣収入もあった。

弟友吉の誕生

利右衛門・好《よし》夫妻の間には、金次郎誕生から三年後の寛政《かんせい》二年（一七九〇）八月二十八日、二男の友吉《ともきち》が誕生した。家はまだ裕福で、弟もできたのであるから、四歳の幼い金次郎にとっては、まさに至福の時であっただろう。だが、一年もたたずに運命は暗転する。

酒匂川の氾濫と生家の田畑被害

寛政三年八月は全国的に暴風雨となり、各地で洪水が発生したが、八月五日、足柄《あしがら》平野を流れる酒匂《さかわ》川も堤防が決壊して、流域の村々に甚大な被害を及ぼし、金次郎の生家の田畑もことごとく荒地と化してしまった。幼い子を二人抱えて夫婦で荒地を開墾し復旧するのは、並大抵ではなかったことは、容易に想像できる。

利右衛門の伊勢参宮

他の村人の多くも自家の家屋や田畑の復旧に精一杯であったにちがいないので、助力はあまり受けられなかったであろう。それでも、寛政八年正月には、利右衛門は伊勢参りをしており、その際に餞《はなむけ》としてもらった金品の記録帳簿である「参宮覚《おぼえ》帳」(『全集』一四)が残っている。この頃には復興もひと段落ついていたのであろう。この参宮は、ある程度復興できたことに報謝し、今後の多幸を祈願するためだったのではなかろうか。

利右衛門の重病と土地売却

だが、それもつかの間、利右衛門は重病をわずらった。復興の心労と伊勢参宮の疲れが出たのかもしれない。一家の大黒柱が倒れたのである。当時は金次郎も十歳を超えていたので、母とともに農作業に励んだであろう。しかし、その稼ぎだけでは医師の治療費と生活費をまかなえなかったようで、土地を順次売却していっている。

金次郎の村人足務めと草鞋差出しの逸話

昭和十年(一九三五)刊行の佐々井信太郎《ささいしんたろう》『二宮尊徳伝』は、昭和の報徳運動の指導者で、『二宮尊徳全集』の編集代表者を務め、尊徳研究でも多大の業績をあげた人物の手になるものだけに、尊徳の伝記の古典としての評価を得ているが、父が病気であった頃の金次郎の逸話《いつわ》として次のように記す。「酒匂川の小洪水の修繕工事に、先生は病父に代つて村人足を勤めた、その微力を補はん為に草鞋《わらじ》を造つて人に勧めたといふ美談が遺された」と。佐々井は栢山村《かやまむら》で聞き取り調査をしてこの書を著しているので、そのような伝承が残っていたのであろう。金次郎が病身の父に代わって村の共同作業の人足を務めたこと自体は、事実であったにちがいない。しかしながら、中世と近世にあっては、十五～六十歳の男性が一人前の労働力を備えた大人とされており、村の共同作業にもこの年齢層の男性が出なければならず、十五歳未満あるいは六十一歳以上の男性や女性が出た場合には、手不足料《てぶそく》を支払うのがしきたりであった。金次郎が草鞋を作って村人に提供したのも、手不足料としてであったに相違ない。それが、後世に少年時代の行為が潤色されて伝説化したこともあって、金次郎の美談の一つとされたのではなかろうか。

金次郎の土手松苗植樹の逸話

佐々井はまた、金次郎が洪水を防ぐために酒匂川の土手《どて》（坂口堤《つつみ》）に松苗を植えたという逸話も紹介し、「植えた事実には相違はない」と断定している。しかし、金次郎自身の記録や門弟の著作、明治以降の彼の伝記などを精査して、金次郎伝説の形成過程を系統的に考察した二宮康裕によると、この逸話は昭和十年刊行の佐々井信太郎著『二宮尊徳伝』と井上角五郎編『二宮尊徳の人格と思想』に初めて登場し、それ以前にはまったくみられないという（『二宮金次郎の人生と思想』）。天正《てんしょう》十八年（一五九〇）、徳川家康の関東入国に伴い小田原城主に封ぜられた重臣の大久保《おおくぼ》氏は、酒匂川に堤防（土手）を築き、足柄平野の新田開発を進めた。新田の造成に伴い、村々もそれを洪水から守るために自村の持ち分の堤防に松を植樹するようになったらしい。金次郎自身も酒匂川の松並木を俳句に詠《よ》んでおり、彼の少青年期にはすでに存在していたことが知られる。

このことから二宮は、古くからの松植樹の風習が流域村民の記憶にあり、昭和期には松の植樹という「一般事象」が金次郎伝説という「特殊事象」に変容し、流域村民から

酒匂川堤防の松並木

桜井青年団建立の二宮金次郎松苗植樹顕彰碑

「松苗逸話」として発信されることになったのではないか、と推測している。

金次郎松苗植樹逸話の成立

「昭和御大典《ごたいてん》」（昭和三年〈一九二八〉十一月十日挙行の天皇即位礼）を記念し、同年、桜井青年団によって金次郎の松苗植えを顕彰する石碑が坂口堤に建立されているので、この頃には金次郎が松苗を堤防に植えたという逸話は成立していたことになる。しかも、石碑には「先生若年ノ頃松苗二百本ヲ植エラレシ所ナリト伝フル坂口堤」と刻まれており、植樹した本数まで具体化して伝説化している。

佐々井と井上はこの碑文や村人からの聞き取り調査によって叙述したものと思われる。両者ともに松苗二〇〇本を植えたとしており、碑文と一致する。

碑文では松苗を購入したとは記しておらず、植樹の年月日も特定していないが、井上は金次郎が隣家に子守に雇われて得た銭二〇〇文で買ったとしており、佐々井著書所収の「二宮先生略年譜」でも雇賃金二〇〇文でもって購入して植えたと記し、それは父の利右衛門が病《やまい》の床に臥《ふ》していた寛政十一年（一七九九）二月二日と年月日まで特定している。

根拠となる記録もないのに月日まで特定するのは不自然であるが、ともあれ、洪水で家産が傾き父も心労で病に倒れ困窮していた折、家計を助けるために賃稼ぎをしていた当時十三歳の金次郎が、松苗も購入して植樹し洪水から村を守ろうとしたとしたほうが、エピソードとしては善行ぶりがよりきわだつことになる。

佐々井と井上の叙述にはニュアンスの相違もみられる。佐々井は、「この堤防に先生自《みずか》ら植ゑたといふ松の木が、現在数尺大数十本の並木となつて居て、以来この坂口の土堤は缺潰《けつかい》しない」と、あたかも金次郎の植樹によって松並木が造成されたかのように記す。対して井上は、金次郎植樹の松は現在の松並木の一部をなすものという認識を示す。

松並木と金次郎の植樹

平成十七年（二〇〇五）に神奈川県松田土木事務所が建てた「酒匂川と水神の碑」には、堤防の松並木について、「松などを洪水時に切り倒し、堤防の表面を押さえて速い水の流れが堤防にあたらないようにします。これを木流しといいます」と説明してある。

大水が発生した際に松の木を伐り倒して堤防を護るためには、くり返し植樹して松並木を維持し後世に伝えなければならない。それが流域に暮らす人びとの務めであったならば、金次郎が稼いだ賃金で松苗を購入したのかどうかはさておき、植樹そのものは行った可能性が高いだろう。酒匂川の氾濫によって生家が没落し、辛酸《しんさん》をなめただけに、堤防を護らなければならないとの思いは強かったにちがいない。

金次郎伝説と慣行・規範

だが、金次郎の松苗植樹が事実であったとしても、松並木は酒匂川流域で農業生産と生活を営んできた多くの人びとによって造成され、維持されてきたものであり、彼の行為はその一部にすぎない。それが、彼が有名になり、種々の伝説が生まれたために、彼の行為のみが特筆され潤色されて伝説の一つに加えられることになったのではなかろうか。少青年時代の伝説化した金次郎の行為の多くは、当時の慣行や規範に従ったものである。それを金次郎独自の善行と特別視して偶像化したのでは、彼の行為を歴史的に理解したことにはならない。

二　父母との死別と兄弟の離別

末弟富治郎の誕生

利右衛門・好夫婦の間には、寛政十一年（一七九九）十二月晦日《みそか》、三男が誕生した。だがこの子は、文化《ぶんか》四年（一八〇七）六月、わずか九歳で早世してしまう。「よろづこゝろおぼい」と題する香典帳《こうでん》（『全集』一四）の裏表紙には、「富治郎」と記されてあるが、「親類書」と「家株田畑高反別取調帳」では「富太郎」となっている。表記が異なるのはあるいは改名したためとも考えられるが、定かではない（以下では富治郎に統一して表記する）。

どちらにしても「富」が冠せられているのは、赤貧のなかで生まれただけに、富を築く人間になってほしいとの切なる願望がこめられていたにちがいない。三男誕生は、利右衛門家族にとって、希望の光が差し込んだように感じられたことだろう。だが、利右

父の死去

衛門の病は重くなるばかりで、翌年九月二十六日、ついにこの世を去った。享年四十八。金次郎十四歳、二男友吉十一歳、富治郎はまだ子守に手のかかる二歳であった。

太神楽の逸話

ある年の正月、例年通り、獅子舞《ししまい》をして五穀豊穣《ごこくほうじょう》と家内安全を祈願する太神楽《だいかぐら》が家々を廻ってきた。だが金次郎の家には施す金がない。そこで戸を閉め息をひそめて留守を装い、通り去るのを待った。『報徳記』に記されたこの逸話は、母子家族となった当時の極貧ぶりを物語るものとして知られている。後世、金次郎の長男弥太郎の嫁であった鉸《こう》が金次郎の日常生活を綴った手記（『報徳博物館資料集1』）にも、「夕御酒中のお咄《はな》しニハ、……獅子舞が参り候《そうらい》ても壱文の銭これなく、雨戸をメ切り、人なき有り様《さま》に見セ候事など、涙を流し御咄しござ候《そうろう》」とあるので、事実だったことが裏付けられる。

『報徳記』の描く金次郎の勤労・勉学

富田高慶《とみたたかよし》『報徳記』の次の記述は、少年「二宮金次郎」伝説のなかでももっとも有名なものであり、これをもとにイメージが形づくられていくことになった。

鶏鳴《けいめい》に起て遠山に至り或は柴を刈り薪《たきぎ》を伐り之《これ》を鬻《ひさ》ぎ夜は縄を索《な》い草鞋《わらじ》を作り寸陰を惜《おし》み身を労し心を尽し母の心を安んじ二弟を養ふことにのみ労苦せり。而《しこう》して採《さい》薪《しん》の往返にも大学《だいがく》の書を懐《ふところ》にして途中歩みながら之を誦し少しも怠ず。是《これ》先生聖賢の学の初《はじめ》なり。

幸田露伴『二宮尊徳翁』の脚色

近代において二宮金次郎のイメージを世に広める出発点となったのは、幸田露伴《こうだろはん》が『報徳記』の記述にもとづいて著し、明治二十四年（一八九二）に博文館の「少年文学叢書《そうしょ》」の一冊として刊行して版を重ねた『二宮尊徳翁《にのみやそんとくおう》』である。そこでは脚色も施されていた。

二宮金次郎「負薪読書図」
（幸田露伴『二宮尊徳翁』口絵）

たとえば、右の『報徳記』の記述では、採薪の往き帰りに、儒教の経典《けいてん》の『大学』を懐に入れて歩みながら暗誦したとなっており、薪や柴を背負っていたとも記されていない。それが『二宮尊徳翁』では、「大学の書を懐中《ふところ》に常離さず、薪伐《きこ》る山路《やまぢ》の往返《ゆきかえり》歩みながらに読まれける心掛こそ尊《たつと》けれ」と、手に持って歩みながら読書したというふうに変化している。

しかも、薪を背負って歩みながら書物を読んでいる金次郎の姿、「負薪《ふしん》読書図」が口絵として掲載されていたので、読者の脳裏に、金次郎少年のイメージをビジュアルな形で刷り込むことになった。

金次郎「負薪読書図」の成立と朱買臣図

その口絵を描いたのは、小林永興《えいこう》という江戸狩野《かのう》派の系統に連なる人物である。この金次郎「負薪読書図」の成立を図像学的に追究した岩井茂樹によると、江戸時代に狩野派絵師の描いた「朱買臣図《しゅばいしんず》」が手本になっていたという。朱買臣は『漢書《かんじょ》』に出てくる中国前漢時代の人物で、薪を売って生計を立てるという貧しい生活をしていたが、読書を好み、薪をかついで歩きながら書を読んだという逸話を残し、会稽《かいけい》の太守《たいしゅ》（郡の長官）にまで出世した。二宮金次郎の人生と共通点もあったので、薪をかついで歩きながら読書する彼の肖像画がモデルにされたらしい（『日本人の肖像　二宮金次郎』）。

金次郎採薪読書伝説の成立

富田も漢籍に精通していたので朱買臣の逸話は知っていたにちがいない。そもそも『報徳記』の先の記述自体が、それを下敷きにしていた可能性も高いのではなかろうか。

ところで『報徳記』は、遠山で柴や薪を採って売ったとしているが、どの山で採取しどこに売ったのかは明記していない。それが佐々信太郎『二宮尊徳伝』では、複数の村が共同用益する入会山《いりあい》で薪や柴を採って小田原城下に売ったと、記述が具体化する。

自家用の薪柴は入会山で採取したであろうが、販売目的で採取するのは許されていたはずはないとの批判は、すでに出されている。ましてや、新田開発が進み、戸口が増加すると、刈敷《かりしき》肥料用の草や燃料用の薪柴の需要が高まり、山野の用益をめぐって村人あるいは村々の間で争論が頻発するようになっていたのであるから、なおさらである。

金次郎は十九歳になった文化《ぶんか》二年（一八〇五）より米金の出納簿《すいとう》をつけているが、それには、他村の私有林の伐採権を購入し、薪を採って小田原城下に売った記録や、『実語教《じつごきょう》』

『孝経《こうきょう》』や儒教の経典《けいてん》の四書《ししょ》(『大学』『中庸《ちゅうよう》』『論語』『孟子《もうし》』)などの書籍を購入した記録もみえる。そのことから二宮康裕は、青年時代の別々の出来事が一つの話にまとめられ、それが少年時代に仮託されて、「薪を採って売り、薪を運びながら『大学』を読んだ」というエピソードが生まれたのではないか、と推測している(『二宮金次郎の人生と思想』)。

『報徳記』の尊徳像

金次郎伝説のベールを史料にもとづいて剝がし取った、重要な指摘である。

金次郎は母の死後、伯父万兵衛《おじまんべえ》の家に身を寄せて夜学したが、その時に読んだのは、後述のように、友人からもらった読み書きの手本や算数の書物であったとされている。

ところが『報徳記』では、金次郎が少年時代に働きながら、身を修めることから天下を治めることに至る治世の原則を説いた、儒教の根本経典たる四書の一つ、『大学』を読んだことにし、「是《これ》先生聖賢の学の初《はじめ》なり」と位置づけている。それは、儒学に造詣《ぞうけい》の深かった富田高慶が、師事した二宮尊徳に、儒学を学んで身を修め徳を完備するに至った中国の聖人・賢人のごとき人格者だと、尊敬の念をいだき、自己修養の出発点を少年期の苦学に求めたからであろう。その意味では『報徳記』は、尊徳の人生を儒学の素養をベースにして解釈し、聖賢への道を歩んだ人物として描いた伝記と言えよう。

外祖父と母の死去

さて、享和《きょうわ》二年(一八〇二)三月、母好の実父で、金次郎にとっては外祖父にあたる川久保太兵衛《かわくぼたへえ》が死去した。さらに翌四月には、好までが三十六歳の若さで病没してしまった。

水害による一家の没落、夫との死別と相次いで不幸に見舞われ、まだ幼い富治郎を抱えて赤貧の生活に耐えなければならなかった彼女の心労は、いかほどのものであったか。父の死は、それに追い撃ちをかけられるような思いであったにちがいない。間もなく病に倒れ、父の跡《あと》を追うようにこの世を去ったのである。

金次郎十六歳、友吉十三歳、富治郎四歳であった。

所持地の減少

母の死後、親類立ち会いのうえで残っている田畑を改めたところ、七反五畝二九歩であった。父の利右衛門相続時の所持地は二町三反二畝四歩で、それから請け戻し要求に応じて返却した分の五反八畝三歩を差し引いても、まだ一町七反四畝一歩残っていたのであるが、その後、「水難、病難、不仕合《ふしあわ》せ打ち続き、追々田畑有り合せ売り渡し」、それが計九反八畝二歩にのぼっていたので、七反五畝二九歩にまで減少していたのである（「家株田畑高反別取調帳」）。ただ土地の売却は、「有合《ありあわせ》売渡」という共同体の慣行によっていたので、何年たとうと地代金さえ払えば請け戻せた。

のちにみるように、金次郎が田畑を請け戻し、自家の再興を成し遂げることができたのも、相互扶助的な共同体の土地慣行に支えられてこそ可能であったのである。

兄弟の離別

残された兄弟三人のうち友吉と富治郎は、母の実家である曽我別所《そがべっしょ》村（小田原市）の川久保家に預けられて祖母の養育を受け、金次郎は父の実家の万兵衛家に厄介《やっかい》になることになった（同前）。この時の万兵衛は金次郎の父の兄で伯父に当たる。

洪水被害と家屋の売却処分

江戸時代には孤児《みなしご》が出ると親類や五人組が扶養するのが慣行であり、それに従って金次郎兄弟も処遇されたのである。残っていた田畑は姻戚や二宮一族の助成を得て植えつけ、草取りをしていたが、母の死から三ヵ月余しかたたない六月二十九日夜、またもや洪水に見舞われ、田畑は残らず流失して一粒も実らず、途方《とほう》に暮れる事態となった。

そこで親類一同が相談をして、居宅、家財、諸道具、衣類を売りさばき、代金でもって流失した土地の年貢その他の諸税を年々弁済し、残金は親類が預かり貸付に運用して利殖することにした（同前）。荒地となった田畑はその後年貢免除とされたので、この代金は復旧した田畑からの収穫と合わせて田畑請け戻しの資金となったものと思われる。

三　伯父万兵衛家への寄食と自家再興への歩み

万兵衛家への寄食

金次郎は伯父の万兵衛の家に寄食することになったのであるが、折悪しく万兵衛の妻が産後に病死していたので、男二人暮らしであった（福住正兄「集義和書抜粋」、箱根湯元万翠楼福住所蔵、報徳博物館保管）。彼自身の語るところによれば、寄食してから、「祖先の家名、子孫永々相続致さんことを一途《いちず》に存じ込み」、荒地を開いて元の田畑に復旧することか

捨苗栽培

二宮金次郎捨苗栽培地跡

ら手をつけたという（「天保《てんぽう》十四年〈一八四三〉勤方住居奉窺候書付」『全集』二〇）。また次のような体験をしたとも語る（「嘉永《かえい》六年〈一八五三〉六月　先生より御書簡写」『全集』一六）。

洪水によって土地が変化し、屋敷廻りの用水路と悪水路（灌漑用水の排出路）が使用不能になってしまったので、その近辺を掻《か》きならし、捨苗を拾い集めて植えつけたところ、天の恵みであろうか熟作となり、米一俵余の実りを得ることができた。その収益を年々貸し付けて利息を積み立てておき、それを資金にして文化三年〈一八〇六〉に田畑を請け戻し、その潤沢《じゅんたく》をもって一家を立て直すことができた。

「積小致大」の真理の体得

他家が田植えで余った苗を捨てていたのを拾って植えつけたところ、米一俵余の収穫を得た体験は、『報徳記』にも記されている。それによれば、この体験から、「小を積んで大を致す」、すなわち、どのような小さな努力であっても、それを積み重ねてゆけば、やがて大きなことを成し遂げることができるという真理を体得し、それを実践すれば、必ずや父祖の家を再興して祖先の霊を安んずることができる、と悟ったという。この記述がその後の幾多の尊徳伝に踏襲されたため、人口に膾炙《かいしゃ》するところとなった。

金次郎自身も、嘉永七年（一八五四）、栢山《かやま》村の二宮一族に対し、「本家再興相続の道」を立てるには「小を積んで大をなすの道」しかないと思い実践した、と語っているので（「伊右衛門増右衛門両家田畑反別中分取調帳」『全集』一六）、門弟の富田高慶にも往時の体験を話して聞かせた際に同様な言葉を使い、『報徳記』に採録されたのであろう。

油菜栽培と夜学

万兵衛家では、昼間は農業の手伝いをし、夜は勉学にいそしんだという逸話もよく知られている。『報徳記』は、金次郎は、一家再興のためには勉学が不可欠だと思っていたものの、万兵衛から夜学のために燈油を費やすことをとがめられたので、川べりの無毛の地を開墾して油菜《あぶらな》の種を蒔き、七、八升《しょう》の収穫を得、それを市で売って燈油を求め夜学した、と記す。幕府の伊豆韮山《にらやま》代官江川太郎左衛門《えがわたろうざえもん》の元手代《てだい》で、弘化《こうか》元年（一八四四）より金次郎のもとに出入りしていた町田時右衛門《まちだじえもん》が、嘉永元年（一八四八）六月、幕府要人

町田時右衛門上申書の金次郎像

仙了川土手の二宮金次郎油菜栽培地跡
石碑は昭和２年（1927）に桜井村報徳少年団が建立.

に上申するために草した「御国益之儀《おんこくえきのぎ》ニ付申上候書付《つきもうしあげそうろうかきつけ》」（『全集』一一〇）にも、『報徳記』と同様なことが述べられている。

町田は、前年に栢山村へ赴いて主だった百姓や老人たちを呼び集め、聞き取り調査したところを上申すると最初に断っているので、栢山村ではこのような逸話が伝承されていたことになる。

町田の記述は『報徳記』に比べるとやや具体的で、享和三年（一八〇三）秋、村内懇意の者から菜種五勺《しゃく》ほどをもらい受け、これを所持の荒地や堀の左右へ蒔きつけたところ、翌夏に七升余の収穫となったので、隣村の油屋喜《き》右衛門《えもん》方へ持参し、菜種一升につき油二合《ごう》の割合で交換した、というふうになっている。

少年金次郎の読んだ本

町田の上申書で注目されるのは、「かねて友人からもらっていた手本や算書などを取り出して、夜ふけまで一心に学んだので、筆算が抜群に上達し、自然と学問もできるようになった」と述べている点である。金次郎自身の記録で書籍の購入が確認できるのは後年のことであるが、この時点では友人からもらった本で勉強していたのである。

読み書き計算の必要性

それも、『報徳記』で少年時代に薪《たきぎ》を運びながら読んだとされる『大学』などではなく、読み書きの手本や算数の書物である。金次郎は「小百姓《こびやくしょう》であっても、筆算の心得がなくては不本意である」との存念から勉学に打ち込んだ、と町田は説明しているが、実は近世社会にあっては、読み書き計算ができなければ農家経営もできず、社会生活も営めないような状況が生まれていたのである。したがって、農家の子どもの多くが勉強していたのであって、何も金次郎のみが特別だったわけではない。

兵農分離と文書による支配

近世社会は兵と農の分離を基礎に成立しており、支配階級である武士は城下町に集住し、農民は村に居住した。空間的に隔たって暮らしていた両者の間の意思の伝達は、文《もん》書《じょ》によってなされた。すなわち、領主の法令や命令は触書《ふれがき》、達書《たつしがき》などの文書でもって村役人を通じて村人に下達され、年貢も年貢割付状で村単位に賦課される一方、村人の領主への願いごとや訴えごとも、訴状、願書などの文書にしたためて上申されていたのである。こうした文書による支配は、村役人が読み書き計算能力を備えていることが不可欠の要件となる。中世後期には村落上層民もそうした能力を獲得していたことは、中世史研究で明らかにされており、庶民の文化能力の向上が、兵農分離を原則とした近世社会の成立と幕藩領主の文書による支配を可能にしたのである。

商品貨幣経済の発展と文書の普及

文書による支配は、庶民の間にさらに文字を普及させることになる（青木美智男「近世の文字社会と村落での文字教育をめぐって」『信濃』四二—二）。

また、十七世紀末頃より商品貨幣経済が村落をも巻き込んで発展したのに伴い、文書が社会に広く浸透した。農家経営も商業的色彩を帯びるようになり、各種の文書によって商取引を行い、資産の増減や金品の出納《すいとう》を記録した経営帳簿を作るようになる。金次郎も青年期にそのような記録を行っている。金銭の貸借、土地の質入れや売買、小作契約、奉公契約なども盛んになり、その際には証文が取り交わされた。

寺子屋の普及

商品貨幣経済の進展に伴い、読み書き計算の手習い塾である寺子屋《てらこや》が村落にも普及してゆき、入門者も全階層に広まり、男子に比べれば少ないものの女子の門人もみられるようになっていたことは、すでに明らかにされているところである。

基礎的な読み書き計算能力を獲得すると、庶民もさまざまなジャンルの書物を受容し、また自《みずか》ら文芸や学問の創造活動も行うようになり、和算も庶民の間で隆盛した。

金次郎の習字

二宮金次郎使用の砂書習字手文庫
（小田原市尊徳記念館蔵）

寺子屋ではだいたい七歳から十五歳までの子どもが学んでいたが、金次郎が寺子屋に通ったことは記録でも伝承でも確認できない。しかしながら、少年期に、父親や村の有識者から基礎的な読み書き計算の指導は受けていたであろう。そうでなければ、独学で書物を読むことはできない。

阿部昭よれば、年月の特定できる金次郎自筆史料の初見は、寛政十二年（一八〇〇）九月に没した父利右衛門の香典《こうでん》帳であるという（「二宮尊徳自家再建期の経営について」）。金次郎は十四歳であり、この時には識字能力を身につけていたことになるが、当時としてはそれが普通であった。彼が木箱に砂を張り、棒で字を書き、消してはまた書くという方法で字を反復学習したとされる、「砂書《すながき》習字手文庫」が今日に伝存している。この手文庫は金次郎の自作と伝えられる。紙も硯《すずり》、墨、筆もいらないので、経済的な習字方法であり、江戸時代にはよく行われていた。

捨苗栽培と田畑請け戻し

さて、先の町田時右衛門の上申書では、次のように述べている。

金次郎は、万兵衛家の農事手伝いの暇《いとま》に自家の所持地の荒地を起し返し（再開発し）、そこに他家の捨てた苗を拾い集めて植えつけ、収穫米を村内懇意の者たちに預けておいたところ、合計五俵余もたまった。そこで文化二年（一八〇五）に万兵衛の養育を離れ、翌年三月、利右衛門が質入れしていた田畑のうち田地九畝一〇歩を金三両二分で請け戻し、農業にますます出精して収益を蓄え、田畑の請け戻しを進めた。

鍬下年季の活用

金次郎自身は、洪水によって使用不能となった屋敷廻りの用悪水路近辺を掻きならし、捨苗を拾い集めて植えつけたと述べているのだが、町田の記述からすると、自家の再開発田にも捨苗を植えていたらしい。自身で苗を栽培しなくてもすむうえに、廃棄物の処理・活用ともなるのであるから、まさに一石二鳥の知恵を働かせたわけである。

しかも、荒地を開発した場合、鍬下《くわした》年季といって三〜五年ほどの一定期間、貢租が免除されたので、収穫物がすべて自己の収入となった。奈良本辰也はこの点に注目して、金次郎はこの経験から封建社会の盲点を見出だし、それを利用して致富を実現したのだと説く（『二宮尊徳』）。鍬下年季は領主が開墾奨励のためにとった政策であり、それを封建社会の盲点とし、「尊徳の致富の道は、いうなれば封建制下における勤労農民の裏街道であった」と評価するのは首肯できないが、指摘自体は鋭い。

金次郎が鍬下年季ですべて自己のものとなった収穫をうまく運用して、自家を立て直したのは事実である。そうした制度に眼をつけ、それを農民の立場から積極的に活用して致富をはかる才覚があったわけである。捨苗栽培の逸話は、「積小《せきしょう》為《い》大《だい》」の真理を体得する契機となったことが諸書で強調されてきたが、自己の努力を効率よく成果に結びつける術《すべ》も金次郎は体験から学びとっていた。奈良本はその点を見抜いたのである。

「報徳」思想形成の原点

ところで、不用として捨てられた苗は、そのままでは実りをもたらすことはないが、金次郎はそれを活用することによって収穫を得、そこから「小を積んで大を致す（為す）」という真理を体得し、自家再興の方途を見いだした。のちには、万物が秘めている長所や価値を「徳」という概念で表し、それぞれの徳を人間の勤労と創意工夫によって引き出し人間社会に役立てるべきことを説くようになるが、捨苗の活用はまさにその徳を発揮させたものにほかならない。この体験は「報徳」思想形成の原点ともなったのではなかろうか。そして、「積小為（致）大」は、もともとは自家と総本家の再興という私的な目的を達成するための方途として実践したものであったのが、報徳仕法では「興国安民」という公共の目的を達成する原理として定置されることになる。

文化三年の田地請け戻しと開運

ところで、金次郎の回想や町田の上申書で言われている文化三年（一八〇六）三月の田地請け戻しについては、金次郎自身が自家の家産の変遷を調べて記録した「家株田畑高反別取調帳」でも確認でき、面積、金額とも町田の記述と一致する。その記録によれば、寛政三年（一七九一）八月五日の大洪水で田畑が流失して困窮におちいり、開発も行き届かなかったので、余儀なく岩右衛門《がんえもん》に代金二両、普請《ふしん》金一両二分、計三両三分で「有合《ありあわせ》」に売り渡しておいたもので、同金額で請け戻している。この田地は、享和二年（一八〇二）六月の洪水で砂が堆積したため、いまだ年貢免除の期間中であった。そのため、請け戻し後に小作に出したところ、三俵二斗の「作徳《さくとく》」（小作料）がすべて自己の収益となった。これより思いのほか金銭を蓄えることができたので、田畑の請け戻しが進んだ。

金次郎は、文化三年の田地請け戻しを「開運の始まり」とし、「我為《わがため》には大恩の御田地、永久に疎《おろそ》かにすべからず」と書きつけている。「家株田畑高反別取調帳」によれば、文化三年から文政《ぶんせい》四年（一八二一）までの十五年間に請け戻しのほかに新たに買得もしており、所持地は二町九反九歩にまで達している。

四　自家再興の成就と生活の様相

万兵衛家からの独立

『報徳記』には、金次郎が万兵衛家を出た年次については記してない。佐々井信太郎『二宮尊徳伝』では、伯父の家に何年までいたかは明瞭でないとしながらも、文化二年（一八〇五）正月より米金出納帳簿をつけ始めているところから、この年の正月には独立していたのではないかと推測する。文化二年というのは、先の町田時右衛門の記述とも一致する。金次郎十九歳の時である。先述のように、彼自身の記録では、享和二年（一八〇二）六月の大洪水で田畑が流失した際に居宅、家財、諸道具を売り払ったことになっているので、自宅はなかったはずである。自宅を新築するのは文化七年（一八一〇）十二月であり、それまでは他家に住み込んで働くか、小屋住みをしていたのではなかろうか。

米金出納の記録開始

さて、金次郎は文化二年より米金の出納を記録し始め、小田原藩大久保家の分家である旗本《はたもと》宇津《うつ》家の知行所《ちぎょうしょ》、下野国桜町《しもつけのくにさくらまち》領（栃木県真岡《もおか》市）の復興仕法のために同地に赴いた文政六年（一八二三）の前年まで、継続している（『全集』一四所収）。文化十四年（一八一七）までは家計簿で、翌年以降、奉公先の小田原藩家老服部《はっとり》家の家政整理に関わる記録が混在するようになる。独立して生計を営むようになったので、家計を記録して管理するようになったのである。一家の再興を果たすためには、米金の運用と生活費のやりくりをうまくやらなくてはならない。家計記録はそのためにも必要であった。

米金出納簿の署名

注目されるのは、文化二年の帳簿の表紙には「二宮銀右衛門」、裏表紙には「二宮利右衛門」と署名していることである。父祖の跡《あと》を継いで一家の当主となった自意識の表れであろうか。だが、翌三年の帳簿は、表紙は「二宮銀右衛門」であるものの、裏表紙は「二宮金治郎」となり、以後九年までは、両者の名前が表裏入れ替わることはあっても、対《つい》になって記されている。祖父の銀右衛門は金次郎の生家の創設者で、家運を興隆させた人物である。父の利右衛門の代に没落し、金次郎がその再興を担うことになったので、祖父との関係が強く意識されたのであろう。ところが、文化十一年（一八一四）からは表紙はすべて「二宮金治郎」となり、裏表紙に署名した場合にも同名にしている。この頃には一家の再興を成し遂げているので、その自負心の表れとも解される。

自家再建期の経営状況

この米金出納簿を分析して、金次郎の自家再建期の経営状況を考察した阿部昭によれば、次のようである（「二宮尊徳自家再建期の経営について」）。

米金の貸付は文化二年よりみられるが、七、八年頃から貸付高が増加している。米金の貸付利殖によりふやした資金によって田畑の請け戻しや買得を進め、所持地を拡大していったものの、労働力不足のために手作《てづく》り経営は当初から低迷し、再建過程の全期を通じて小作に出す地主経営が拡大傾向を示す。小田原城下に奉公稼ぎに出た文化八年以降は、小作人十数名、小作面積二町歩弱、小作料三〇～四〇俵余にのぼる経営に成長している。それに伴い、米の販売収入が貸付金収入とともに二宮家の経営を支える二本柱となり、帳簿の記載からも米相場に常に注意を払っていたことがうかがえる。

文化五（一八〇八）、六年には給金の記載もみられる。大部分は「かり」と記されているが、これは前借りしていたのであろう。奉公先は不明であるが、八年以降、小田原城下の武家に奉公した際には入湯銭が頻繁に支出されているのに対し、五、六年にはまったくみられないので、村内か近隣の村の家に奉公したのであろう。

所持地の回復

当時の金次郎は独り身であったので、自己労働を有効に活用するために、所持地の大半は小作に出して小作料の米を販売する一方、自身は給金稼ぎをし、収入から必要経費を除いた余剰分は貸付運用して資金の増殖をはかり、田畑の請け戻しや買得を進めるという方法をとっていたのである。文化七年（一八一〇）三月には所持地は一町四反五畝二五歩にまで回復する（「家株田畑高反別取調帳」）。

富士登山と伊勢参宮・西国旅行

この年六月二十八日から七月二日にかけて富士登山をしており、金銭出納簿に金一分《ぶ》と銭五〇〇文《もん》を支出したことが記されている。それにつづけて、十月七日から十一月二十四日にかけては伊勢参宮をし、京都、大坂、金毘羅宮《こんぴらぐう》、高野山《こうやさん》、吉野、奈良にも赴《おもむ》いた（「伊勢参宮花向扣《ひかえ》帳」『全集』一四）。江戸時代には、成人儀礼として伊勢参りや他の寺社参詣、あるいは霊山霊峰登拝をすることが慣例化していた。村の外の聖地に参ると何がしかの霊力を獲得でき、その後の人生を支える力となる、と信じられていたためである。当時の男子の成人は十五歳であったが、金次郎は十四歳で父を、十六歳で母を亡くしており、それどころではなかった。二十四歳になり、ようやくにして生活が安定したところで、伊勢参宮と霊山の富士山登拝を実現できたのである。

家屋の再建

伊勢参宮から帰り、十二月には家屋も再建した（「家普請扣帳」『全集』一四）。費用は、大工・屋根葺《ふき》・壁塗代、縄ない代、家代、畳《たたみ》・釘代、飲食代等々を合わせても、金三分二朱、銭三貫八九三文、米五升しかかかっていない。

一族や栢山《かやま》村の村民を中心に計五二人が人足として、五人が飯炊き女中として、それぞれ無償で手伝い、また資材や食料品などを提供していたからである。当時は家屋の建築や屋根の葺き替えなどは、村落共同体の事業として村人が手伝って行っていた。

一家再興の成就

金次郎もそれに支えられて自宅の再建を実現しえたのである。佐々井信太郎『二宮尊徳伝』は「これは家根の葺替と認むべきである」としているが、それならば大工を雇ったり、多人数が十日間も働いたりはしないし、畳代や壁塗代も不要である。そもそも屋根の葺き替えならば、帳簿の表題に「家普請《ふしん》」とは表記しない。田畑の請け戻しが進み、自宅も構えて、ここに名実ともに一家の再興がなったのである。だが、その三年半前の文化四年（一八〇七）六月には、曽我別所村の川久保家で祖母の手によって育てられていた末弟の富治郎が九歳で夭折《ようせつ》しており、兄弟三人が再び一緒に暮らす夢はかなわなかった。

若者組への加入

自家再興の過程にあっても金次郎は働いてばかりいたのではない。若者たちと交流しているし、俳句をたしなみ、生活の折々に娯楽してもいた。江戸時代には、村の男子は一般的に十五歳の正月に成人の通過儀礼を行い、子どもから大人への仲間入りをした。成人式は若者組への加入儀礼の形式をとる所が多く、それをすませると、前髪を剃り、褌《ふんどし》を締めるなどのけじめをした。若者組は成人男子をメンバーとする年齢集団であり、若者頭《がしら》の統率のもとに自治的に活動し、それを通じて一人前の村人に育てあげる教育機能も発揮していた。米金出納簿には、若者組の入用《いりよう》（経費）負担に関する記載が文化二年から十四年まで連年みえる。金次郎も若者組の一員として活動していたのである。文化十四年正月の「若者初わり」（この年の若者組入用の初割り付け）を最後に記載がなくなっているので、この年二月に結婚したのを機に脱退したらしい。三十一歳の時である。

文化三年には、生活にゆとりができたのか、「くりやう（句料）」「句代」の支出が頻出する。句会への参加料や師匠による添削料であろう。五年の帳簿では「句りやう」に「雪中評《せっちゅう》」と肩書きされている事例もあるので、芭蕉《ばしょう》門の雪中庵派に属していたことが知られる。同派は小田原俳壇の有力な一派であった（『小田原市史　通史編　近世』）。俳号も流派にちなんだ「山雪《さんせつ》」を称している。俳句関係の支出は文化十二年までみえるが、特に三年から六年にかけて多く、自家再興に努めるかたわら俳句にも入れ込んでいたことがうかがえる。当時は化政文化と呼ばれる庶民文化が興隆していた時代であり、なかでも俳句は広く庶民の間に定着しており、各地に俳諧サークルが誕生し、盛んに句会を開いていた。小田原藩領でも同様であった（同前）。金次郎はそうした文化潮流にも加わっていたのであり、のちには自《みずか》らの思想を表現した道句《どうく》や道歌《どうか》を多く作るようになる。

娯楽と書籍購入

文化三年からは、芝居・角力《すもう》見物、花会（生け花の会）、花見などの支出も散見する。書籍購入の記載は同年十一月に始まる。最初に買ったのは『謡本《うたいぼん》』であり、この頃、金次郎は俳句に熱心だったのだが、謡曲《ようきょく》にも関心をもっていたようである。次いで翌年には『小笠原本《おがさわらぼん》』と『実語教《じつごきょう》』を購入している。前者は小笠原流の礼法書であり、後者は幼童向けの道徳教科書で、江戸時代には手習いのテキストとして流布《るふ》していた。

その後は、文化六年に『年代記』、八年に『用文章』とつづく。『年代記』は歴史事象を年代順に列挙した通史であり、歴史にも関心を示していたことが知られる。『用文章』は種々の文書の書き方を記したマニュアル本である。自家再興を成就《じょうじゅ》し、一家の主《あるじ》として経営と社会活動を遂行していくうえで、さまざまな文書を作成する必要にせまられたからであろう。同書は文化十四年（一八一七）と翌文政元年にも買い入れている。小田原藩家老服部家の家政改革に取り組んでいた時であり、文書の作成量が増大していた。

儒教の書物購入の開始

儒教の書物の購入は文化八年（一八一一）六月の『孝経《こうきょう》』が最初であり、すでに二十五歳に達していた。この書は「孝」を道徳の本源として修身平天下を説いたもので、金次郎も感化され、人としての生き方の指針を得たらしく、十四年正月に鈴木佐吉方へ買い与え、さらに同年十一月と文政五年（一八二二）にも買い入れているので、座右《ざゆう》の書としていたのであろう。文化八年九月と翌年二月には、四書《ししょ》（『大学』『中庸《ちゅうよう》』『論語』『孟子《もうし》』）や五教《ごきょう》

表1　二宮金次郎書籍購入一覧

購入年月（年齢）	購入書籍	代　　金	備　考
文化3年11月（20）	謡本	銭36文	
4年1月（21）	小笠原本	銭19文	
11月	実語教	銭90文	
6年1月（23）	年代記	銭28文	
8年4月（25）	用文章	銭348文	
6月	孝経	銭172文	
8月	中山記	銭300文	
9月	経典余師	金1分2朱・銀4匁4分	
9年2月（26）	経典余師	金2朱	
10年1月（27）	大学	銭116文	新五郎殿
4月	唐詩選	銭232文	
9月	実語教	銭80文	助吉様
11年3月（28）	年代記	銭28文	
9月	白川記	銭251文	
12年8月（29）	四声古本	銭124文	
13年6月（30）	歳代記	銭24文	
5月	古状	銭132文	
14年1月（31）	孝経	銭232文	鈴木佐吉方へ
11月	孝経	記載なし	
11月	用文章	記載なし	
文政元年4月（32）	用文章	銭280文	
2年10月（33）	四書1組	金1分2朱	服部様内入用応介へ
3年9月（34）	七書	銀6匁2分5厘	
11月	善行録	銭200文	
4年8月（35）	大和俗訓	銀4匁8分	
	大和俗訓2部	銀11匁	1部鵜沢様へ，1部伊介様へ
	書経	金2朱・銀5匁	
10月	四書1組	銭450文	
	四書1組	金1分・銀6匁5分	
12月	四書1組	金1分・銭736文	
5年1月（36）	女大学	銭424文	
11月	孝経	銭156文	

典拠：各年次の米金出納簿（『二宮尊徳全集』第14巻）．

（『易経《えききよう》』『書経』『詩経』『春秋《しゆんじゆう》』『礼記《らいき》』）などの儒教の経典《けいてん》の通俗解説書、『経典余師《けいてんよし》』を購入している。この書物は大量に普及しており、儒学の大衆化の媒体となっていた。

武家奉公と儒学の学習

　文化八年には小田原城下での武家奉公を始めており、翌年からは家老の服部家に奉公しているので、それに当たって儒学の素養を身につけようとしたものと思われる。それも、原典ではなく、通俗解説書から読み始めたのである。この点からしても、金次郎が少年時代に『大学』を読んだとする『報徳記』の記述は虚構と言える。文化十年正月に『大学』を買っているが、左上に「新五郎殿」と記されている。この年の帳簿の他の記載様式に照らすと新五郎に贈ったもののようである。九月に『実語教』を購入した記事にも「助吉様」と付記されている。当時、金次郎は服部家子弟の教育に当たっていたようなので、子弟に買い与えたのかもしれない。同年四月には『唐詩選』を購入した。

　文政二年十月の四書一組購入は、三年の「諸勘定元方扣帳《しよかんじようもとかたひかえ》」（『全集』一四）に記載されており、「服部様内入用」に分類され、下に「応介へ」とある。応介は服部家の奉公人仲間である。奉公人にも四書を買い与えて学問を奨励していたようだ。三年には中国の七種の兵書である七書を購入し、翌年には四書を三組も買い入れている。

『善行録』購入

　教訓となる書物にも関心を示し、文政三年（一八二〇）十一月に『善行録』を、翌年八月には『大和俗訓《やまとぞつくん》』を、それぞれ購入している。『善行録』は、孝子《こうし》、貞女《ていじょ》などとして表彰された善行者を広く世に知らしめ模範にさせるために、幕府が、全国の善行者八六一四名に関する記録を収録して、享和元年（一八〇一）に刊行した『官刻孝義録』であろう。金次郎はのちに報徳仕法を実施した際、施策の柱の一つとして農業出精者を表彰しているが、これはこの書物からヒントを得ていたのかもしれない。

『大和俗訓』購入と贈与

『大和俗訓』は、貝原益軒《かいばらえつけん》が儒教的倫理観に立って修身礼儀作法を平易な文章で説いた、通俗的な教訓書である。三部も購入して「鵜沢《うざわ》様」「伊介様へ」もそれぞれ一部ずつ贈っているので、金次郎も共鳴するところが大きかったのであろう。これも、のちに教訓を平明に説く際に参考にしたものと思われる。

「鵜沢様」は、金次郎が服部家に奉公してから面識をもち、彼のよき理解者として桜町領仕法と小田原藩仕法に協力することになる、小田原藩士の鵜沢作右衛門《さくえもん》である。

五　総本家再興仕法

総本家の没落

栢山《かやま》村二宮一族一三家の総本家である伊右衛門《いえもん》家は、万治《まんじ》元年（一六五八）には本田畑、新田畑、屋敷合わせて六町四反四畝一七歩もの土地を栢山村で所持していた（「御水帳伊右衛門分田畑書抜帳」『全集』一六）。しかし、同村の最上層に位置した伊右衛門家はその後没落し、寛政九年（一七九七）正月、九代目当主儀兵衛《ぎへえ》が極貧のうちに死去した時には跡継《あとつ》ぎもなく、絶家《ぜっけ》となってしまった。儀兵衛の悲惨な最期の様子は、弟の友吉が婿《むこ》養子に入った二宮三郎左衛門《さぶろうざえもん》家の家政再建のために金次郎が文政元年（一八一八）に作成した「家政取立相続手段帳」（『全集』一六）に、次のように記されている。

総本家絶家時の様相

> 無田同様になった儀兵衛は、住居さえなく、剃髪して本然恵性沙弥《ほんねんけいしょうしゃみ》と称して仏門に入り、先祖が屋敷内に建立した庵《いおり》の薬師堂に住んだ。老衰に及んで一飯《いっぱん》にも差し支えるようになってからは、一族、五人組やかつて伊右衛門家に仕えていた家筋の者たちから順番に食べ物を扶持《ふち》され、「非人乞食《ひにんこつじき》」同様の境涯のうちに死去した。

儀兵衛死去時、金次郎は十一歳。総本家は生家からほど近い所にあったので、その悲惨な光景は眼に焼きついていただろう。彼は文化二年（一八〇五）、十九歳の時に総本家再興に着手し、五十年の歳月を費やして嘉永七年（一八五四）に至って成就した。

その際に一族に示した「伊右衛門式家株再興田畑作徳取扱方相談書」（『全集』一六）において、伊右衛門家の盛衰について、こう語っている。

> 伊右衛門式は享保《きょうほう》・元文《げんぶん》（一七一六〜四一）の頃までは、「いかなる先祖隠徳積善の余慶《よけい》」であろうか、多分の田畑を所持し、代々差し支えなく家業を営み、分家・末家は一二軒に及んだ。本宗家《ほんぞうけ》は一族の根幹であり、その根が深ければ枝葉の分家・末家

も繁茂する道理であるが、いつとなく「分度《ぶんど》」を失い、驕奢《きようしや》に流れて連々困窮におちいり、家株田畑を売り払い、ついに退転致し、祖先以来幾百年の間富み栄えた一家も潰《つぶ》れ（絶家）に及び、菩提《ぼだい》を弔《とむら》う者もいなくなってしまった。

総本家没落の原因認識

十八世紀には村々をも巻き込んで商品貨幣経済が進展し、上層農家でも没落する家が発生する一方、富を蓄えた新興の家も出現し、階層変動がはなはだしくなっていたことは全国的な現象であったが、金次郎は伊右衛門家の没落は「分度を失ひ、驕奢に流れ」たためと認識していたのである。「分度」は後年唱えた報徳思想の根本概念の一つで、領主であれ、村であれ、家であれ、各々の収入＝「分」に応じて支出に限度を設け、すなわち予算を立て、その範囲内で財政を運営する合理的な計画経済を意味する。

「分度」概念確立の原点

同家没落の原因も「分度」を守らなかった点に求めているのである。もちろんそれは「分度」なる概念を確立してからの解釈であって、総本家再興を思い立った当時にはそうした概念はもっていなかった。しかしながら、その没落の悲惨な有り様を眼にしたことは、自身の生活態度にとって戒めともなったと思われる。商品貨幣経済が進展すれば人びとの消費への欲望も肥大化する。驕奢に流れ自家の経済力を超えて浪費すれば家は破産する。だからこそ、収入の範囲内で節倹に努めて生活しなければならない。

生活実感として金次郎がそう考えるようになっていた可能性は、生活態度に鑑《かんが》みても高いだろう。その一方で、市場経済に適応して金銭の運用をうまく行えば財を成しえることにも、気づいていたにちがいない。実際、彼はそれを実践して自家を再興した。

総本家再興着手の理由

金次郎の生家は伊右衛門家からは曽孫《ひまご》分家に当たるが、いまだ自家再興の目処《めど》もついていない文化二年、十九歳の時に総本家の再興に着手したのは、何故であろうか。右の相談書では、本末の関係にある家々は「同根同体」であり、本の根が深ければ枝葉も繁茂するのが道理であるので、相互に助け合い、本末ともに永久に退転の憂いのないようにしなければならない、と一族の者たちに説いている。金次郎の先祖もさかのぼってゆけば、一族の始祖「伊右衛門」にたどり着く。この伊右衛門が苦労して田畑を開いてくれたおかげで、二宮一族が形成され、自分がこの世に生を享《う》けたのも、元をたどれば始祖伊右衛門の「陰徳積善」のおかげである。それゆえ、総本家を再興し、「相続の道を相立て、祖先の恩義を報じたく、幼年の時より一途《いちず》に心懸け」たのだ、と述べる。

先祖祭祀の規範と「孝」

この時代に生きた人びとは、先祖伝来の「家」を保ち、先祖の祭祀を絶やさないことを至上の生活規範としていた。それが先祖とそれに連なる父母への「孝」とされていた。金次郎は、この孝をつくすべき対象を、自己の父母、祖父で生家の創設者である銀右衛門のみならず、自己の根源である本宗家の先祖にまでさかのぼらせていたのである。

先祖・父母の墓碑建立

嘉永二年（一八四九）、金次郎は先祖・父母の供養のために、二宮一族の菩提寺である栢山

善永寺境内に二宮金次郎が建立した先祖・父母の墓碑

村善永寺《ぜんえいじ》の境内《けいだい》に墓碑を建立した。これは現在、二宮総本家の墓地にある。角柱型の墓石の正面には一〇人の戒名が二段に分けて彫られている。

金次郎の系譜観と先祖観

　二宮総本家の当主で二宮金次郎の研究家でもある二宮康裕によれば、上段は右から総本家初代伊右衛門夫妻、九代儀兵衛、三代万兵衛夫妻、下段は右から祖父銀右衛門、四代万兵衛夫妻、父母の利右衛門・好《よし》の戒名だという（『二宮金次郎の人生と思想』）。九代儀兵衛は総本家が絶えた時の当主、三代万兵衛は祖父銀右衛門の兄で、彼から銀右衛門は分家させてもらった。四代万兵衛は父利右衛門の兄である。墓石に刻まれた戒名の順は金次郎の系譜観と先祖観を示していよう。自己の先祖の初めに総本家初代夫妻を位置づけていたのである。

総本家再興の悲願

　のちに金次郎は小田原藩主大久保忠真《ただざね》より、分家宇津《うつ》家の知行所《ちぎょうしょ》である下野国《しもつけのくに》桜《さくら》町領《まちりよう》（栃木県真岡市）の復興仕法を命ぜられ、さらに各地の仕法にも従事することになったため、総本家再興仕法は中断を余儀なくされる。天保《てんぽう》十二年（一八四一）、小田原藩領仕法の一環として再開したものの、藩当局と金次郎の確執から弘化《こうか》三年（一八四六）に仕法は撤廃され、領内への立ち入りすら禁じられてしまった。

対して彼は、総本家とその他の一族家の仕法だけは継続させてほしいと、藩の江戸留守居《るすい》（渉外掛）に書状でもって嘆願している。

総本家の絶家と祟り

注目されるのは、総本家再興を発願した理由として、「本家式数年退転致しおり、数多《あまた》の亡霊、分家一統はもちろん、そのほかに至るまで祟《たた》りをなし、折々相煩《あいわずら》ひ、薬用加持祈禱《かじきとう》、種々様々諸雑費等相懸《かか》り、困窮致し、今日の暮し方に差し支え申し候」状態になったからだと、述べている点である（「嘉永六年　先生より御書簡写」『全集』一六）。

金次郎の生家は洪水の被害で没落の一途をたどり、父母とも死別し、兄弟も離れ離れになってしまった。のみならず、他の一族にも家産を傾ける家が少なくなく、病をわずらう者もいて、薬用や病気直しの加持祈禱など種々の諸雑費がかかり、今日の暮しにも困るようになっていた。金次郎は、その原因を、総本家が絶家となって先祖の祭祀が絶えたため、数多の亡霊が祟りをなしたからだと解していたのである。

だからこそ、自家の再興を成し遂げる前に総本家の再興に着手したのであろう。

総本家再興の着手

では、どのような手だてを講じたのであろうか。それは彼が作成した「本家伊右衛門一家再興相続手段帳」（『全集』一四）に示されている。

金次郎は、絶家となっていた伊右衛門家をぜひとも再興したいと思い、「同性（姓）一統」（二宮の苗字を名乗る一族）に相談したものの、同家は田畑・山林・屋敷まで売り払い、落ちぶれていたので、手だてがなく、途方に暮れてむなしく打ち過ごしていたところ、文化二年（一八〇五）、売れ残りの屋敷稲荷《いなり》社地があるのに気づいた。それは荒地のごとくなっていたので、垣根を結んで囲って手入れをし竹木を育てたところ、思いのほか生い立った。そこで、文化六年、伐採して売りさばき、金二朱、銭五七〇文《もん》を得た。これに自己資金の金三分《ぶ》、銭二八六文を加えて一両とし、総本家再興の「善種《ぜんしゅ》」たる基金（「趣法手段《しゅほうてだて》金《きん》」）とした。これを年利一割五分で貸し付けて増殖していこうとしたのである。

「推譲」の始点

この利率は当時では一般的なものである。報徳思想にあっては、先に述べた「分度《ぶんど》」とともに「推譲《すいじょう》」が根本概念をなしている。収入より少なめに支出を見積もって分度を設け、倹約によって分度を守れば余剰《よじょう》を生じる。勤労して収入をふやせば余剰も増大する。この余剰を、自己の将来のために譲り、また一族や親戚・朋友のため、郷里のため、さらには国家のために譲るのが、「推譲」である。

前者を「自譲」、後者を「他譲」と言う。自譲は貯蓄のことであり、金次郎もそれを実践し、貯蓄を貸付運用して増殖し自家再興を成し遂げた。一方の他譲は、文化六年、総本家再興のために推譲したのが最初であった。その意味では、この行為は彼の思想形成において大きな意味をもつ。

一族の協力

その後も金次郎は種々の収入を総本家再興基金に推譲している。一族は当初、自分たちも困窮していたこともあって、金次郎が総本家再興を呼びかけても乗り気ではなく、やむなく個人でその再興に着手したのであるが（「嘉永六年六月　先生より御書簡写」）、やがて一族の者たちも協力するようになった。文化九年（一八一二）の秋、一族九人が収穫米のうちから二合五勺《しゃく》〜六升を推譲し、金次郎が出した七升二合五勺と合わせて一俵五升となった（一俵四斗入り）。そのうち五升を一族共通の先祖の菩提を弔うために善永寺の仏前に納め、残りの一俵は売り払って総本家再興基金に加えている。

額は微々たるものであるが、一族も協力の姿勢をみせた意味は大きい。その後も折にふれて推譲を行っている。文化十四年（一八一七）十二月には基金は八両二朱余になった。

子弟表彰

この年の十月、一族の子弟五人に対し、秋作の取り入れに出精したのを賞して、褒美《ほうび》として基金のうちから銭一〇〇文ずつ与えている。将来の二宮一族を担う者たちを励まそうとしたのだろう。翌文政元年五月と十一月には一族の子弟九人のほかに他氏の子弟二名も表彰し、同三年になると表彰対象は二宮一族の子弟三人、他氏の子弟六人と比率が逆転し、しかも二宮一族居住の東栢山のみならず西栢山にまで広げている。栢山村全体の次世代の育成をも考えるようになっていたのである。この表彰制度は、各地で実施されることになる報徳仕法においても、柱の一つに位置づけられることになる。

総本家再興基金の運用法

総本家再興基金は、金銭の融通《ゆうずう》を要する者に貸し付けられたが、利子付きであった。その点では通常の金融と変わりはなく、のちに創始する無利息の報徳金融とは異なっているが、困窮者には無償で米金を施与しており、報徳仕法につながる面もみられる。

米相場への投機

米相場への投機も行っており、文政四年（一八二一）、米を買い入れておいたところ案外の高値になってもうけた「浮金《うききん》」（差益）三九両二分余を基金に繰り入れている。

金次郎は自家経営においても米相場に注意を払って販売収益をあげていた。総本家再興基金も米相場の変動を利用して一挙に増殖させたのである。後年、各地で報徳仕法を実施した際、所々の米相場に関心を寄せ、価格差に目をつけて資金の増殖をはかっているが、そうした経済感覚は自家と総本家の再興過程で培《つちか》ったようである。特に小田原城下で奉公稼ぎをした折に米の売買を活発に展開した経験が大きい。

「小を積んで大を為す」という方法のみならず、市場経済のメカニズムに目をつけて「小を一挙に大にする」方法をもとっていたのである。「積小為大」の言葉からは、金次郎を、小さな努力を地道に積み重ねて大きな仕事を成し遂げた人物、というふうにイメージしやすいが、彼の実像はそれだけでは律しえない。総本家再興基金は融通講にも出資されており、その割り返しによっても増加している。このように金次郎は、基金の運用に才覚を発揮することによって増殖させていったのである。

総本家再興基金の他仕法への活用

文政五年（一八二二）には、小田原藩の下命を受けて野州桜町領復興のために引っ越す準備として、田畑一町四反二六歩を売払い、その代金七二両一分二朱を基金に入れた。さらに翌年、家財も売払って得た六両三分余と、引っ越し路用金として下された五〇両も基金に加えたので、一七二両一分余にも達した。そのうちから、先祖代々供養のために善永寺に一両を納め、その他の支出をし、残金一三四両三分一朱余は桜町領仕法の「土台金」に繰り込んでいる（「本家伊右衛門一家再興相続手段帳」「嘉永六年六月　先生より御書簡写」）。

法徳仕法の淵源

桜町領仕法が成果をあげるに伴い土台金も増加していったが、それは各地に広まった仕法にも活用されている。その意味では、総本家再興仕法は自家再興仕法とともに報徳仕法の淵源《えんげん》をなしたと言える。総本家再興の基金を他の仕法にも使ったのは、それによって多くの人びとを救済すれば、その積善は先祖への回向《えこう》となり、「孝」をまっとうすることにもなる、と考えてのことであっただろう。

郷里を離れてからも金次郎は、先祖・父母への供養を絶やしてはならないとの思いは常にいだきつづけていたようで、天保十一年（一八四〇）には善永寺に五〇両を寄付し、その貸付利息でもって先祖代々と亡父母の菩提を永々に怠りなく弔ってほしい、と依頼している（『全集』一六）。また、同寺本殿が弘化二年に雷火によって焼失した際には、再建の手だてを講じてもいる（「善永寺本堂再建縄索帳《なわない》」『全集』一六）。

文化二年、十九歳の時に着手した総本家再興仕法は、晩年の嘉永七年、六十八歳になって成就《じょうじゅ》し、宿願を遂げることになるが、それについては後述しよう。

六　一族の家政再建仕法

弟友吉の帰宅と縁談

享和二年（一八〇二）より亡母の実家、曽我別所村の川久保家に預けられていた弟の友吉《ともきち》は、文化十一年（一八一四）、二十五歳の時に金次郎のもとに帰ってきた。十四年には、一族一統から、友吉を二宮三郎左衛門方へ婿《むこ》養子に遣《つか》わしてほしいと申し込まれた。

その際の金次郎の応答ととった措置《そち》については、文政元年（一八一八）と天保十年（一八三九）の「三郎左衛門家政取立（取直）相続手段帳」（『全集』一六）に記されている。

三郎左衛門家の零落

三郎左衛門家は伊右衛門家から二番目に分家して創設されており、この家から金次郎の生家の本家に当たる万兵衛家が分家している。万治元年（一六五八）には一町八畝を所持していたが（「御水帳三郎左衛門分田畑書抜帳」『全集』一六）、文政元年に金次郎が調べたところ、

一族からの三郎左衛門家再建依頼

友吉の三郎左衛門家への婿養子入りと改名

四反五畝一五歩にまで減少していた。金次郎は、零落の理由を、本家から財産を分け与えてもらいながら、その恩沢に報いることをせず、本家が絶えても仏事の報謝さえしなかったからだ、と説いている（「文政元年　三郎左衛門家政取直相続手段帳」）。

実は、一族一統が友吉の婿養子入りを持ちかけたのも、自家再興を成し遂げ、資産もかなり築いていた金次郎の手腕と財力を当てにし、三郎左衛門家を立て直してもらおうという思惑からであった。対して金次郎は、友吉を二、三年奉公させて、たとえば給金を三両残せば三両、一〇両残せば一〇両というふうに、残した金額と同等の金額を自分からも差し加えてやるので、それでもって田畑を請け戻し、家を立て直させたい、と返答した。最初から自分が再建資金を出したのでは、友吉は兄に頼りきりになってしまうおそれがある。そこで、まず友吉に奉公させて自《みずか》ら資金を稼がせ、その勤労と倹約の成果に応じて援助してやろうとしたのである。当事者の主体的な意欲を重視するのは、こののちも金次郎が一貫してとりつづけた姿勢である。

だが一族は皆、その提案に承服せず、婿入りに当たり「一世一代の祝儀」を助成として一時に出してくれ、と要請した。そこで、文政元年正月、金六両一分と銭五〇〇文を出して「家政取直相続手段土台金」とし、同年十一月には頼母子《たのもし》講が落札になり、七両を得たので、そのうちから「友吉事常五郎」に二分二朱を渡し、残額を土台金に繰り込んだ。「友吉事常五郎」と表記しているので、婿養子に入って「常五郎」と改名したことが知られる。家督《かとく》を相続してからは代々の当主名の「三郎左衛門」を襲名する。

その後の年次の「家政取直相続手段帳」をみると、土台金を利回ししてふやしながら田畑の請け戻しや買い入れを進め、天保元年（一八三〇）には所持地は八反四歩にふえているが、いろいろ不幸がつづいて大借に及んだので、翌年、借金返済のために田畑をすべて売り払い、小作暮らしに転落している。やむなく同四年に桜町仕法の報徳金から六二両二分を無利息十ヵ年賦で拝借し、再度の家政再建に取り組み、弘化三年（一八四六）には所持地は一町二反一畝三歩となったものの、報徳金の返済は完了せず、嘉永六年（一八五三）、永拝借の助成にして仕法を終えることになった。

権右衛門家の零落

伊右衛門家からの最初の分家である権右衛門《ごんえもん》家もやはり、没落の運命をたどっていた。万治元年の検地時には、権右衛門家は伊右衛門家を上回る四町九反六歩もの田地を所持しており、村内で一番であった（第一―四参照）。畑、屋敷や新田畑を加えればもっと多かったことになる。それが、文化十二年（一八一五）の調査では六反八畝一九歩にまで減じており、借金も一四両三分あり、年々の上納物も滞っているほど窮迫していた。

総本家当主と権右衛門の確執

同家の「家政取直相続手段帳」（『全集』一六）には、本家との関係と没落の経緯が詳述されている。それによると、本家当主の儀兵衛に子がなく、権右衛門家には男子がたくさんいたので、そのうちの一人を養子にして相続させたい、と儀兵衛がたびたび掛け合ったものの、権右衛門は、「家株田畑屋敷一切これなき」状態の本家を相続させるわけにはいかない、と断ったという。これに怒った儀兵衛は、「何ぞ吾家の相続を助けざらんや、その本乱れて末治まるものあらずとて嘆息して、朝夕罵《ちようせきののし》り」、ならば分家の際に配分した田畑を差し戻して相続させろとせまり、数度争論に及んだ。だが決着せず、結局、儀兵衛は跡継《あとつ》ぎを得られないまま没し、二宮総本家は絶えてしまったのである。

権右衛門家の再建

権右衛門家は、分家に際して伊右衛門家から「家株田畑居屋敷」の四割をも分与されていたにもかかわらず、その恩沢に報いなかった。その後、権右衛門家も退転し、跡を継いだ者が病で盲人となるなど不幸がつづいた。金次郎は、伊右衛門家からの二番目の分家である三郎左衛門家と同様、権右衛門家の没落も本家の窮状を助けなかった報いで、「天理」である、と理解した。同家の親類から依頼されて文化十二年より家政再建仕法に取り組み、仕法は嘉永六年に終了している。その前年の土地所持は一町七反一畝一二歩となっていた（「嘉永五年　家株再復田畑高反別御年貢取調書上帳」『全集』一六）。

「一族一家」観

金次郎は、総本家再興に心血を注ぐとともに、分家筋の三郎左衛門家と権右衛門家の家政再建にも取り組んだ。また、他の一族への助成もたびたび行っている。それは二宮康裕が指摘するように、「一族一家」観にもとづいていただろう（『二宮金次郎の人生と思想』）。

本家・分家の関係で結ばれた同族団は、もともとは拡大された「家」と観念されており、それゆえに「イッケ（一家）」と称する所が多い。同族結合の紐帯《ちゅうたい》をなしていたのは同族共通の先祖に対する崇拝であったが、時を経るとともに弛緩《しかん》していくのは一般的な趨勢《すうせい》であった。二宮一族も例外ではなかったのである。

総本家が絶えてもその先祖の菩提を弔おうとせず、自家の存続に汲々としていて、金次郎が総本家再興を持ちかけても相手にしなかった。そこでまず自ら率先してそれに着手し、しだいに一族の者たちを巻き込んでゆき、絆《きずな》を回復しようとした。

その際に強調したのは、一族の根幹たる本宗家の恩沢に報いる必要性であり、その恩沢を忘却して根幹を絶やしてしまい、先祖の供養もしなくなったので、その枝葉である分家筋の家々にも災難がふりかかったのだ、と説いた。そして、一族は「同根同体」であり、相互に助け合い、本末ともに永久に退転の憂いのないようにしなければならないとして、折にふれ助成するとともに家政再建にも取り組んだのである。

親戚や村人への助成

親戚や栢山の村人にも種々の助成をし、桜町に移住してからも報徳金の貸与を行っていた。また依頼されて一家の再興も手がけており、小田原藩領に報徳仕法が導入されると公式の仕法となり、天保十四年からは栢山村の一村仕法も実施している（『全集』一六）。

第三　小田原城下での武家奉公と服部家仕法

一　武家奉公と儒学の学習

小田原での武家奉公の開始

文化《ぶんか》七年（一八一〇）、金次郎二十四歳の時には所持地は一町《ちょう》四反《たん》五畝《せ》二五歩《ぶ》となり、十二月には家屋も再建して自家の再興を成し遂げたことは、先にみたところである。米金出納《すいとう》簿（『全集』一四）をひもとくと、翌年から小田原《おだわら》に奉公稼ぎに出たことが確認できる。

最初の奉公先

同八年の帳簿には「きう金（給金）ノ控所《ひかえどころ》」という仕訳項目が設けられ、三月から十二月までの給料の合計が金三両一分《ぶ》二朱《しゅ》、銭一貫九二二文《もん》、米一斗五升となっている。「川島伊兵衛《いへえ》様より渡る」「又七殿よりとり」という注記もある。この注記から、奉公先について、佐々井信太郎は小田原藩邸と（『二宮尊徳伝』）、二宮康裕は川島伊兵衛家と（『二宮金次郎の人生と思想』）、それぞれ判断している。前者だとすると川島伊兵衛は藩邸《はんてい》に勤務している藩の役人となる。又七は藩邸であれ川島家であれ奉公人の頭《かしら》であろう。

翌年には服部《はっとり》家に奉公先を替えているが、その後も川島家には薪《たきぎ》を販売するなど関係を継続している点からして、川島家での奉公だった可能性の方が高いだろう。

長屋での生活

文化七年には二月に「湯入中入用《いりよう》」が計上されていただけだったのが、八年には三月から十二月にかけて四六回も入湯銭の支払いがみえる。これは奉公期間中と合致する。武家奉公人は長屋門に設けられた部屋に住んでおり、邸宅内の風呂には入れてもらえず、銭湯に行っていたのである。また自炊していたようで、さまざまな食料品を頻繁に買っている。

儒学の学習の開始

第二—四でみたように、金次郎が儒教の書物を初めて購入したのは文化八年であり、この年六月に『孝経《こうきょう》』を、九月に四書五経《ししょごきょう》などの儒教の経典《けいてん》の通俗解説書である『経《けい》典余師《てんよし》』を買い入れ、十一月には本箱を購入している。武家奉公を機に儒学の素養も身につけようとしたことが知られる。

農業経営の変化

農業経営の方は、同八年から手作りは皆無となり、すべて小作に出すようになった。前年と比べ小作人数は三人から一二人、小作面積は七反四畝から一町七反三畝へと、それぞれ増加している。米の売買は以前より行っていたが、八年以降は小田原城下の米問屋を相手に活発に展開するようになる。

私有林の伐採権の購入と薪販売

文化八年九月には小田原に近い早川《はやかわ》村と風祭《かざまつり》村の私有林の伐採権を買い取り、薪《たきぎ》を採って城下町で売りさばいている。米金の貸付対象も都市住民にまで拡大した。なかでも奉公人仲間には恒常的に融通《ゆうずう》している。

田畑の請け戻し・買得の進展と特徴

小田原城下で稼いだ金と小作料でもって田畑の請け戻しと買い入れを進め、所持高は文政《ぶんせい》四年（一八二一）には二町九反九歩に達した（「家株田畑高反別取調帳」『全集』一四）。父の利右衛門が相続した時に比べれば六反近くの増加である。うち西栢山《かやま》に六反五畝七歩、堀之《ほりの》内《うち》村に四畝所持しているが、居宅所在地の東栢山分が二町二反一畝二歩と大部分を占める。所持地を増加させたとはいえ、村外の土地を広く集積していたわけではない。

それは父が手放した田畑の請け戻しが主体であったからで、新規の買得も困窮者から懇願されて買い受けており、しかも売主の大半が一族である（同前）。したがって、主眼はあくまで往時の家産の回復においていたのであり、新規買い入れも、早田旅人が指摘するように、一族への相互扶助的な金銭の融通という「助け合い」の意味と、一族の土地を共有財産とみなして確保する意味をもっていた（『報徳仕法と近世社会』第二章）。

小田原への出稼ぎの意義

ところで金次郎は、栢山村にいた時より、商品貨幣経済のもとにあって自己労働の配分と資産の運用に意を払っていたが、小田原城下への出稼ぎも、そうした観点からより効率性を求めて決めたのではなかろうか。城下町で武家奉公のかたわら商売と金融も営んだ経験は、流通経済の仕組みを肌で理解し、理財能力に磨きをかけることになった。

その能力はのちの報徳仕法でも大いに発揮されることになる。

また、さまざまな見聞によって視野を広げ、思想を形成していくうえでも大きな意義をもち、広い世界で活動していくきっかけともなった。とはいえ、武家奉公を始めた頃の彼は、家を捨ててまでして活動の場を村外に求めようとしたわけではない。

後年、彼は当時を回想して次のように述懐している。「田畠山林家株益《ま》して、富貴《ふっき》を求め、渡世安楽に至らんことを欲し、或《ある》いは祖先の家名、子孫永々相続致さんことを一《いち》途《ず》に存じ込みまかりあり候《そうろう》」と（「天保《てんぽう》十四年〈一八四三〉勤方住居奉窺候書付」『全集』一二〇）。家産を増して安楽に暮らせるようにし、先祖相伝の「家名」を子々孫々に伝えることのみが念頭にあった、というのである。武家奉公もその手だての一つだったのであり、いずれ帰宅するつもりであった。現に帰宅している。

都市と農村の交流の活発化

農村から都市に赴《おもむ》き商家や武家の奉公人になって給金を稼ぐ者は多くいた。商品貨幣経済が農村をも巻きこんで進展すると、農村と都市との間の人・物・金・情報の交流も活発に展開するようになる。歴史人口学によると、村人の大半が都市での一年以上の生活を経験していたという（速水融『江戸農民の暮らしと人生』）。したがって、金次郎の小田原城下での奉公稼ぎや商売・金融活動も決して特異な例だったのではない。

服部家の奉公人も皆、小田原藩領の村々の出身であった（早田前掲書第二章）。

とはいえ、通常は家族の一部が都市に出稼ぎに行ったのだが、金次郎は独り身であった。栢山村は小田原城下から二里（八キロ）くらいなので、時々は帰宅したであろうが、大半は留守にしたわけである。

夫役と村役の代務

百姓は領主から課される夫役《ぶやく》（人足役）や村の共同作業に出る村役《むらやく》を務めなくてはならなかった。文化八年（一八一一）の金銭出納簿をみると、堤防の修築などの「川よけ」（川除《かわよけ》）という治水工事やその他の普請《ふしん》があった際には、代わりに人足を雇って義務を果たしている。弟の友吉《ともきち》に賃銭を払って代務させていることが多い。彼が同十一年に曽我別所《そがべっしょ》村の川久保家から帰宅したのも、兄留守中の家を預かるためであったのかもしれない。

服部家への奉公替えと奉公人名

文化九年の帳簿には、「二月四日とり」と肩書きされた「一、金一分　林蔵《りんぞう》」という記事がみえる。林蔵は金次郎が家老の服部家に奉公した際の名前であるので、この時には服部家に奉公先を替えていたことが確認できる。武家、商家、農家などに奉公に入ると奉公人名を与えられていた例は多い。百姓身分としては「金次（治）郎」、服部家の奉公人身分としては「林蔵」だったわけであるが、同一人物が異なる身分や集団に帰属した場合、別々の名前を使い分けることは、この時代にはめずらしくなかった。

服部家への奉公開始時期

文化九年の「きう（給）金覚《おぼえ》」の項目には「一、半紙壱束《ひとたば》　関谷氏より」とある。関谷は服部家用人《ようにん》の関谷周助である。用人は執事《しつじ》であり、家政を取り仕切る実務を担っていた。林蔵と関谷の名がみえることから、佐々井信太郎『二宮尊徳伝』は、金次郎が服部家に奉公したのは文化九年からであったと断定しているが、記録に照らして妥当である。

この年に支給されたのは金二両一朱、銭三貫四一一文、半紙一束であり、前年の金三両一分二朱、銭一貫九二二文、米一斗五升よりは少ないので、給金の増額を望んで奉公先を替えたわけではなさそうである。

服部家への奉公の理由

金次郎が服部家に奉公した理由については、高弟の富田高慶《とみたたかよし》と福住正兄《ふくずみまさえ》が相異なる見解を示している。富田の『報徳記』は、窮迫して莫大な借財を抱えていた服部十郎《じゅうろう》兵衛《べえ》が、ある人物から栢山村の金次郎なる者が千辛万苦《せんしんばんく》して廃家を再興したという話を聞かされ、家政再建を懇願したのが、服部家への奉公のきっかけだったとする。

しかし、金次郎が服部家の家政再建を依頼されたのは、同家での奉公経験を積んでからであり、当初からそれを目的に奉公したのではない。

服部家奉公中の勉学の逸話

一方の福住は、『報徳教祖二宮尊徳翁略伝』（『全集』三六）で、服部家の三人の男子が読書好きなのをみて、それに随従して学問をしたいと欲し、請うて家僕にしてもらった、と述べている。そして、夜は読書する子息の傍《かたわ》らに座ってこれを聴き、四書を暗記するまでになり、また自《みずか》ら願って三子の通学のお供をし、講堂の窓の下に立って講義を聴き、文義に通じるようになった、とする。

この福住の書に記された逸話《いつわ》は、昭和十年（一九三五）刊行の佐々井信太郎著『二宮尊徳伝』と井上角五郎編『二宮尊徳の人格と思想』に採録されたため、広まるところとなった。「講堂」については佐々井は「学校」としか表記していないが、井上は小田原藩校の「文武館」と特定したので、それが定説化した。

しかし、小田原藩が藩校を設立したのは文政五年（一八二二）であり（『小田原市史　通史編　近世』）、金次郎が服部家に奉公していた時にはまだ藩校はなかった。

服部家子息の通学の供

服部家の子息は私塾には通っていたであろうが、私塾には講義室はあっても講堂のような施設はない。金次郎が私塾への通学の供をし、講義室からもれてくる講義を聴いた可能性はあり、その話を聞かされた福住が「講堂」と表記したとも考えられる。

『小田原市史　通史編　近世』は、金次郎の供で子息三人が通った私塾を漢学者の宇野慎助の塾と特定し、「宇野邸宅に着くと子どもらは中に入り、金次郎は庭に回って障子《しょうじ》の外から講義を聴き、服部家に戻ってからは子どもらの質問に答え、もっと具体的でわかりやすく説明したという」と叙述している。ただし、典拠は示されていない。

武家奉公の目的

ともあれ、金次郎が奉公先に商家ではなく武家を選んだのは、学問をする機会を得ることも目的の一つだった可能性は高いのではなかろうか。金次郎は武家奉公を機に儒教関係の書物を購入するようになり、『孝経』と通俗解釈書の勉強から始めて、漢詩、兵書、四書などの漢籍の勉強に本格的に取り組んでいっているので、この想定もあながち無理ではないであろう。もし商売や理財のノウハウを学びたかったのであれば、商家に奉公したはずである。守田志郎『二宮尊徳』は、金次郎は商家でも働いて理財のやり方を呑み込んだとしているが、史料的には確証は得られない。

服部家子息の教導

金次郎は服部家の子息に近侍しながら勉学しただけでなく、教導してもいたようである。天保七年（一八三六）正月十六日付けで金次郎が服部十郎兵衛に出した書状（『全集』一四）には、「弐拾《にじゅう》五ケ年以前、御年《おんとし》十八才の御時《おんとき》より、身ヲ治（修）め、御家《おいえ》を治め、終《つい》に国を治むるとの次第、種々様々御伝授申し上げおき候《そうろう》」とある。

この時の服部十郎兵衛は、二十五年以前、金次郎が仕え始めた時には清兵衛《せいべえ》という名の十八歳の若旦那《わかだんな》であった人物で、家督《かとく》を相続して当主名を襲名していた。二十五年以前は文化九年となるので、これもこの年から服部家に奉公したことの裏付けの一つとされている。金次郎は仕えることになった若旦那に対し、身を修め家を治め国を治める道を説いていたのである。もちろんこれは、儒教の「修身斉家治国平天下《しゅうしんせいかちこくへいてんか》」という政治思想にもとづく。

服部家での身分

服部家に奉公し始めて早々に子息に近侍《きんじ》しているのであるから、主人が金次郎の学識を見込んで教育係に抜擢したのであろう。佐々井『二宮尊徳伝』は、金次郎は最初から若党《わかとう》として奉公したとしているが、これは『報徳記』の記述にもとづいているだろう。若党は武家奉公人の最上位で、その下位に中間《ちゅうげん》や小者《こもの》などがおり、使い走りや雑役に従事した。『報徳記』は、金次郎が家政再建を懇願されて服部家に奉公することになったように叙述しているので、若党として厚遇されたことにしたと思われるが、家政再建を依頼されたのは奉公してからである。

したがって、最初から若党に抜擢されたかどうかは疑問が残るものの、当初より子息の教育係もしていたところからすると、前奉公先の小田原藩士川島伊兵衛から服部十郎兵衛が金次郎の能力を聞かされ、若党として引き抜きをした可能性も考えられよう。

服部家家族・奉公人への金銭融通

米金出納簿をみると、服部家の奉公人となった金次郎は、用人の関谷周介や中間たちに金銭を融通していたことが知られる。服部家の家族さえ無心していた。なかでも「若旦那」は文化十年（一八一三）から十二年にかけてたびたび借りている。二両ほどの借金が多いが、四両借りている時もある。この若旦那は清兵衛であろう。

彼は金銭にルーズだったらしく、当主になってからも莫大な借財をこしらえて金次郎に助けを求め、先の書状できびしく叱責されている。

五常講組織

文化十一年には、服部家の用人、若党、中間、女中らを対象に「五常講《ごじょうこう》」を組織した（「五常講真木手段帳」『全集』一四）。五常とは、儒教の説く、人として常に守るべき「仁義礼智信」の五つの徳目である。

おそらく、江戸時代に相互扶助的な融通をはじめさまざまな目的で広く結ばれていた講の組織を踏まえ、そこに武家奉公を機に学んだ儒教の倫理を持ち込んで講員相互の信用を担保することを思いつき、五常講を創案したのではなかろうか。

五常講の基金は、薪《まき》の消費節約によって残った分の販売代金、奉公の余暇に田植えの手伝いなどをして得た賃金、夜間に縄をなって販売した代金、不用となった品々の販売代金等々を積み立てたものである。それでもって、薪の倹約に努めた者、出精者、夜遊びを慎んだ者などに褒美《ほうび》の金品を与えたり、中間部屋や雪隠《せっちん》（便所）の普請代、破損物品の購入代、酒代などの必要経費をまかなったりしており、のちには融通の計画も立てている。つまり、服部家の使用人たちが五常の倫理を守って互いの絆《きずな》を強め、勤勉・倹約を励行し、それによって生じた余剰《よじょう》金を貯えておいて、自分たちに役立つように運用することを趣旨としていたのである。これがのちの報徳社のモデルともなった。

二　服部家の家政再建案策定

服部家家政再建案策定依頼

当時の服部家の台所は火の車で、借金を重ねてしのいでいた。金次郎は文化十二年

（一八一五）二月に「服部家御家政御取直趣法帳」（以下、『全集』一四）を作成している。彼が理財能力にもたけていることを知った主人が、家政再建案の策定を依頼したのだろう。

服部家の台所事情

家老の服部家の知行高《ちぎょうだか》は一二〇〇石《こく》で、小田原藩士にあっては第三位であった。もっとも、知行取とはいっても、同藩では領地が与えられているわけではなく、知行高一〇〇石に対し一〇八俵の割合で俸禄米が支給される仕組みになっていた。

同家は本来なら一二九六俵の収入となるところが、金次郎が家政再建案を立てた時には四〇三俵しかなかった。実に規定額の三一％にまで減額されていたのである。

十八世紀には、商品貨幣経済の進展によって出費が増大する一方、年貢収納量は頭打ちになるか農村の疲弊によって減少したので、どの藩も財政難におちいり、家臣に支給する俸禄米を減額するようになっていた。一般的には藩が借り上げる名目で「借上《かしあげ》」と称したが、小田原藩では藩が一方的に減額する意味で「減米」と表現していた。

予算の立案

同藩領は、元禄《げんろく》十六年（一七〇三）の大地震、宝永《ほうえい》四年（一七〇七）の富士山大噴火による砂降り、それにつづく酒匂《さかわ》川の氾濫と、相次いで大災害に襲われていたので、復興費用と年貢収納量の落ち込みで藩財政の窮迫は深刻の度を増し、たびたび家臣に減米を強いていた（『小田原市史　通史編　近世』）。服部家の禄米が四〇三俵しかないのであれば、節倹に努めて、その範囲内でやりくりするしかない。禄米のうちから、服部家の家族や使用人たちの飯米と菩提寺《ぼだいじ》と思われる三乗寺への遣わし米の合計一一一俵一斗七升を除くと、二九一俵二斗三升残る。武家は飯米以外の俸禄米を売って貨幣を得ていたが、これを時の米相場で貨幣に換算すると金一三二両二分と銭二三七文となる。

金次郎の才覚

これでもって家計をやりくりできるよう、費目ごとに細かく予算を立てた。

その合計は九五両二分二朱、銭六二五文で、残金は三六両三分、銭四八四文である。そのうち諸雑費を倹約すれば、さらに二〇両くらいは余剰金が生まれるはずである。また、屋敷内の山林や畑から採取できる竹、果樹、野菜や醤油の明樽《あきだる》などを売れば、金二両三分余にはなりそうである。すると残金は合計五九両余にのぼる。これでもって借財を返済してゆき、家政を再建しようと立案した。

農家であれば、収穫をふやしたり農間稼ぎをしたりすれば、余剰を増大させることができるが、武家の場合は俸禄米しか収入がない。そこで金次郎は、屋敷内の山林や畑の産物に目をつけたのであろう。農民ならではの才覚である。

服部家の借財額

服部家の借財額は、文化十二年十二月晦日《みそか》の改めで金一八四両二朱、銭六六二文であった（「御借財増減扣帳」）。金次郎の立案どおりに実行すれば、三年余で借財を皆済できる計算になる。

武家の財政運営の無計画性

当時の武家は、予算を立てて計画的に財政を運営していたわけではない。そもそも武士、特に上級武士は、算盤勘定《そろばんかんじょう》は徳を失わせる賤《いや》しい小人《しょうじん》の技《わざ》と考える傾向があり、算術のできる人材が常に不足がちであった（磯田道史『武士の家計簿』）。ために、財政が窮迫すると、算勘理財能力にたけた商人や農民に頼らざるをえなくなり、民間人を財政担当役人に登用して財政の再建をゆだねる大名や旗本が多くなった。服部家が一奉公人にすぎない金次郎に財政再建を依頼したのも、そうした趨勢《すうせい》を示す一例である。

彼はのちには、大名家や旗本家の行財政を指導して報徳仕法を実施することになる。

「分度」概念の成立

服部家仕法案では「分度《ぶんど》」という語句はいまだ使われていないが、収入に応じて支出に限度を設け、節倹に努めて余剰が生じるように財政を運用するという考えは、明確に打ち出されている。金次郎は、倹約してなるたけ多くの余剰を生み出すように努めてきたであろうが、自身の家計自体は予算を立てて計画的に運営していたわけではない。

彼の米金出納簿をみても、予算はみられない。彼が予算を立てて家政再建案を策定したのは服部家仕法案が最初であるが、そこには、服部家の収入は定額の俸禄米であったので、家政を再建するには支出に限度を設け、予算を立てて運営することが必須の条件とならざるをえなかった事情も働いていたであろう（早田旅人『報徳仕法と近世社会』第二章）。

金次郎の理財能力

とはいえ、そうした観点から家政再建案を詳細に策定できるだけの理財能力は培《つちか》っていたのである。この服部家仕法案は、のちの報徳仕法様式の原型と言ってよい内実を備えており、その策定経験は彼の人生において大きな意義をもつことになった。ただ、その実行は家政を管理する用人の手にゆだねられ、金次郎自身は関わってはいない。

帰宅

文化十三年（一八一六）には自宅に帰ったようで、米金出納簿から給金の記載が消える。代わりに、武家奉公を機に皆無となっていた手作《てづく》りの記載が復活する。手作り地は一町一反歩に及び、小作地は三反六畝に減少している。弟の友吉は同十一年に帰宅して兄の留守を預かっていたが、兄も帰ったことにより、享和《きょうわ》二年（一八〇二）四月に離別して以来、実に約十四年ぶりに兄弟が一緒に暮し、田畑を耕すことになったのである。

金次郎は、家産を回復する過程においては、自己独りの労働力を有効に活用するために給金稼ぎもしていたが、それを達成したならば、自宅に居ついて自《みずか》ら耕作に励み、家を守っていくつもりだったのだろう。彼にはまだ総本家再興という大仕事も残っていた。

三　大久保忠真との出会いと結婚・離婚・再婚

結婚

金次郎は自家の資産はかなり築いていたものの、いまだ独り身であった。家を存続させるためには結婚して跡継《あとつ》ぎをもうけなくてはならない。

文化十四年（一八一七）、友吉は一族の三郎《さぶろう》左《ざ》衛門《えもん》家に婿《むこ》養子に入り、金次郎は結婚して、兄弟はそれぞれの人生を歩むことになった。結婚相手は、足柄下郡堀之内《あしがらしもぐんほりのうち》村（小田原市）の中島弥之衛門《やのえもん》の娘で「きの」と称した。十九か二十歳だったとされているので、三十一歳の金次郎とは年がかなり離れている。弥之衛門の長男倉蔵《くらぞう》とは服部家での奉公人仲間であり、その縁で結ばれたのであろう。米金出納簿（以下、『全集』一四）をみると、二月二十五日に「結納《ゆいのう》」として金一両を遣《つか》わし、その後、婚礼衣装の羽織裏と袴《はかま》、祝宴用の黒椀《わん》一〇人前や食料などを購入しており、祝言《しゅうげん》は二十八日にあげたようである。

大久保忠真からの表彰

翌文政元年（一八一八）十一月には、小田原藩の殿様、大久保忠真《おおくぼただざね》から表彰もされた。

忠真は天明《てんめい》元年（一七八一）の生まれであるから、金次郎より六歳年長である。寛政《かんせい》八年（一七九六）、十六歳で藩主となった。英邁《えいまい》の誉《ほま》れが高く、幕府においても出世街道を歩み、寺社奉行《ぶぎょう》、大坂城代《じょうだい》、京都所司代《しょしだい》を経て文政元年八月二日に老中《ろうじゅう》に昇進した。

江戸で老中職を拝命した彼は、京都所司代職の引き継ぎのためにいったん京都に赴《おもむ》き、それを終えて江戸に向かう途中の十一月十五日、酒匂河原《さかわがわら》において耕作出精や親孝行など奇特な行いをした領民を目通りのうえ表彰したが、金次郎も耕作に出精し他の模範ともなるべき人物として、その選に入っていた。

この忠真との出会いが、金次郎の人生を大きく変えることになる。この年の十一月初めには、広域行政区分の六つの筋《すじ》ごとに一、二名の郡中取締役《ぐんちゅうとりしまりやく》が、各地域の有力村役人のなかから選任されていた。中《なか》筋二名のうちには、栢山村名主で二宮一族であった七《しち》左衛門《ざえもん》の名もみえる。治安取締りを主たる任務としていたが、孝子《こうし》や奇特人、そのほか心がけのよい者がいたならば、地方《じかた》役所に報告することも求められていた。金次郎は七左衛門の推薦で表彰されたらしい（松尾公就「小田原藩政の展開と二宮尊徳」）。

長男徳太郎の誕生と死

結婚に次いで殿様から表彰も受けた。めでたいことはつづくもので、翌文政二年正月十八日には待望の長男が誕生した。この子は「徳太郎」と名づけられた。「徳太郎誕生祝義（儀）帳」の表紙には、「文政二己卯《つちのとう》年正月十八日早朝出産」とある。長男を表す太郎に「徳」を冠しているところから、金次郎はこの字に格別の思い入れがあったことがうかがわれる。言うまでもなく、徳を備えた人物になるようにとの期待をこめての命名である。跡継ぎの男子も得られ、金次郎は喜びに満たされていたにちがいない。

だが、この親子三人のできたばかりの小さな家族は、まことにあっけなく崩壊してしまった。徳太郎は生まれて翌月には死去した。誕生祝儀簿には祝儀記録の後に葬儀の記録が付記されており、「時に文政卯年二月二日　保仙孩子《ほせんがいし》御仏前」として、八名から贈られた香典《こうでん》と寺への布施《ふせ》が記されている。孩子は乳幼児に与えられる戒名《かいみょう》である。

離婚

翌三月には妻まで去ってしまった。金次郎は結婚した年に服部家から家政再建仕法の実施を依頼され、それを引き受けたために、留守にすることが多かった。嫁いで間もない年若い妻からすれば、自分をほったらかしにして他家の借金の整理に骨折る夫の行動は、理解しがたいものであったにちがいない。不満を募らせてもいただろう。そうしたところに、誕生したばかりの子まで亡くしてしまったのである。結婚生活に希望を失い見切りをつけたのであろう。金次郎は再び、家族の崩壊を経験することになった。

再婚

服部家は、自家の都合も離婚の一因であるので気の毒に思い、奥女中として雇い入れていた岡田波《なみ》を再婚相手として薦《すす》めた。後年幕府に提出した「親類書」によると、彼女は相州《そうしゅう》足柄下郡《あしがらしもぐん》飯泉村《いいずみむら》（小田原市）の組頭《くみがしら》弥吉《やきち》の娘であった。

当時、上層の百姓の家では、花嫁修業と良縁を求める目的で、娘を武家屋敷の奥奉公にあがらせることは広く行われていた。波も組頭を務める上層百姓の娘であったので、そうした性格の奉公であったと思われる。「歌《うた》」とも称されているが、それは服部家奉公中の女中名である。文化二年（一八〇五）三月十二日生まれで、まだ十六歳であった（「婚礼祝儀控帳」）。三十四歳の金次郎とは十八歳も年下である。金次郎は一年前に離婚したばかりで、年も離れすぎている。親の方はためらったかもしれないが、波本人は承諾した。服部家で彼を実際に見ており、人柄も能力もよくわかっていたからであろう。

文政三年三月二十七日、金次郎は結納として帯代の金二両二分と酒、茶、扇子《せんす》、熨斗《のし》などを贈り、四月二日に祝言をあげた（同前）。新婦の波はのちに各地の報徳仕法に挺身した夫を支え、賢婦人とうたわれることになる。男女二人の子にも恵まれる。

服部家の借金増加

さて、文化十二年（一八一五）二月に金次郎が立案した服部家家政再建計画は、用人の管掌のもとに実行されることになっていたが、計画どおりには事が運ばなかった。

同年末に金一八四両二朱、銭六六二文であった借金は、返済されるどころか逆に借金を重ね、十四年末には二四六両三分、銭六八八文にふえていた（「御借用増減扣帳」）。用人には、家政を再建するだけの力量はなかったことが、歴然となったのである。

服部家家政再建の実施依頼

こうなれば、金次郎自身に実施してもらうしかない。「本家伊右衛門一家再興相続手段帳」には、文化十四年（一八一七）十二月十日、「服部十郎兵衛様より、御家政御頼みに付き」金次郎に酒代として下された金一分を、総本家再興基金に繰り入れた記事がみえるので、仕法の実施依頼を受けたのは文化十四年十二月だったことが判明する。

この年二月には金次郎は結婚し、念願の所帯を構えていた。おそらく、妻と一緒に田畑を耕しながら家を守り、跡継ぎをもうけて家を存続させる心づもりであっただろう。

服部家家政再建の受諾理由

では、なぜ引き受けたのであろうか。富《とみ》田《た》高慶《たかよし》『報徳記』は、我が領主の重臣でありながら、廃家の危機に瀕し職をも辞さざるをえなくなっている服部家を救うことは、君のため国のためにもなると考えて、家政再建仕法を受諾したとしている。

金次郎自身はその理由について何も語っていないが、武家奉公を機に儒教の書物を購入して勉学し、服部家の若旦那に仕えていた際に、身を修め家を治め国を治める道を説いていたところからすると、家の危急を救ってやり、「治国」を担う家老としての職分《しょくぶん》（職責）をまっとうさせることが、政道の理念である「救民」「安民」を実現することにもなる、と考えたとしてもおかしくはない。のちに大名家や旗本家の行財政を指導して報徳仕法を実施した際にも、「救民」「安民」に尽くすべき為政者の職分を力説している。

四　服部家の家政再建と小田原藩士救済策

服部家家政再建計画の再策定

金次郎は服部家用人の山本英左衛門《えいざえもん》より仕法の引き継ぎをしているので（「御借用増減扣帳」。以下、『全集』一四）、それまでは山本が仕法を管掌していたようである。

金次郎はふえた借金の額を踏まえて家政再建計画を策定しなおし、文化十五＝文政元年（一八一八）三月に「御賄方《おまかないかた》趣法割合帳」を作成した。借金返済の方法は先に策定したものと同じで、御渡米《おわたしまい》四〇三俵の内で節倹に努めながら家政をまかなって余剰金を生み出し、元利返済に充てるというものであった。

彼の計算では、年々六六両ほどの余剰金があれば、六年後の文政六年（一八二三）六月には皆済できるはずであった。だが、藩主大久保忠真が文政元年八月に老中に就任し、江戸藩邸の用務が激増したため、服部十郎兵衛も江戸詰めとなり、出費がかさんだ。それに加えて米価が下落したことも、俸禄米を売って現金収入を得ていた武家にとっては大きな打撃となった（早田旅人『報徳仕法と近世社会』第二章）。

米相場への投機の失敗

ために新たに借金を重ねざるをえなくなり、文政元年末の借金高に比べ、二年末は四七両余、三年末には一三六両余も増大し、結局、金三六八両一分、銭八二三文にふくれあがってしまった（「御借用増減扣帳」）。そこで金次郎は、米相場への投機によってもうけ、債務を一挙に整理しようと考えたらしい。文政二年暮れから、一六三七俵もの米を買い付けている。値上がりを待って売ろうとしたのだが、もくろみがはずれ、購入値段よりも安く売却せざるをえなくなった。三年八月の決算では、実に一〇〇両余もの損失となっていた（「文政三年　御蔵米売買直段扣帳」）。この損失は自身が負った。

市場経済の怖さ

金次郎は常日頃から米相場に関心を注いでおり、米の投機的売買によっても自己資金をふやしてきた。その経験を服部家仕法に活かそうとしたのだが、これほどの大量の米を売買したことはなかった。いわば博打《ばくち》的手段に走らざるをえなかったほど、服部家の財政は深刻だったのである。市場経済のメカニズムは、うまくいけば利潤を生む出す一方、失敗すれば莫大な損失をこうむる。市場経済の怖さを、彼はこの失敗の経験から思い知ったにちがいない。だが、それで米相場への投機から手を引いたわけではない。

失敗から学んだらしく、翌年には米の買付・売却によって差益をあげ、三九両二分余を総本家再興基金に繰り入れている（六二頁参照）。

金次郎の思案

服部家の債務整理で次に金次郎が考えついたのは、低利の公的融資を受けて高利の借金を返済するという方法である。当時の武家は富裕な農商民などから借金して財政をやりくりしていたが、金利は借り手の身分によって異なっていた。

大名の借入金利は八〜九％であったのに対し、信用が低く担保がとりにくい一般藩士のそれは一五％を超えるのが普通であった（磯田道史『武士の家計簿』）。小田原藩士はたび重なる俸禄削減を受けていたので、借金苦にあえぐ者が多かった。また領民の間でも、市場経済化の進展によって富裕化する者がいる一方、多くの貧窮者が発生していた。

低利公的貸付制度の献策

そこで金次郎は、藩士と領民を救済するために低利の公的貸付制度の創設を思いつき、文政三年（一八二〇）十一月六日付けで「五常講手段金割合帳」という雛形《ひながた》を作成して、年八朱（八％）の利率で家中《かちゅう》と町方《まちかた》・在方《ざいかた》（村方）の者たちに貸し付ける案を、家老の服部十郎兵衛と吉野図書《よしのずしょ》に献策した。

雛形では、貸付金額と利率についていくつかのケースを想定し、年賦返済案を示しているので、それらを比較検討して年八朱がもっとも妥当と判断したのであろう。注目されるのは、金五〇〇両を年八％の利率で借りて、知行高のうち五〇〇石分の禄米一六七俵を年賦返済に充てると十二年で皆済できる、というモデルも示している点である。
これは服部家が実際に借りた金額とほぼ同じであるので、家中・領民への低利貸付をうたってはいるものの、眼目は服部家救済にあったことは明白である。

献策の採用

この金次郎の献策は服部と吉野の取り次ぎで藩主大久保忠真に上申され、承諾を得た。忠真は、手元の積立金から金一〇〇〇両を下すので、これに家中や町郷の貯えのある者たちに多少にかかわらず加金させて基金を設け、家中に貸し付けて借財を片付けさせたい旨、文政三年十一月二十七日付けで家中に仰せ渡した。
これを受けて、家老の次席の年寄衆から町方、在方をそれぞれ支配する町奉行《まちぶぎょう》と郡《こおり》奉行に対し、「お下し金のみでは何分行き届かないので、町郷の貯えある者どもに加金を差し出させ、殿様の御趣意が実現するように努めよ」と指示している。具体的に策定された貸付仕法の要点は次のようなものである（「御手元金御貸付被仰渡御張紙写」）。

貸付仕法の策定

（1）年八朱の利率で貸し付け、諸役人は十五ヵ年賦、無役の面々（役職に就いていない者）は十ヵ年賦で、知行、切米《きりまい》、扶持米《ふちまい》、給金から差し引いて返済させる。ただし、返済期限を短縮するのは望み次第とする。返済の際の米金の換算比率は、米相場が金一〇両につき二〇〜三〇俵の時は二五俵替えとし、相場が二〇俵より高ければ余金を割り戻し、三〇俵より下落すれば年賦返済後に勘定して不足分を徴収する。

(2) 家中のうち極難《ごくなん》の者には、金一両までは三ヵ月を限り無利息での拝借を認める。その元金《もときん》は三〇〇両とする。希望者が多人数に及び、元金が出払った時は、返金がありしだい届け出順に貸し付ける。拝借人が期限までに返済しなかった場合は、小《こ》分《わけ》組合の面々に連帯で弁済させる。一度不納した者には重ねての拝借は認めない。

(3) 御渡米や貯金のうちから望みしだいの額を基金に差し出し積み立てておけば、年利八朱の利率で必要な時に返金する。

八朱金貸付制度

(1) は「八朱金」と呼ばれる貸付制度で、(2) の無利息の短期小口貸付については、金次郎考案の「五常講」を組織して運用することになった。ただ、彼の献策では家中のみならず町村の庶民にも貸し付ける案になっていたが、藩が策定した貸付案では、基金への加金の差し出しは民間にも求めても、貸付対象は家中に限定している。

五常講金貸付制度

なお、「御手元金御貸付被仰渡《おおせわたさる》御張紙写」では藩主の下し金は一〇〇〇両となっているが、金次郎作成の「五常講金貸箱《かねがし》」には、小田原へ一〇〇〇両、江戸へ五〇〇両それぞれ下され、小田原と同時に江戸でも貸付が開始されたと記してあるので、江戸藩邸勤務の藩士には別個に貸し付けられたことが知られる。

「五常講金貸箱」によると、藩主下し金のほかに加金が文政三年十二月二十日までに小田原で金五〇〇〇両余も集まったという。無利息貸付の元金は三〇〇両に限定されているので、残りは八朱金貸付の資金とされたのであろう。

服部家の八朱金借用と借金完済

服部家は同年十二月二十一日に八朱金四五九両三分もの破格の貸付を受け、それでもってこれまでの借金を完済し、十二月晦日《みそか》に金次郎が決算したところ、金八五両三分と銭六四文が残った。この分は米売買の損失の補塡《ほてん》に充《あ》てている（「借用高相改書出帳」）。

損失は金次郎が負っていたのであるが、服部家の債務整理のための投機であったので、服部家の主人も気の毒に思い、八朱金借用のなかから補塡することを認めていた（「文政三年十一月十一日　服部より林蔵宛書状」）。

服部家での金次郎の地位向上

金次郎は服部家では「林蔵」という奉公人名を名乗っていた。服部が出した書状の宛名は当初は「林蔵へ」であったが、彼の献策によって八朱金借用の目処《めど》が立つと、「林蔵との」と敬称付きにしている。同家の奉公人仲間からの書状は「林蔵様」となっている。「との（殿）」よりも「様」の方が厚礼である。書状の礼式からも、服部家において金次郎が敬意を払われる存在になっていたことが知られる。

五常講金貸付運用案

極難者への無利息金貸付の運用については、金次郎が藩策定の貸付案を踏まえて「五常講金貸箱」という雛形を作り、文政三年十一月、家老の吉野図書と服部十郎兵衛に献策している。先述のように、彼はすでに文化十一年（一八一四）に服部家の使用人らを対象に五常講を組織していた。それを小田原藩士にも結ばせようと考えたのである。

ただし、藩士の五常講は、講員が資金を出すのではなく、藩主下賜《かし》金のうち三〇〇両を元金として無利息貸与し、返済を連帯保障させるものである。その運用案の「五常講金貸箱」の内容は整合的に解釈するのがむずかしく、納得のいく解説を目にしていないが、次のように解すれば整合性がとれると思われる。

五常講金運用の仕組み

（1）講員三〇〇人を募り、一〇〇人ずつ三組に分け、各組一〇〇両を元金として、順番に一日に一人ずつ金一両を「手細工諸色買入代《てざいくしょしきかいいれだい》」として無利息で貸し付けていく。三組合計では一日当たり三両の貸付となる。これは「聖人御伝授の金」である。

（2）返済期限は一〇〇日限りとする。「仁義礼智信」に違背せずに返済すれば一ヵ年には計三六〇両の通用となり、一人でもこの道に違《たが》えば三六〇両は不通となる。

（3）もし返済が一人分一両滞れば、当人より名簿の下へ一〇人目までの者が、二人分二両滞れば、当人より上下へ一〇人ずつ計二〇人が、それぞれ七〇〇文ずつ出して弁済する。三人分三両滞ったならば、残り七七人が七八文ずつ出す（未納当事者三人と二人分までの弁済責任を負った二〇人、計二三人を一〇〇人から引けば七七人となる）。

（4）返済が滞り元金一〇〇両に達しなかった場合は、完済して一〇〇両に達するまで貸付を中止する。

下級藩士は内職として筆、提灯《ちょうちん》、竹皮の笠などを作り、その妻や娘は機織《はたお》りなどをして、生活をしのいでいた。だが、その原料の購入さえできかねる者もいたので、「手細工諸色買入代」を名目に、一〇〇日を限り一人一回につき金一両の無利息融資をするのである。名簿の順番に日々一人ずつ一両を貸し付けていくので、一〇〇日間で全員に行き渡る。返済を滞らせなければ、一年では一組につき循環金額は計三六〇両ほどに達し、一〇〇日をサイクルに同一人物がくり返し融資を受けることができる。

無限の循環の論理

つまり、五常講金を無限に循環運用して、下級藩士の生活を成り立たせようとしたのである。かかる無限の循環の論理は、のちに創始する報徳仕法にも貫かれている。

この仕組みを維持するために、講員に弁済の連帯責任を負わせたのであるが、そうすると、借りて意図的に返さない者も出かねない。そこで、「聖人御伝授の金」であることを強調し、五常の倫理をわきまえて信義に背かないよう返済義務を果たすべきことを説いたのである。貸付金の運用に儒教的倫理規範を持ち込んだところに、金次郎の五常講案の独自性がある。どうしても返済できない場合には、他の講員に少額ずつを負担させて弁済させることにしたのは、互助としての意味をもたせたのであろう。

服部家の新借金

服部家の仕法は八朱金借用によって借財を片付けたところで、ひとまず完了となり、金次郎自身はその後、藩主大久保忠真から命ぜられた下野国《しもつけのくに》桜町領《さくらまちりょう》の復興仕法に従事することになる。服部家借用の八朱金四五九両三分は、給米四〇三俵から九〇俵一斗余を差し引いて、十五年間で元利返済することになっていた。

だが、『全集』一四所収の書類をみると、禄米がさらに減額されたこともあって、服部家は新たに借金を重ねている。窮した服部家には、自力で家政を再建できる能力はなく、もはや自家の奉公人ではなくなっていた金次郎に助けを求めざるをえなかった。天保《てんぽう》元年（一八三〇）には、若旦那時代に金次郎が近侍していた清兵衛が家督《かとく》を相続していたが、書状は「二宮金次郎様」あるいは「二宮先生」「二宮雅兄《がけい》」の宛名で出している。当時の金次郎の身分は小田原藩の組徒格《くみかちかく》であり、藩士に引き上げられていたとはいえ、家老の服部との身分差は隔絶している。にもかかわらず、異例の厚礼でもって金次郎に通信しているのであり、服部家にとっていかに頼りにすべき大きな存在であったかが知られよう。

服部家への報徳金貸与

金次郎も、かつて仕えた服部家をほうっておけなかったらしく、天保九年（一八三八）には、報徳仕法の基金である報徳金から四八四両二朱を無利息で貸与し、借金を完済させている。だが、それもつかの間、またまた借金を累積してゆき、報徳金の返済も滞り、結局、嘉永《かえい》二年（一八四九）まで服部家の借財整理に煩わされることになった。

文政元年、三十二歳の時に服部家の家政再建仕法に着手して以来、実に足掛け三十二年間も同家の借財整理に関わったのである。金次郎はすでに六十三歳に達していた。

服部十郎兵衛への叱責

服部清兵衛は若旦那時代から金銭にルーズなところがあったようで、金次郎にたびたび金銭を無心していた。当主になってからも相変わらず金銭的な助けを求めていた。金次郎は天保七年（一八三六）正月十六日付けの書状で、「弐拾《にじゅう》五ケ年以前、御年《おんとし》十八才の御《おん》時《とき》より、身ヲ治（修）め、御家を治め、終《つい》に国を治むるとの次第、種々様々御伝授申し上げおき候《そうろう》」にもかかわらず、それを守らない清兵衛改め十郎兵衛に対して、「庭前《ていぜん》の草木に劣り候」と激昂した調子で叱責し、為政者として「救民」に尽くすよう求めている。

折しも天保の大飢饉が襲っていた。早急に対策を講じなくてはならない非常時であったにもかかわらず、自家のことしか考えない服部に、怒りを抑えきれなかったのであろう。服部家の借財など早く片をつけてしまい、自分も「救民安国」、すなわち民を救済し国家を安泰にする役務に専念したい、とも述べている。

武家の借財整理の目的

金次郎は、服部家のみならず、大名家や旗本家からも依頼されて借財整理をしているが、それは武家の救済自体を目的としていたわけではなく、政道の担い手に「救民安国」の責務をまっとうさせるためであったことが、この書状から理解される。

そして自身も、大名、旗本や幕府から農村復興仕法を請け負い、「救民安国」のために挺身した。

第四　野州桜町への道程

一　小田原藩への献策と桜町領復興の受命

年貢納入枡改正の献策

文政《ぶんせい》三年（一八二〇）、金次郎は年貢納入枡《ます》の改正を小田原藩《おだわらはん》に献策し、彼の考案した枡が採用されて領内の枡の統一が実現した。三十四歳の時である。そのいきさつについては、自身が「小田原領升改正覚書」（『全集』一四）という記録を残している。

それによると、「小田原御城主大久保加賀守《おおくぼかがのかみ》様」（忠真《ただざね》）から、「末永く御領内百姓どものためになるような事」を申し出るよう仰せ渡されたのを、「格別の御仁恵」と受けとめて、献策を思いたったのだという。当時、小田原藩領内では一八種類くらいの年貢納入枡が使用されていたため、一俵の正味がまちまちになり、百姓たちは不利益をこうむることが多く、難渋していた。

幕府は寛文《かんぶん》九年（一六六九）、現行の京枡をもって統一した公定枡とし、全国六六ヵ国を東西に分割して東側を江戸枡座に、西側を京枡座にそれぞれ管掌させ、京枡の独占的製

二宮金次郎考案の改正新枡
（小田原市尊徳記念館蔵）

造・販売権を与えていた。藩は枡座から幕府公定枡を購入して自領に流通させるのが原則であったが、大藩のなかには領内では独自の枡を使用する所もあった。小田原藩でも同様であったのである。百姓たちは前々から枡の統一をたびたび嘆願していたものの、郡奉行《こおりぶぎょう》、代官はじめ取扱役人からは叱りとばされるだけで、聞き入れてもらえなかった。金次郎自身も百姓であったので、そうした現状に憤懣《ふんまん》をいだいていたにちがいない。ために、百姓の難渋を訴え、枡の改正・統一を藩に建言したのである。

改正枡の考案

家老の吉野《よしの》図書《ずしょ》と服部《はっとり》十郎兵衛《じゅうろうべえ》の尽力もあってそれが容《い》れられ、具体案を作成するよう指示された。そこで金次郎は、「米」の字にちなんで深さを八寸《すん》八分《ぶ》（二六センチ余）、縦横の長さを一尺《しゃく》三厘《りん》三毛《もう》（三〇センチ余）とし、三杯で米四斗一升入り一俵となるような枡を考案した。木地は木曽檜《きそひのき》を用いることにした。

こうした枡の設計ができるだけの計数能力を身につけていたのである。だが、規格品ではないため、江戸でも小田原でも製作の引き受け手がない。困っていたところ、小田原一丁田町の建具職人の腕がよいとの評判を耳にしたので、毎日付ききりで指導して作らせ、補強金具は西大井村《にしおおい》（神奈川県大井町）の鍛冶屋《かじ》に打たせ、文字は寺町の仏師に彫らせた。こうして、ようやくにして仕上げることができたのである。新枡製作経費一両は総本家再興基金から支出している（「本家伊右衛門一家再興相続手段帳」『全集』一四）。

新枡の採用と評判

新枡は小田原の役人たちによって改められ、その使用について江戸藩邸に伺いが立てられて、藩主の許可を得ることができた（「小田原領升改正覚書」）。新枡は百姓たちの間でも評判がよかったようである。金次郎は、服部家での奉公人名「林蔵《りんぞう》」の名で服部十郎兵衛に出した文政三年十一月十八日付け書状で、「御升御改正について、百姓どもは御冥加米《みょうがまい》を差し出して報謝したいと存じている様子に承《うけたまわ》っております。老人の話しでは、かかる有り難き時節もあるものかと感激しているようです。旦那《だんな》様の御評判も小田原一帯で大そうなものがございます」と伝えている（『全集』一四）。

低利貸付金制度と手段金の献策

先に述べたように、金次郎はこの年の十一月には困窮している小田原藩士を救済するために低利貸付金制度の創設を献策しており、実現をみていた。また極難者《ごくなん》に無利息金を融通《ゆうずう》する五常講《ごじょうこう》を創設してもいる。また、これまで見落とされていたが、早田旅人は「手段金《てだて》」の献策にも注目している（『報徳仕法と近世社会』第二章）。これは、「手段金」の名目で藩に金を貸し付け、その利息相当額の年貢を免除してもらうという案である。

無年貢耕作地の創出

当時、小田原藩の財政は窮乏しており、一方、百姓は年貢上納率の引き上げに苦しんでいた。そこで金次郎は、藩にとっては「国益」となり、百姓には「潤沢」になるとして、試みに文政三年（一八二〇）二月、地味の悪い「麁田《そでん》」四反《たん》一五歩《ぶ》の代金に当たる二二両二分《ぶ》を年一割五分の利息で貸し付け、「麁田」が「熟地」になるまで年貢を利息で振り替え、「熟地」になりしだい返金してもらうことを出願して、許可されている（「家株田畑高反別取調帳」『全集』一四）。いわば金融的手法による土地の無年貢地化である。

報徳田地の考案

早田は、この発想の背景には、洪水により荒地化して年貢免除地となっていた田地を再開発したことが、一家復興の基礎となった体験があったと解し、のちは報徳仕法において、出精人に褒美《ほうび》として貸し与える無年貢耕作地の「報徳田地」の考案にもつながった、としている（『近代西相模の報徳運動』）。

野州桜町嶺見分の下命

金次郎は金融活動を活発に行ってきたが、その対象を藩にまで広げ、無年貢地の創出に結びつけたわけである。当時、領主は領内の富裕な農商民からも借金をしていたが、踏み倒すことが多かった。彼の案では元金が返済されない限り利息を年貢に充当するので、その心配はなく、領主財政にも資するのであるから、妙案ではある。

このように、文政三年は、献策を通じて藩政に関与するようになった点で、金次郎の人生において一つの画期をなしていた。翌年には転機が訪れる。

文政四年、大久保忠真は、同元年に酒匂河原《さかわがわら》で表彰した耕作出精の奇特人のなかから数名を選抜して、分家の旗本《はたもと》宇津《うつ》家の知行所《ちぎょうしょ》、下野国芳賀郡《しもつけのくにはがぐん》桜町領《さくらまちりょう》（栃木県真岡《もおか》市）の見分を命じた。その選に金次郎も入ったのである。

桜町領の構成

宇津家の知行所は、元禄《げんろく》十一年（一六九八）に大久保家から分知《ぶんち》、すなわち所領を分割給付されて成立しており、物井《ものい》村、東沼《ひがしぬま》村、横田《よこた》村の三ヵ村から成り、関東平野の北辺に位置する。物井村は物井（桜町）、西物井、下物井の三組に分かれ、各組に名主《なぬし》が置かれ、「村」とも呼ばれていた。桜町には宇津家の役人が江戸から派遣されて宿泊勤務する陣屋《じんや》が設けられていたので、知行所全体が「桜町領」と称された。幕府から拝領した公式の知行高は四〇〇〇石《こく》であったが、百姓の離村や死潰《しつぶ》れによって人口が激減し、田畑の過半が荒地と化し、北関東特有の激しい農村荒廃状況を呈していた。

桜町領の荒廃状況

史料にもとづく統計によると、知行所三ヵ村の家数、人数は、享保《きょうほう》（一七一六～三六）頃の四三〇軒余、一九一〇人余から文政五年には一五六軒、七四九人と、それぞれ三六％、三九％にまで落ち込んでいる。ために年貢収納量は大幅に減少して深刻な財政難におちいり、幕府に奉公する勤役も控えざるをえないほどになっていた（『二宮町史　通史編Ⅱ　近世』）。宇津家は窮民撫育《ぶいく》、荒地開発、戸口増加策などの手だてを講じ、復興をはかったが、成果があがらず、本家の大久保家の助成に頼らざるをえなかった。

大久保家も宇津家に米金を援助して、財政を立て直させようとしてきたものの、いっこうに好転せず、しかも小田原藩自体も財政改革をせまられる状態となっていた。そこで、財政支援から桜町領の村々を復興させて根本的に解決する方針に転換し、藩主忠真と老臣が相談した結果、先に表彰した耕作出精人のなかから数人を選抜して、復興が可能かどうか見分させてみることにしたのである（松尾公就「小田原藩政の展開と二宮尊徳」）。農村の調査は、武士の役人よりも農業出精者の方が適任と考えたのであろう。

桜町領の見分

下命を受けた金次郎は、文政四年八月一日、小田原の掛《かかり》役人から道中入用《いりよう》金一両を支給されて桜町領に調査に赴《おもむ》いた（「野州芳賀郡桜町御用雑用扣《ひかえ》帳」（『全集』一四）。往復二十日ほどの旅程であるところからして、領内を一通り巡見した程度の調査しかできなかったであろう。にもかかわらず、九月二十一日には早くも桜町領の復興を命ぜられている。

桜町領復興の下命と名主役格への取り立て

佐々井信太郎『二宮尊徳伝』では、文政五年（一八二二）三月に桜町領復興の命を受け、名主役格《なぬしやくかく》として処遇され、高五石、二人扶持《ぶち》を支給されることになったとしているので、これが定説化していた。だが、日光市今市《いまいち》報徳二宮神社所蔵の「名主役格申渡《もうしわたし》」の年月日は「巳《み》九月二十一日」となっていることが、阿部昭によって確認されている（「二宮尊徳の仕法請負に関する諸問題」）。巳年は文政四年であるので、従来の伝記や年表の記述は改めなくてはならない。

この文書によれば、小田原藩から派遣されて桜町陣屋に赴任する勝俣小兵衛《かつまたこへえ》の補佐役として、名主役格を申し付けられており、扶持三人分を給され、御用で桜町に赴く際には帯刀が認められている。名主役格というのは、百姓から選ばれる村の最高責任者たる名主に准じる身分であり、武士身分ではない。しかしながら、武家の主君が家臣に与える給与の一種である扶持米を給され（一日一人当たり玄米五合を標準として支給）、御用の際には帯刀が免許されている点、武士に准じた処遇も受けている。

当初はあやふやな身分的位置づけをされていたわけである。正式に小田原藩の士分《しぶん》としての扱いをされるようになったのは、文政九年（一八二六）五月一日であり、組徒格《くみかち》に取り立てられて郡奉行《こおりぶぎょう》支配に属し、切米《きりまい》五石と扶持二人分を給されることになっている（「桜町御陣屋文政九年日記帳」『全集』三、「組徒格任命書」『二宮尊徳関係資料図鑑』）。士分となったので、季節ごとに分割支給される切米の手当も受けたのである。

宇津家財政再建の趣法替え

ところで、従来は、大久保忠真は金次郎を登用して小田原藩の財政再建と領地の復興を任せようとしたものの、重臣たちの反対によってかなわず、やむなく分家の知行所の復興仕法を命じ、それが成功したならば小田原藩領の仕法を任せるつもりであった、というのが定説をなしていた。これを覆《くつがえ》したのが松尾公就であり（前掲論文）、小田原藩は、酒匂河原で表彰された耕作出精人のなかから選んだ数人に桜町領を見分させ、復興について復命させたうえで、金次郎に復興仕法を命じたのであり、同領見分はその選抜試験だったとする。そしてそれは、宇津家への米金援助から難村復興による根本的な再建策への「趣法《しゅほう》替え」であり、小田原藩の財政改革の一環だったことを指摘している。

金次郎が桜町領見分の数人に選抜され、最終的に仕法を委任されることになった背景を考えるとき、仕えていた服部十郎兵衛が家老という小田原藩の要職にあり、家政再建を彼に委任してその能力を熟知していたこと、そして枡の改正や藩士救済のための低利貸付金制度の創設を建議して容れられており、忠真をはじめとする藩首脳部にその名と能力が認知されていたことも、大いにあずかっていたと思われる。

民間の人材と知の活用

商品貨幣経済が発展し社会が複雑化した十八世紀以降、幕府や諸藩は民間の人材や知恵の活用を積極的にはかっており、民衆に対し政治への建言を求め、また民衆側からの自発的な政策提言を受け入れるとともに、民間の有能な人材を役人に抜擢した（平川新『紛争と世論』）。それだけ民間社会が成熟し、民間に知が分厚く蓄積されていたのであり（深谷克己『百姓成立』）、江戸時代中後期の政治はその活用なくしては運営できなくなっていたのである。小田原藩も文政元年（一八一八）より、領主権力の後退や財政難と表裏して、民意や民間資金など在地の活力と負担に依拠する地方《じかた》政策に転換していた（馬場弘臣「小田原藩における近世後期の改革と中間支配機構」『小田原―歴史と文化―』八）。

金次郎抜擢の時代背景

身分制度と人材活用

長男弥太郎の誕生

桜町領村々への復興仕法実施の通達

金次郎が献策をし、小田原藩さらには幕府に登用されたのも、このような時代潮流を背景にしていたのである。江戸時代の身分制は職能（職業）にもとづいて編成されており、武士の職能は軍事と政治であったが、民間人を幕府や藩の役人に抜擢する際には武士身分に引き上げて、身分と職能の一致という身分制の原則は守った。

原則を維持しつつ、能力による人材活用もはかっていたのが江戸時代の特徴であり、金次郎も最初は名主役格であったが、のちには士分に取り立てられている。

さて、金次郎が桜町領復興御用を命ぜられて四日後の文政四年（一八二一）九月二十五日、長男が誕生した。弥太郎《やたろう》と命名され、長じて実名《じつみょう》を尚道、次いで尊行《たかゆき》と名乗る。通称は弥太郎で通している。それから間もない十月八日、小田原掛から費用を支給されて出《しゅっ》府《ぷ》した。十九日には、江戸の宇津家屋敷で酒を振る舞われて金一分を与えられ、小田原藩の江戸掛からは野州給金、行戻荷物賃、行泊賃銭を給されて、桜町へ赴いた（「野州芳賀郡桜町御用雑用扣帳」）。

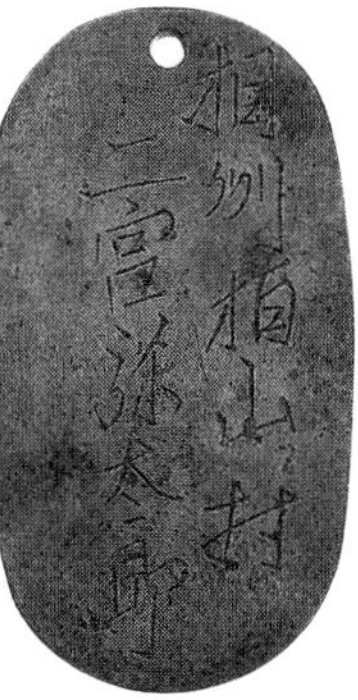

二宮弥太郎使用の
真鍮製迷子札
（小田原市尊徳記念館蔵）
表面に「相州栢山村二宮弥太郎」と刻まれている．弥太郎が独り歩きできるようになった頃に金次郎が作って首に掛けたのだろう．

その際、宇津家当主釩之助《はんのすけ》の仰渡《おおせわたし》書《しょ》、同家家老代田五左衛門《しろたござえもん》の申渡書《もうしわたししょ》、小田原藩郡奉行三幣《さんぺ》又左衛門《またざえもん》の仰渡書を渡され、桜町に着くと、物井村、東沼村、横田村の各役人と百姓惣代にそれらを伝達している（「御知行所被仰渡書留」『全集』一〇）。

三つの文書はいずれも巳（文政四年）十月二十日付けであり、内容は知行所村々の復興仕法の実施とその趣旨を告知したものである。代田の申渡書には、陣屋詰め役人として勝俣小兵衛と二宮金次郎が「御本家様」から派遣され、仕法を管掌する旨も記され、三幣の仰渡書では、委細は勝俣と二宮に相談せよ、と指示してある。これにより、勝俣・二宮両者の立場に、宇津家と小田原藩双方のお墨付きが与えられたのである。

二　仕法計画案の策定と小田原藩との交渉

仕法案策定～請負の関係史料

金次郎は、仕法対象村々の状況と年貢収納の推移を調査し、それを踏まえて仕法計画案を策定した。そして、小田原藩との交渉を通じてそれが確定し、仕法を請け負うに至る。その経緯に関する諸史料（『全集』一〇「其三―い　仕法土台の決定」所収）について、稿本にもとづき史料学的検討を加えた阿部昭によれば（「二宮尊徳の桜町領仕法と報徳思想の成立」）、これらの史料は、天保《てんぽう》期中期から嘉永《かえい》期（一八三〇年代半ば～五〇年代前半）にかけて、幕府勘定方に提出するために原本を転写したうえで編集したもので、その際に、おそらくは金次郎自身の意思で一部加筆・修正が施《ほどこ》された痕跡《こんせき》があるという。特に思想表現した箇所や古典章句の引用箇所は加筆された可能性が高いとされるが、右のいきさつ自体は客観的に跡《あと》づけることができるので、以下にその顚末《てんまつ》を述べておこう。

桜町領村々の村高と面積

金次郎が調査したところ、東沼、横田、物井三ヵ村の新田を含む村高は合計四一〇九石一斗二升八合で、田方二五二四石二斗四升一合、畑方一五八四石八斗八升七合であった。「天保六年（一八三五）御物成本免《おんものなりほんめん》積立帳」（『全集』一三）によれば、反別《たんべつ》（面積）では五〇一町八畝二〇歩、田方二二六町一反六畝二〇歩、畑方二七四町九反二畝である。石高《こくだか》では田方が六割余を占めるが、反別では畑方が四九町歩近く広い。それでも、畑地の多い下野国にあっては比較的田地の比率が高かった。だが、調査時には田方の七割弱、畑方の四割弱が荒地と化しており、とりわけ田地の荒廃がいちじるしかった。

年貢収納量の調査

分知時の元禄十二年（一六九九）から享保期（一七一六〜三五）までの平均年貢収納額は米三一一六俵余、金二〇二両余であったが、調査時直近十年の文化九年〜文政四年（一八一二〜二一）には、平均収納額は米九六二俵余、金一三〇両余と、盛時に比べ田方米納年貢は約三割、畑方金納年貢は約六・五割にまで落ち込んでいた。特に田方年貢は大幅な減少である。

このように、過去にさかのぼって記録を精査して統計的分析を加え、現在の衰弊の状態を歴史的に把握したうえで、次のように仕法計画を立案した。

仕法計画の立案

（1）文化九年〜文政四年の平均年貢収納高を「天命自然の運数」とみなし、文政五年（一八二二）から天保二年（一八三一）まで向こう十ヵ年の「定免《じょうめん》」とする。

（2）年々くり返し荒地を起し返して、収穫できるようになれば、作柄に応じた年貢を賦課し、「定免」を超える収納分は「冥加米《みょうがまい》」として「荒地起し返し、難村復旧の仕法入用《いりよう》金」として渡してもらう。

（3）十年間仕法を実施し、翌年からは、盛時の元禄十二年〜享保期の平均年貢収納高と衰弊時の文化九年〜文政四年のそれを合わせて二分した額、米二〇三九俵余、金一六六両余を「定免」とし、これをもって「御仕法村永久相続方治定」となす。

宇津家への年貢上納額の「定免」化

定免は一般的には一定期間年貢高を固定することを意味するが、ここで金次郎が使っている「定免」の語句は、知行所から徴収した年貢のうち宇津《うつ》家に上納する米金の定額であり、これが宇津家財政の「土台」となる。年貢の徴収法そのものは年ごとに作柄を調査して額を決定する検見《けみ》取りであり、徴収した年貢から「定免」分を宇津家に納めることを金次郎が請け負うのである。荒地と化した旧耕地を再開発し、鍬下《くわした》年季（年貢免除期間）を過ぎれば検見取りで年貢を徴収するので、復興が進めば年貢収納高も増加する。

それがすべて領主に収奪されてしまうのを阻止するために、宇津家への上納額を「定免」＝「定額」とし、宇津家の財政はそれでもってまかなわせ、「定免」を超える年貢収納分は難村復興仕法の原資として使用する、という案を策定したのである。
これが仕法の基本原則をなす。紺野浩幸によれば、それまでの宇津家財政は、年貢増収策でもある知行所復興策の推進が、かえって出費がかさんで財政赤字を拡大するという矛盾におちいっていたという。金次郎の案では、農村復興費用と宇津家の財政が分離されているので、この矛盾は解消されることになる（「旗本宇津家の財政と桜町仕法」）。

農村復興費用と宇津家財政の分離

先に取り組んだ服部家の財政再建では、収入は藩から支給される定額の俸禄米であり、それ以上収入をふやすことができなかった。一方の宇津家は知行地からの年貢を収入としている。だが、恣意的に年貢を増徴すれば、農民は疲弊する。そこで金次郎は、宇津家に上納する年貢高を定額化したのである。
早田旅人は、それを宇津家の俸禄取り化と評し、その点に服部家仕法の経験が生かされている、とみなしている（『報徳仕法と近世社会』第二章）。

荒地開発の方法

「定免」を超える荒地開発の成果を仕法の元手とし、難村復興のためにくり返し投下して次々に荒地を開発してゆく。金次郎はその考えを、小田原藩への伺書《うかがいしょ》のなかで、「土中に埋《うず》もれおり候《そうろう》無尽の米金を以て、荒地起し返し取り立て遣わし候」と表現し、そうすれば「いかなる難村といへどもきつと旧復仕《つかまつ》り候間《あいだ》、全く御国益の根元」である、と説く。この考えは、「荒地は荒地の力を以て起し返す」（「嘉永《かえい》五年〈一八五二〉御仕法御取《おと》纏方《まとめかた》御内談書」『全集』二三二）とも表現されている。土中には無尽の「米金」＝富が埋もれている。それを掘り起して得た米金でもって、次々に荒地を開発していくのである。それはやがて支配領域を越えて展開されることになる。先述の五常講金融通は無限の循環の論理に立っていたが、この論理は荒地開発にも貫かれているのである

仕法終了後の「定免」設定

十年間仕法を実施して難村を復興したとしても、その成果が領主に収奪されれば、村々は再び衰弊に帰してしまう。そこで金次郎は、盛時と衰弊時の年貢収納高の平均をもって十一年目からの「定免」とすることを提案した。そうすれば、領主にとっては、衰弊時の平均年貢収納高に比べ、米一〇七七俵余、金三五両余の増益となり、領民にとっては、盛時の平均年貢収納高よりも同額の「潤助《じゅんじょ》」となる。つまり双方の利益となるのである。金次郎はこれをもって「御仕法村永久相続方治定」とした。

仕法計画立案の立脚点

伺書では、「もし収納地利に勝《まさ》る時は、自《おの》ずから家数人数相減じ、又地利に劣る時は家数人別相増し申すべく候」と説いてもいる。土地の生産力に不相応な高額の年貢を収納すれば農民は疲弊して戸口は減少し、年貢が低額であれば農民は富んで戸口は増加する、というのである。この箇所は加筆された可能性もあるが、仕法計画案自体はこうした考えに立って策定されていた。年貢の過重と民政の不行き届きこそが、農村を荒廃させた根因とみなしていたからである（福住《ふくずみ》正兄《まさえ》『二宮翁夜話』一三六）。

この点は、金次郎が文政十一年（一八二八）四月に提出した辞任願書のなかでも、力説しているところである（『全集』一一）。

領主の仕法と金次郎の仕法の相違

幕府代官所や諸藩・旗本も農村復興策に取り組んでいたが、年貢増収による財政再建を第一義的な目的としていた。対して金次郎は、復興の成果が領主財政に吸収されてしまうのを阻止し、領民が勤労して復興を進めれば、その成果が民生の安定のために還元される仕組みを作り出そうとした。この点に彼の仕法の最大の特徴がある。

仕法請負条件の確定

金次郎は、文政五年正月、調査書と仕法計画案を小田原藩に提出して伺いを立てた。だが、彼の提案はすんなりとは藩側に受け入れられなかった。藩の対応に不満をもった金次郎はねばり強く交渉を重ね、翌年三月に仕法の契約内容をしたためた文書が交付されて、仕法の請負条件が最終的に確定する（阿部昭「二宮尊徳の仕法請負に関する諸問題」）。

契約文書は、小田原藩江戸詰め代官の磯崎丹《いそざきたん》次《じ》郎茂盈《ろうしげみつ》と高田才次《たかださいじ》武正《たけまさ》が通称＝仮名《けみょう》の他に実名《じつみょう》も添え、印判と花押《かおう》（一種のサイン）を据えて、「二宮金次郎殿」の宛名で出したものであり、それに宇津《うつ》家当主が「前書の通り、拾ケ年の間任せおくもの也《なり》」と奥書きして、「釩之助《はんのすけ》　教成《のりしげ》（花押）」と署名奥判し、宇津家としての承認と保証を与えている。実名は諱《いみな》（忌み名）であり、通常は他人に明かすものではなく、実名を記すことは強い誓約の意思表示となる。花押は人格の象徴であり、重要文書に用いる。

差出人は印判を捺したうえで花押も据えているが、これは重判《かさねはん》と称し、花押のみよりもさらに重みを加える（『全集』一〇所収の「宇津釩之助様御知行所荒地開発窮民撫育難村旧復之趣法土台帳」に挿入されている文書は花押のみであるが、阿部昭同前論文で紹介されている原本発給直後の写では重判となっている）。こうした重々しい様式で、仕法に関する契約がなされたのであり、「桜町復興議定書《ぎじょうしょ》」と呼ばれている。十ヵ条からなるが、要点は次の通りである。

桜町領復興議定書の要点

（1）去る午《うま》年（文政五）より来る卯《う》年（天保二）まで十ヵ年の間、宇津家に上納するのは、「御知行所御物成」（年貢）の米一〇〇五俵余と金一二七両三分余の他、荏《え》・大豆石《だいずこく》代金《だいきん》（代納金）、夫《ぶ》中間《ちゅうげん》金（武家奉公人の中間の雇用費用）七両余のみとする。荏・大豆石代金は時の相場に従って増減する。年貢については、格別の凶年の際は、規定にかかわらず上納高を減じることもある。

（2）知行所復興仕法委任費用として年々米二〇〇俵と金五〇両を支給する。

（3）仕法年限中は金次郎に一任するので、いちいち指示を仰ぐ必要はない。また小田原への引っ越しを申し付けたりもしない。

（4）年貢は年々の作柄に応じて正しく割り付ける。

金次郎の「定免」案と小田原藩決定の「定免」

金次郎は年貢の賦課・徴収を委任されており、徴収した年貢から「定免」分を宇津家に上納し、それを超える収納分は彼が管理して仕法に活用するのである。

ただし、仕法期間中の「定免」は、金次郎の提案では文化九年～文政四年の平均年貢収納高であったのが、小田原藩は文政四年の年貢収納高をもって「定免」とし、その他に夫中間金一七両余と荏・大豆石代金を宇津家に上納することにしている。藩の決定した「定免」は金次郎の案より、米では約四三俵の増額、金では約三両の減額となる。

増額分の方が大きいので、文政四年の年貢収納高を「定免」としたのであろうが、一年分のみをもって金次郎の言う「天命自然の運数」とするわけにはいかない。結局、「定免」額を導き出した考えそのものは、理解されていなかったことになる。

また、前月に、仕法終了後の上納高の「定免」化と、仕法期間中の御用金不課を藩側が確約し、文書化していたにもかかわらず、最終的な契約文書には盛り込まれていない。宇津家側が難色を示したのかもしれない。

ただし、金次郎が交渉のなかで要求した、格別の凶年に際しては「上納辻制外」とし、「定免」にかかわらず上納額を減じることは、認められている。

三　桜町への赴任――忠・孝の葛藤と止揚――

所持田畑の売却

文政五年（一八二二）三月、金次郎は桜町への引っ越しに備え所持田畑を処分した。当時所持していた田畑は二町四反二六歩で、これを売却しようとしたところ、一町四反二六歩の買い手があり、地代金七二両一分二朱を得た。買主一〇人は栢山《かやま》村の百姓で、証文はいずれも文政五年三月付けの「有合《ありあわせ》売渡証文」となっており、売主名義はすべて「銀右衛門《ぎんえもん》」である（「文政五年　田畑売渡証文扣帳」『全集』一四）。

「銀右衛門」と「金次(治)郎」の使い分け

おそらく、当主としては祖父名の「銀右衛門」を襲名しており、村の土地台帳にはその名義で登録し、一方、社会的活動は、自分名の「金次郎」あるいは「金治郎」で行っていたのではなかろうか。「有合売渡」であるので、桜町領復興御用を務めあげ帰村した暁《あかつき》には、元金さえ払えば請け戻せる。買い手もすべて村内の者であるところからして、金次郎の留守中、田畑を預かっておくつもりで買い受け要請に応じたのであろう。

売れ残り地の管理と活用

売れ残り地は小作に出し、文政九年（一八二六）からは、二宮三郎左衛門《さぶろうざえもん》家に婿《むこ》養子に入っていた弟の常五郎（文政十一年、三郎左衛門を襲名）に管理を委託した。

小作料から年貢と諸夫銭《ぶぜん》（夫役《ぶやく》の代納銭）を納めた残りは常五郎（三郎左衛門）が預かり、村持頼母子講《むらもちたのもしこう》や伊勢講の掛け金、村民の土地請け戻し資金などに活用している。

栢山村の村民救済

天保二年（一八三一）十一月、金次郎が祖父の五十回忌法要のために帰村した際、村民たちが、近年たびたび出水して田地が流失し困窮しているので、暮し方が立ち直るように取り計らってほしい、と嘆願してきた。そこで、所持地を「報徳田地」に設定し、年貢その他の諸負担は金次郎が弁納する「無役無年貢地」としたうえで、入札《いれふだ》（投票）させて、得票数の多い者より順に割り付けて作り取りさせる措置《そち》を講じた。

売れ残り地の売却

同四年には、家政再建中であった一族の三郎左衛門と沢右衛門《たくえもん》に、報徳金を貸与したうえで残らず売却している（「田畑売捌報徳金差出帳」『全集』一四）。買い手は一族で、しかも金銭的負担をかけていないのであるから、帰村するまで預かってもらったのだろう。

家屋敷家財の売却

引っ越し前日の文政六年（一八二三）三月十二日には、家屋敷家財も六両三分、銭二七文でことごとく売り払った。田畑と家屋敷家財の売却代金全額と、引っ越し費用として支給された五〇両は総本家再興基金に加え、そのうちから先祖代々供養のために善永寺に一両を納め、その他の支出をし、残金一三四両三分一朱余は桜町領仕法の「土台金」に繰り込んだ（「本家伊右衛門一家再興相続手段帳」「田畑売捌報徳金差出帳」『全集』一四、「嘉永六年〈一八五三〉六月　先生より御書簡写」『全集』一六）。苦労して回復した家産の大半を桜町領復興のために注《つ》ぎ込んだのである。なみなみならぬ決心がうかがえよう。

預かり金と貸借関係の整理

預かり金の返却と貸借関係の整理も行ったが、二六両三分が未回収となり、この分は弟の常五郎（三郎左衛門）に取り立てを委託した。その際、金を貸したのは余裕があったからであり、金を借りた方は経済的に困っていたからなので、取り立てに当たっては相手の事情をよくよく斟酌《しんしゃく》し、負債が増加しないよう配慮しろ、と諭している（「文政七年御金銭貸付書出帳」『全集』一四)。金次郎が金銭の貸借を相互扶助的な融通と考えていたことを示すが、共同体における貸借は本来そのようなものであった。

栢山村出立

家屋敷家財も売却した金次郎は、翌三月十三日、居住地の東栢山の住人七九人と西栢山の住人四人もの大勢の人びとに見送られて、妻子ともども桜町へと旅立った(「従《より》相州小田原野州桜町迄引越路用馬銀払方帳」『全集』一四)。時に三十七歳であった。妻の波《なみ》はいまだうら若い十九歳、長男の弥太郎は生後一年六ヵ月足らずの幼児であった。

桜町仕法は十年の期限で請け負っていたのであるから、任務を終えたならば郷里に戻って田畑を請け戻し、百姓として家を守っていく心づもりであったにちがいない。

一家を廃して万家を興す

だが現実には、この家族が再び栢山村で暮すことはなかった。桜町領仕法の成功により各地から仕法の依頼が相次ぎ、『報徳記』の言う「一家を廃して万家を興す」道を選択して歩むことになる。

桜町陣屋到着

江戸へ向かう途次、江の島と鎌倉に立ち寄っている。大任を控え、妻子ともどもしばしの観光を楽しんだようだ。そして、三月十五日に江戸麻布《あざぶ》にある大久保家の中《なか》屋敷に入り、二十五日まで逗留して翌日江戸を発《た》ち、二十八日に桜町陣屋《じんや》に到着した。

金次郎とともに桜町への赴任を命ぜられていた小田原藩役人勝俣周左衛門《しゅうざえもん》の家内も同道していた(同前)。勝俣小兵衛は江戸発足の前日に「周左衛門」と改名しているので

（「桜町御陣屋文政六年日記帳」『全集』三）、桜町御用と関係した改名だったのであろう。もう一人の陣屋勤役の武田才兵衛《たけださいべえ》は、それより遅れて四月二十八日に着陣した（同前）。

桜町赴任時の心境

金次郎は、桜町領復興の命を受けて赴任した時の心境を、後年、次のように述懐している（「天保十四年　勤方住居奉窺候書付」『全集』一〇）。

彼の地へ引き移り申し候《そうら》へども、容易ならざる大業、何分見留めござなく候に付き、一身に立ち戻り候外《そうろうほか》ござあるまじき哉《や》と、これまで数年相心掛け候自分一家相続、子孫繁栄、一人身勝手の所行、自他を振り替え、村為《むらため》に相成り候様取り計らい、或《ある》いは十家、又は百家にも相及び候はゞ、御奉公にも相協《あいかな》い、つまり孝道にも相当たり申すべく哉と覚悟仕《つかまつ》り、身代《しんだい》限り残らず差し出し、精々《せいぜい》執り行い相試し申し候

「村柄取り直し、荒地見分」を申し付けられた際も、「全く身分を立ち越え、容易ならざる大業に付き、達て辞退」したものの、「再応申し付けられ」、「余儀なくまかり越し、村柄の模様を見聞」することになった、と述べている（同前）。

忠と孝の板挟み

金次郎は幼少年期に、洪水被害による自家の没落、父母との死別、兄弟離別という悲運に見舞われ、自家を再興し、先祖と父母への「孝道」をまっとうすることのみを念じて、懸命に働きつづけてきた。ようやくにしてそれを成し遂げ、妻子を得たところで、家を捨てて他郷に赴き、「容易ならざる大業」に取り組むことには、いくら殿様の命と

はいえ、大きな心理的葛藤があったであろうことは、想像にかたくない。郷里にあって家を保ち、先祖の霊を祭祀して安んずることを至高の生活規範としていた当時の農民にとって、それは「不孝」に当たる。だが、殿様の命を拒否すれば「不忠」となる。

自利から利他へ

彼は、自家の再興・存続に努めてきたこれまでの人生を、子孫の繁栄のみを願った「一人身勝手の所行」と反省しているが、こうした反省はしばしば吐露している。そうした自省に立って、「自他を振り替え」、つまり自利のためから利他のためへと生き方を転換し、多くの家と村を復興させていくことが、殿様への「御奉公」となり、「孝道」にも当たるという考えに至り、財産を残らず差し出して桜町領の復興に取り組む決心をした、と述懐しているのである。

忠・孝の葛藤の止場

金次郎は、自家再興の努力を私欲にとらわれた「一人身勝手の所行」と自己批判しているが、現実には、これまでみてきたように、総本家をはじめとする一族の家々の再興にも尽くし、村人への助成も行っていた。また、領民と藩士の生活安定のために、小田原藩に種々の献策をしてもいた。服部家の家政再建を引き受けたのも、政道の担い手に「救民安国」の責務をまっとうさせる意図があった。そうした素地があったからこそ、大久保忠真の命を機に自《みずか》らが「救民安国」の任を負う決意をし、それが君侯への「忠」のみならず先祖・父母への「孝」にもなる、と考えるに至ったのではなかろうか。

第五　桜町領復興の苦難と成就

一　仕法の原資と施策

陣屋と村々の状況

金次郎一家が桜町《さくらまち》に到着した時の陣屋《じんや》と村々の状況を、『報徳記』は次のように記す。

> 桜町陣屋は小田原領分《おだわらりょうぶん》の時の陣屋なり、屋根破れ柱腐朽《ふきゅう》し四壁皆くづれ軒下より草木生ひ繁り狐狸猪鹿此《こりちょろくこれ》に居る。邑中《ゆうちゅう》も之《これ》に准じ田圃《でんぽ》三分が二は茫々《ぼうぼう》たる荒野となり。僅に近傍而已《のみ》耕作存すと雖《いえど》も毎戸惰農《だのう》にして百草其上《そのうえ》に蔓《はびこ》り諸作は其下に伏せり。

陣屋と耕地の荒れ果てた状況の描写は、当時の記録に照らしても誇張ではない。人心も荒《すさ》んでいたらしく、金次郎自身も「村々大小の御百姓《おひゃくしょう》、風俗悪《あ》しく、人気惰弱《じんきだじゃく》に相成り」、「悪習惰弱の病《やまい》」にとりつかれていると認識していた（「文政《ぶんせい》十一年〈一八二八〉四月　二宮金次郎辞任願書」『全集』一二）。彼はすでに当地を調査していたので状況は理解していたが、初めて訪れた妻の波《なみ》は、荒涼《こうりょう》たる光景を眼前にして、これからの生活のきびしさをひしひしと実感したことだろう。彼女は家事・育児のかたわら、夫の外出中は陣屋を訪れる者たちの応接をし、日記や金銭出納《すいとう》簿などの代筆も行い、仕法を陰で支えることになる。

陣屋・役宅・長屋の修繕

　破損のいちじるしかった陣屋と役人住宅、陣屋に雇用された者たちが住む長屋は修繕され、二宮一家には母屋に付属する下屋《したや》を含め二三坪半（七七平方メートル余）の住居が宛てがわれた（「御役所内諸普請入用控帳」『全集』三五）。主席役人の勝俣周左衛門《かつまたしゅうざえもん》の住居は二七坪半であるので、住居の面でも格差がつけられている。

手習い所の建造

桜町陣屋

　年貢米や趣法米を納める板蔵のほか、知行所《ちぎょうしょ》村々の子どもたちに筆道の指南をしたいという勝俣の希望により、手習い部屋も建造された（「桜町御陣屋内板蔵並手習部屋普請諸色《しょしき》入用取調帳」『全集』一〇）。手習い所は手狭になったのか、翌年には東沼《ひがしぬま》村の長命寺の古家へ移っている（「二宮金治郎文政七年日記帳」『全集』三三五）。

金次郎は少年時代、自家再興のためには、読み書き計算能力を身につけることが必須だと自覚して、勉学に励んだが、桜町領仕法でも、将来村々の担い手となる子どもたちに勉学の便をはかっていたのである。

娘文の誕生

桜町に引っ越して一年四ヵ月余が過ぎた文政七年（一八二四）七月十七日、金次郎と波の間に女子が誕生した。この子は「ふみ（文）」と名づけられ、二十七日に「十一日御祝儀」が催され、陣屋詰めの役人と長屋住みの使用人たちに酒と赤飯が振る舞われている（同前）。当時、仕法は早くも困難に直面していたので、新しい命の誕生は、金次郎夫妻のみならず、陣屋で共に働く者たちにも希望を与えたことだろう。

公用日記と私用日記

仕法の推進に日夜腐心《ふしん》していた金次郎にとって、弥太郎《やたろう》と文に接している間がもっとも心安らぐ時であったにちがいない。彼は陣屋の公用日記（『全集』三）とは別に私用の日記（『全集』三五）もつけていたが、後者には仕法に関わる事柄に交じって時折息子と娘のことも書きつけており、父親としての顔ものぞかせている。

弥太郎と文に手習いの指導もし、二人を連れて廻村して実地教育を施すこともあった（柴桂子「二宮尊徳を支えた女性たち」）。

子女の教育と報徳仕法の家業化

金次郎は女性にも学問が必要だと考えていたようで、のちに弥太郎と結婚した鉸《こう》に対しても読書の手ほどきをしており、彼女は「今に少しツ、もよめ候 事ハ、御祖父様の賜物と存じおり候」と感謝の言葉を手記にしたためている（『報徳博物館資料集1』）。

文は父の期待通り文筆に秀でた女性に成長し、母とともに父の秘書的な仕事をこなすようになり、書類の作成などに当たっている。弥太郎は長じてからは父の片腕として報徳仕法の指導に挺身する。仕法の請負業はいわば金次郎一家の家業となるのである。

復興仕法と行政の関係

赴任当初の陣屋常駐の役人は、勝俣周左衛門、武田才兵衛、二宮金次郎の三人であった。上役である小田原藩の郡奉行と代官は時折巡見に訪れるのみで、通常は江戸にいて、文書でもって陣屋詰め役人と通信していた。金次郎は宇津家知行所の復興事業を委任されていたものの、民政全般を任されていたわけではなく、小田原藩役人の管掌する行政の枠組みのなかで任務を果たさなくてはならなかった。

金次郎と陣屋詰め役人の対立

ために、藩役人との間で意見の対立が生じることにもなった。文政十一年（一八二八）四月に辞任を申し出た願書のなかで、陣屋詰めの面々が評議しても意見が一致せず、各々が藩の上役に伺いを立てるような事態も招き、仕法が思うように進捗しない一因となったことを指摘している。陣屋の公用日記は授受した公文書の書き留めが主体をなしているが、公文書は勝俣と武田の名でやりとりしており、金次郎は登場しない。

仕法の原資

仕法の原資は、毎年小田原藩から下される金五〇両、米二〇〇俵と、年貢収納米金か

表2　桜町領の年貢収納高と土台外米金高の推移

年　次	田方収納米高	土台外米高	畑方収納金高	土台外金高
文政5	1326俵余	320俵余	137両余	10両余
6	1437俵余	431俵余	137両余	10両余
7	1467俵余	461俵余	137両余	10両余
8	1006俵余	2斗6升9合	137両余	10両余
9	1732俵余	726俵余	137両余	10両余
10	1825俵余	820俵余	137両余	10両余
11	981俵		137両余	10両余
12	1856俵余	851俵余	138両余	10両余
天保1	1874俵余	868俵余	138両余	10両余
2	1894俵余	889俵余	138両余	10両余
3	1894俵余	889俵余	138両余	10両余
4	1326俵余	320俵余	138両余	10両余
5	1987俵余	982俵余	138両余	10両余
6	1987俵余	982俵余	167両余	39両余
7	803俵余		167両余	39両余

典拠：「荒地起返難村旧復之仕法入用金正業取調之事」（『二宮尊徳全集』第10巻811〜815頁）.

ら「定免《じょうめん》」＝定額の宇津家への上納米金を差し引いた「土台外」の米金が基本となる。

上納米金高の「定免」は、小田原藩との交渉の結果、文政四年（一八二一）の年貢収納高の米一〇〇五俵余、金一二七両余を基準に設定されていた。同五年以降の年貢収納米金高と土台外米金高の推移は表2のようになっている。

畑方年貢は代金納であるので、荒地再開発の進捗や年々の豊凶にかかわらず十一年までは一三七両余に固定されており、したがって土台外金高も一〇両余で一定している。一方、田方年貢の方は文政五年に早くも三二〇俵余の土台外米を生じ、凶作の年を除いて増加している。この数値からは順調に復興が進んだようにみえるが、現実にはいく度も壁に突き当たり、苦難の連続であった。

収入米は、陣屋の飯米、窮民に施す「御救米《おすくいまい》」、開発や普請《ふしん》（土木工事）の人足に支給する扶持《ふち》米など、必要な分を除いて売り払われ換金された。

五常講の組織と立ち消え

金次郎は桜町陣屋に到着した文政六年（一八二三）三月二十八日、早くも、領民からも仕法資金を醵出《きょしゅつ》させ協力させるために、「五常講《ごじょうこう》」の組織化に着手した（「文政六年三月二十八日より　五常講」『全集』一〇）。先に服部家の使用人と小田原藩下級武士を対象に組織していた五常講を桜町領民の間でも作り、行政と村人の自治的結社を有機的に結びつけて仕法を推進しようと企図したのであろう。だが、村人にはなじみがないこともあって、その趣旨が理解されなかったらしく、間もなく立ち消えになってしまった。

仕法資金の確保・増殖

五常講のように組織立ってはいないものの、領民から無利息あるいは利付の預金を募った。復興事業への謝恩として冥加《みょうが》米金を差し出す者もいた。金次郎は自家・総本家再興や服部家の家政再建に取り組んだ際、米相場の変動に目をつけ、米の買付・売却によって利益を得ようとしていたが、同様な手段は桜町仕法においても行っている。

また、農具や肥料の干鰯《ほしか》などを購入して領民に販売するといった、今日の農業協同組合的な機能も果たしている。その代金や貸付金の元利返済金も仕法資金に繰り込んだ。

このようにさまざまな手段で仕法資金の確保・増殖をはかったが、最初のうちは不足していたようで、小田原藩の商人や藩士、桜町領民などからの借金もしている。ちなみに、文政八年（一八二五）の諸々《もろもろ》の入金は総額一九九五両余にのぼる（「文政八年　御趣法御任金出入帳」『全集』一二）。

施策の種類

以上の原資を用いて金次郎が講じた施策を目的別に分類すると、次のようになる。

（1）自発的な意欲の喚起……出精者表彰

（2）生産・生活の社会基盤の整備……荒地開発、治水・用排水施設の修築、道・橋の修築、寺社の修築、手習い所の設置

（3）個々の家の経営・生活再建……「御趣法金《ごしゅほうきん》」の融通《ゆうずう》による借財整理、家作《かさく》や屋根の葺《ふ》き替えなどの助成、農間稼ぎの奨励

（4）窮民救済……「御救《おすくい》米金」の施与

（5）戸口増加……入百姓《いりびゃくしょう》、潰《つぶれ》百姓跡式《あとしき》（絶家《ぜっけ》）の再興、新百姓取り立て

表　彰

復興を実現するためには、まずもって村人が意欲をもって主体的に取り組まなくてはならない。金次郎は、自発的な意欲を引き出すために頻繁に表彰を行っている（各年次の「桜町御陣屋日記帳」『全集』三、「文政五年～天保十四年　宇津釟之助様御知行所村々荒地起返村柄取直仕法御

褒美被下中渡書書抜帳上」『全集』一〇)。

表彰理由でもっとも多いのは①農業出精であるが、その他、②荒地開発や諸普請への出精、③出稼ぎ立ち戻り本業出精、④年貢減免を願わず完納、⑤借財完済、⑥冥加米金の差し出し、⑦潰百姓跡式の再興、⑧村役人の職務出精、⑥隠居後の同居と家業従事、⑨病人の看護、老父母の介護、等々を奇特な行いとして表彰している。

褒美《ほうび》は鍬《くわ》・鎌《かま》などの農具、農馬、米金、家作料などで、無利息金の貸与や一年間の田方作り取り(貢納免除)を認めることもあった。生産・生活助成としての意味ももたせていたのである。

金次郎の表彰の特徴

領主の表彰は、孝子《こうし》、貞女《ていじょ》などの倫理的善行者を主対象としており、家族倫理の実践を奨励するところに眼目をおいている。方法も町村の役人が見立てて推薦するものである。対して金次郎は、主として農業出精者を表彰しており、主眼は勤労を促すことにあった。しかも村人の入札《いれふだ》(投票)で選出させた例が多く、多数の札を集めた高札者を上位から一番札、二番札、三番札とランクづけして、褒美を与える方式をとっていた。

誰がもっとも勤勉で、かつ助成を必要としているのかは、村人が一番よく知っている。自《みずか》ら選ばせることにより、主体性と責任意識を培《つちか》わせることもできる。褒美をもらおうとすれば、周囲の目を気にし、村人に認められるよう農業に励まなくてはならない。

そうした効果もある。金次郎は村落共同体の一員としての生活を経験しており、その特質を熟知していたがゆえに、このような表彰方式を考えついたのであろう。

村々を巡回して自ら奇特人を見いだし、表彰することもあった。

金次郎は「善種《ぜんしゅ》」という言葉を好んで使っている。村人の手本となる者を表彰すれば、それが善《よ》き種《たね》となって、他の者たちも善き風に染まっていくだろう。表彰にはそうした目算があった。桜町領には、確かな「善種」となりうる者たちが少数ながらいた。

不二孝仲間《ふじこう》である。彼らは受賞の常連であった。

不二孝仲間

不二孝は、富士山信仰で結ばれた富士講を母体に、十九世紀初頭、武蔵国鳩ケ谷宿《むさしのくにはとがやじゆく》（埼玉県川口市）の小谷三志《こたにさんし》が創唱したものである。彼は、富士登山と加持祈禱《かじきとう》を主とする従来の富士講のあり方を批判して、実践的な生活倫理を説き、富士信仰の道は「二つなき道」であり、その根本は「孝」の実践である、という考えから「不二孝」と称した。

多くの農民や商人たちが入信して仲間を形成し、そのネットワークは関東から東海、甲信、近畿地方にまで及んだ。不二孝仲間は自己の家業に励む一方、「土持《つちもち》」と称する土木工事の無償労働奉仕のような社会奉仕事業を盛んに行っており、桜町領の仲間たちは、そのネットワークを活用して仕法を推進するうえで大きな力を発揮する。金次郎も三志や門弟たちと交遊するようになる（岡田博『報徳と不二孝仲間』）。

二　遠い道のり

領内巡回

金次郎の私用日記には、陣屋詰め役人とともに領内を巡回した記事が頻繁に出てくる。村々の状況と個々の家の経営・生活状態、村人の働きの様子などを実地に調査し、それを踏まえてしかるべき手だてを講じていった。

村請制と金次郎の方式

近世には兵農分離のもとで村請《むらうけ》制という支配システムがとられており、百姓から選任された村役人が領主の統治を末端で請け負っていた。領主側の役人は村内に入り込んでこまごまと調べるようなことはせず、村役人に申告させて村内の状況を把握していた。したがって、金次郎のやり方は、深谷克己の言うように、村請制支配の限界を超える方式でもあった（『栃木県史　通史編5　近世二』）。

それによって、個々の家の経営・生活にまで立ち入って実態を把握し、手の届いた再建策や救済策を講じることが可能になったのである。

隠田等の不正・不法の摘発

その一方で、不正や不法は容赦なく摘発して処罰した。たとえば、荒地を一反開発すると願い出たのに、実際には一反五畝あるいは二反も開き、余分の開発地は「隠田《おんでん》」にして年貢負担を免れるようなことをする百姓もいたが（「文政十一年四月　二宮金次郎辞任願書」）、金次郎はその不正を見逃さなかった。また、陣屋日記によると、文政六年（一八二三）三月二十五日、村役人に領内での居酒商《いざけあきな》いを仕法期間中は中止させるよう申し渡していたのに、守られなかったので、禁を破った者を摘発して処罰している。

金次郎への村人の反発

村請制のもとでは、領主側に知られると都合の悪いことは「内証」にできたが、金次郎たちは村内部に入り込んで不正や不法を暴いたので、隠しごとができなくなった。

各村の役人に百姓個々の田植終了月日を逐一報告させてもいる（「田方植付取調書上帳」『全集』一一）。村人にとっては監視されているようで、息苦しさも感じていたにちがいない。それが仕法を忌避《きひ》する感情を醸成することにもなったと思われる。

村人は見知らぬよそ者に対しては警戒心をいだく。ましてや金次郎は、異郷からやってきて従来とは違うやり方をしたのだから、なおさらである。後述のごとく、文政七年（一八二四）より着手した荒地開発事業に対しても反発が強かった。また、陣屋日記をひもとくと、権益をめぐって村人間や村相互の争いも頻繁に起きている。

復興への遠い道のり

文政七年七月二十四日、金次郎は私日記に次のような俳句と短歌を書きつけた。

古《いにし》への、小田へ小田へと、鳴くかはず。

国風を、直さんとする、暑さ哉《かな》。

朝顔に、真垣《まがき》の遠き、おもいかな。

半百里《はんひやくり》、下野《したや》の中よ、きりぎりす、声をつくれと、草の深さよ。

金次郎は、荒廃のなかで無気力におちいり、「悪習」に染まって「惰弱」に流れ、「百姓先祖より伝へ受けたる田畑を作り立て、御年貢御上納仕《つかまつ》るべく我が家々の本業を打ち捨て、小利に暮(暗)み」、開発地を隠したり、何かと理由をこじつけて「御救《おすくい》」や年貢減免を多分に受けようとしたりする生活態度を、野州《やしゅう》の「国風」と認識していた(「文政十一年四月　二宮金次郎辞任願書」)。その「国風」を改善し、古《いにしえ》の小田原藩領時代の豊かな村に復そうと粉骨しているのに、それに反発する村人たちもいる。自己の利益のみにとらわれて争いも絶えない。こんなありさまでは、復興への道のりははるかに遠い。

野州の「国風」の改善

そうした想いが右の句と歌にはこめられている。最後の歌の「下野《したや》」は桜町領の属す下野国《しもつけのくに》を表すと同時に下屋《したや》に掛け、「声」は「肥」に掛けているだろう。

村役人への賞罰

仕法を推進するためには、村の指導者である村役人の協力が必要である。村請制では村内のことは村役人の裁量にゆだねられていた面が大きく、それが彼らの不正を生む因にもなっていた。対して金次郎は、こまごまとしたことまで指示し、不正を摘発したので、反感をいだく者もいた。だが金次郎も容赦しなかった。断固とした姿勢で臨み、仕法の趣旨をわきまえない名主《なぬし》は解任し、公正に職に精勤した者に対しては表彰した(「桜町御陣屋文政七年日記帳」)。また、村人に対し、村柄取り直し仕法の趣旨の教諭にも努めた。

百姓経営の再建策

　仕法の初期において、金次郎が出精人表彰と並んで力を入れていたのは、百姓経営の再建であった。文政五年（一八二二）四月、個々の家の借財を調べたところ、三ヵ村合計で、借用証文のない当座の時借《ときが》りなど四〇〇両ほどを除いても、六〇〇両余にものぼっていた。村内の相互扶助《ふじょ》的な融通《ゆうずう》は少なく、大部分は村外の近隣町村からの借金で、真岡《もおか》町と久下田《くげた》町（栃木県真岡市）の在町《ざいまち》（城下町以外の在郷《ざいごう》の町場）商人からのものが多かった（「文政五年四月　野州御知行所東沼村・横田村・物井村三ケ村借用金取調帳」『全集』一〇）。

御趣法金の融資

　北関東農村の激しい荒廃は、土地の生産力が低く小農民の経営基盤が脆弱《ぜいじゃく》であったところに、過重な貢租に加えて、商品貨幣経済に巻き込まれ商業・金融資本の高利貸的な収奪にもさらされるようになっていたことが、大きな要因であった。そこで、昨年夫《ぶ》食《じき》・種籾代として貸し付けた八四両余の返済を免除したうえに、昨年の畑方年貢上納金一二七両余を全額下げ渡し、借財返済に充てさせるという非常措置《そち》を講じるとともに、「御趣法金」を融資して高利の借金を返済させ、貸主にも特別の配慮を要請した（阿部昭「桜町仕法諸施策の展開と住民動向」）。また、村外から高利の借金をせざるをえなかったのは、村内に融通能力をもち、助け合いを実践しうる上層民が少なかったためであるので、上層民に融資して経営を拡大させる策をとってもいる（早田旅人『報徳仕法と近世社会』第三章）。

　文政八年（一八二五）の支出一八一四両余のうち、貸付金が五八五両余と三二％余を占め、うち三七二両余が「融通無利貸付金」であった（「文政八年　御趣法御任金出入帳」）。

頼母子講の組織

文政七年十一月には、相互扶助的な金融組織として庶民の間に広く定着していた頼母《たのも》子講《しこう》を組織してもいる（「文政七年十一月　永続頼母子講仕法帳」『全集』一〇）。「永続頼母子講」と名づけられたこの組織は、当初の仕法完了予定であった天保《てんぽう》二年（一八三一）十二月に満会となる契約になっており、借財返済のための融通を目的としていた。陣屋役人たちも加入しており、鬮《くじ》に当たったならば難渋人に譲った。

開発普請への村人の反発

復興のためには、荒地と化した旧耕地を起し返すとともに、戸口を回復しなくてはならない。だが、開発には当初は村人たちの抵抗が強かった。また、他所から入植させた入百姓《いりびやくしよう》もなかなか定着しなかった。金次郎は、文政十一年（一八二八）四月に出した辞任願書のなかで、その点に多く言及している。それによれば、仕法三年目の文政七年（一八二四）より荒地の開発と道・川などの普請《ふしん》を少しずつ始めたが、百姓たちは種々さまざまな口実をつけて、その中止を願い出たという。

いわく、村々が数年来困窮し、人手が足りないために田畑の耕作が行き届かず、ようやく半分を耕作している状態なのに、そのうえ開発・普請に人足として駆り出されたら、村方一統潰《つぶ》れに及ぶほかない。いわく、荒地に雑草や雑木《ぞうき》が生えていたので、家の前や屋敷続きで薪《たきぎ》と草を採取できたのに、開発が進むと遠方の野山にまで行かなくてはならなくなる、云々《うんぬん》と。

土地台帳の整備

そもそも開発対象の荒地は、元は田地であったのか畑であったのかが判明しがたくなり、境目も不分明になっていた。そこに各自が見当で開発を行ったために、土地台帳と土地所持の実態との乖離《かいり》が大きくなっていた。開発地を隠して年貢を免れていた者は、開発事業によってそれが発覚するのを恐れた。このような状況も開発推進の阻害要因となっていたのである。そこで金次郎は、荒地開発と並行して、検地帳《けんちちょう》（田畑屋敷一区画ごとの面積・石高と所持人の登録帳簿）や名寄帳《なよせ》（百姓ごとの所持地の集計帳簿）を精査して土地台帳を整備し、百姓個々の土地所持権を台帳と照合して確定していく作業も進めた。

百姓が先祖相伝の「家産」である田畑を耕作し、家を相続していける法的基盤を整備したのである（大塚英二『日本近世農村金融史の研究』第六章補論）。だが、実態が把握されていなかったことから余得を懐《ふところ》にしていた者にとっては、うま味がなくなることでもあった。

破畑の雇用

農村荒廃で労働力が不足していた状況のもとで、荒地開発や道・橋・堰《せき》・用悪水路などの普請に村人を人足として動員することには、抵抗が強かった。そこで、各地を渡り歩いて開発や普請に従事する「破畑《はばた》」という土木の技術労働者を雇用して進めることにし、村方人足への依存度を小さくしている（舟橋明宏『近世の地主制と地域社会』第八章、早田前掲書第三章）。「はばた」とは土方《どかた》・土工の北関東の方言で、「黒鍬《くろくわ》」とも称された。

破畑稼ぎをして百姓に取り立てられた者もいる。村内の下層民は農業のみでは生計が成り立たず、賃金稼ぎもしていたが、彼らや職人たちにとっても、復興事業は稼ぎの機会となった。上層民に費用を助成して個別に開発を行わせてもいる。

入百姓

荒地を開発して田畑に復旧しても、労働力が不足すれば再び荒地に帰してしまう。そこで、家督《かとく》相続者以外の男子の百姓への取り立てとともに、入百姓という他所からの入植をはかった。北関東の幕府代官所領や諸藩領では、十八世紀末より入百姓の導入を推進していたが、彼らの多くは北陸の浄土真宗門徒であった（秋本典夫『北関東下野における封建権力と民衆』、『二宮町史　通史編Ⅱ　近世』）。同宗は間《ま》引《び》き（嬰児殺《えいじ》し）を禁じていたので、人口が過剰であったためである。移民には、過剰人口の排出と教線拡大をもくろむ浄土真宗教団が深く関わっていた。桜町領の入百姓も越後国《えちごのくに》（新潟県）出身者が多い。

入百姓希望者は、初めは借家し、村内の荒地を開発して賃金を稼いだり、小作したりして生計を立て、その働きが認められると、潰《つぶれ》百姓の跡式《あとしき》を相続して百姓に取り立てられ、二〇石以上の土地や家屋、農具、農馬、諸手当などが与えられた（舟橋前掲書第八章）。

入百姓と在来百姓の対立

だが、居付き百姓のなかには、入百姓優遇策をこころよく思わない者も多かった。入百姓はまた在来の住民とは信仰と習俗を異にしている。ために両者の対立・確執が生じ、出奔《しゅっぽん》する者が少なくなかった。それは入百姓を導入した地域に共通する問題であったが、桜町領でも同様であったことは陣屋日記や金次郎の日記にうかがえる。

そもそも新参の入百姓は、居付きの百姓とは違い、先祖相伝の「家産」を守らなくてはならないという規範には縛られず、出奔しても他村で入百姓として迎えられる可能性があったので、流動性が高かったのである。

村内労働力の確保策と在村諸稼ぎの奨励

入百姓を進める一方、文政十年（一八二七）八月には村人が出稼ぎや縁組みで村外に出るのを禁止する措置《そち》をとり（「古今雑書集（下）」『全集』一〇）、村内労働力の確保をはかった。

下層民は農業経営のみでは生活できず、種々の稼ぎをせざるをえなかったので、金次郎は、莚《むしろ》織り、木綿織りなど在村してできる稼ぎを奨励した。また、下層民を陣屋で雇用し、仕法推進の労働力として編成することも行った。村内には商業を営む者もいたが、金次郎は彼らも仕法に組み込むことを企図し、商売の資金を融資して農業や生活に必要な品々を購入させたり、陣屋の米の販売を請け負わせたりしている（早田前掲書第三章）。

多様な生業従事者の編成

幕府領や大名・旗本領の復興仕法では、農民が商品貨幣経済のなかで、稲・麦などの穀物生産よりも商品作物栽培や諸稼ぎの方に力を入れるようになり、奢侈《しゃし》に流れていることが農村を荒廃させた要因だという認識から、商品作物生産や農業外の稼ぎを規制し、穀物生産を強制していた。金次郎も百姓経営の基本は田畑の耕作だと考え、そのような経営再建に主眼をおいていたが、近世後期の村には、地主、金融業や商業を営む者、職人、賃金稼ぎで生計を立てる者など、さまざまな生業に従事する者たちが住んでいた。

早田旅人は、金次郎がそうした現実に向き合うなかで、多様な生業従事者を編成して仕法を推進するようになった点に注目している（前掲書第三、四章）。

金次郎自身が自家再興の過程で賃金稼ぎ、金融、商売なども行っており、その経験が現実への柔軟な対応を可能にしたのではなかろうか。

領主の堕胎・間引き禁止と赤子養育仕法

ところで、幕府・大名・旗本の領地では十八世紀末頃から、農村人口増加策の一環として堕胎《だたい》や間引《まび》きを禁止し、妊娠・出産の届け出を義務づけて出産を管理する一方、子を多く産んだ夫婦に養育料を支給する赤子《あかご》養育仕法を実施していた。宇津家も「子育米」を支給していたが、復興仕法を請け負った金次郎は、文政五年（一八二二）十一月、それを廃止し、極難渋者《ごく》には村役人から申し出させて「小児養育米」を与えることにしている（「桜町御陣屋文政五年日記帳」）。堕胎・間引きの禁止令も出していない。

金次郎の堕胎・間引き観

第一―三で述べたように、堕胎や間引きは小経営体の家が広く成立したのに伴い、家の存続に不可欠な処置として一般化したのであり、農村に生まれ育った金次郎はそのことをよく理解していただろう。農村人口の減少は、下層民が必要以上に産児制限をせざるをえなくなっていたことも一因をなしており、領主階級はそれを「仁心」の欠如とみなして堕胎・間引きを禁止し、教諭に乗り出した。

だが金次郎は、農民が堕胎・間引きをするのは、年貢の過重と民政の不行き届きのために生活が成り立たないからだと認識しており（『二宮翁夜話』一三六）、負担を軽減し、撫《ぶ》育《いく》に努めて生活を安定させさえすれば、自然の性情から、おのずと子を養育するようになる、と考えていた。他所の報徳仕法でも堕胎・間引きの禁止措置はとっておらず、赤子養育料も困窮して必要な場合のみ支給して、一律支給の制度化はしていない（拙著『近世の村と生活文化』Ⅰ部第二章）。

現実にも金次郎の意図どおりになったようだ。天保七年（一八三六）三月、小田原藩郡奉行の鵜沢作右衛門《うざわさくえもん》と横沢雄蔵《よこざわゆうぞう》は、「金次郎に宇津家御知行所三ケ村の仕法を任せて以来、間引きの悪習の根葉《こんよう》を立ち切り、人気《じんき》を取り直した」と藩に報告している（「申春論判之上御上屋敷へ申立一件帳」『全集』一一）。

三　豊田正作との確執

組徒格への昇進

文政九年（一八二六）五月一日、勝俣真作《しんさく》（周左衛門から改名）と武田才兵衛に「御趣法御免」、江戸の勝手方《かってかた》への転任が命ぜられ、代わって金次郎が名主役格《なぬしやくかく》から組徒格《くみかち》に昇進した（「桜町御陣屋文政九年日記帳」『全集』三）。これにより、金次郎は小田原藩の士分として扱われるようになり、郡奉行配下の現地責任者となった。この人事異動の背景には、昨年の凶作への対策をめぐって、金次郎と勝俣・武田両人との意見の対立があったらしい。

七月一日、金次郎は三ヵ村の名主・組頭・惣百姓《そうびゃくしょう》に対し、「昨年は不作だったにもかかわらず、何らの手だても講じることができなかったので、昨年暮れより江戸表《おもて》（江戸の小田原藩邸）に伺ったところ、御趣意によって勝俣・武田両人に定府《じょうふ》（江戸勤務）が仰せ付けられ、自分一人が残り諸事を任されることになった」と説明している（同前）。

「治政」の実名使用

翌年、五月二十一日付けで小田原藩代官の磯崎丹治郎《いそざきたんじろう》と宇津家重役に出した四通の書状には、「二宮金次郎治政（花押《かおう》）」と通称の「金次郎」に「治政」という実名《じつみょう》も添え、花押を据えており（「二宮金治郎文政十年日記帳」『全集』三五）、武士としての格式を示している。

士分になったので、実名も名乗るようになったのであろう。「治政」は「はるまさ」あるいは「よしまさ」と読むのだろうが、この実名自体に治世を担う立場になった自負がこめられていよう。だが、勝俣と武田は江戸への転任が発令されて以降も公文書は自分たちの名で出しており、両人が陣屋を出立したのは文政九年六月十五日であった。

鰥寡孤独の救恤

その直後の六月十八日、金次郎は村役人に対し、昨年は凶作であったので、「鰥寡孤《かんかこ》独《どく》」に類する「老《おい》て夫なく妻なく子なきもの、幼少にして父母なきもの、又は拠《よんどころ》なく天災病難にあひ候《そうろう》もの、実《まこと》にたよりなきもの」に憐《あわれ》みを加えたいゆえ、念入りによくよく取り調べて報告するよう指示している（「桜町御陣屋文政九年日記帳」）。

儒教の「仁政徳治《じんせいとくち》」論では、「鰥寡孤独」という、頼るべき家族がなく生存のもっとも困難な境涯にある社会的弱者に救恤《きゆうじゆつ》を施《ほどこ》すことは、「安民」を保障する仁政の証《あか》しとして重視されていた。儒教の経典《けいてん》を読んでいた金次郎は、勝俣と武田が去り、陣屋の責任者として自己の裁量で施策を講じうるようになったのを機に、早速その政治理念の実践に踏みきったのであり、治者の立場となった意気ごみのほどがうかがえる。

横山司右平派遣

七月一日には、三ヵ村の村役人と「小前《こまえ》一同」（一般の百姓全員）を呼び寄せ、このたびの人事異動について説明したうえで、村柄取り直し仕法への協力を要請し、仕法に役立つ意見があれば申し出るよう指示している（同前）。宇津釩之助《うつはんのすけ》も金次郎を支援するために、弟で家臣の横山司右平《しうへい》（周平）を補佐役として派遣した。横山は金次郎より十一歳年下であるが、金次郎の仕事のよき理解者であった。小田原藩からも勝俣・武田に代わる陣屋詰め役人が派遣されたものの、たびたび交代し、主導権は金次郎にあった。

こうして金次郎主導のもとに仕法を推進できる態勢となったのだが、領民のなかには面従腹背の態度をとる者も少なくなかったらしい。私日記の文政九年八月十八日条に、「うわむきは、柳と見せて、世中は、かにのあゆみの、人こゝろうき」といった短歌を書きつけている。

柳が風になびくように、うわべは我に従っているかのように見せかけて、その実、復興への取り組みの様《さま》は蟹《かに》の歩みごとくのろい。こう憂えているのである。

横山の帰府と豊田正作の赴任

金次郎が頼みとしていた横山司右平は、生来多病で虚弱であった（『報徳記』）。病を発して勤務に耐えられなくなり、文政十年（一八二七）正月五日、陣屋を去り、江戸に帰ってしまった（「二宮金治郎文政十年日記帳」「文政十一年四月　二宮金次郎辞任願書」）。この年の十二月、小田原藩領の武蔵国《むさしのくに》多摩《たま》・葛飾《かつしか》両郡三六四〇石が上知《じょうち》（幕府に返還）され、替え地として相模国《さがみのくに》津久井《つくい》・大住《おおすみ》両郡に五一六九石が与えられた。これに伴い小田原藩の役人にも人事異動があり、桜町には金次郎より四歳年下の豊田正作《とよたしょうさく》が赴任する。

陣屋に着任したのは十二月十一日であるが（「二宮金治郎文政十年日記帳」）、金次郎と豊田の意思疎通《そつう》はうまくいかず、仕法に支障をきたすようになる。『報徳記』に「小田原の吏某《りなにがし》なるもの性甚だ剛奸にして先生の徳行を忌《い》み其《その》業を妨ぐ」とあるのは、豊田の行状《ぎょうじょう》を指し、金次郎をこころよく思わない「奸民」たちは豊田にへつらい、仕法を妨害したとする。

金次郎と豊田の対立の原因

『報徳記』は金次郎を「善」、対立者を「悪」という構図で描いているが、実情はそう単純に割り切れるものではない。阿部昭は、両者の対立の背景には、小田原藩の支配替えに伴う役人人事の刷新と、勝手方（財政・民政）改革の動きがあったことを想定している（『二宮町史　通史編Ⅱ　近世』）。豊田はおそらくそうした藩の論理で動いていたのだろう。

金次郎も小田原藩士に取り立てられていたが、復興仕法は独自の理念と論理に立って進めており、藩官僚の論理で動いていたわけではない。一方の豊田は、官僚機構の一員としての論理でもって知行所行政に当たった。当初は文政十一年（一八二八）二月末までの短期の赴任の予定であったが、ひきつづき陣屋勤務となっている。

四月九日、これまで桜町仕法を管轄していた郡奉行が欠役となり、金次郎は大勘定《おおかんじょう》奉行の円城寺《えんじょうじ》貫次郎《かんじろう》―代官の伊谷治部右衛門《いたにじぶえもん》・磯崎丹次（治）郎という指揮下に置かれ、「当分野州御知行所取扱」を仰せつけられた。この辞令は江戸からの飛脚でもって四月十九日に桜町陣屋に伝達されている（「桜町御陣屋文政十一年日記帳」）。二度目の地方《じかた》支配機構再編に伴う人事であった。

役儀御免の願書

だが金次郎は、文政十一年四月付けで「釼之助様御知行所御取曖《おとりあつかい》御役人中様」の宛名で役儀御免の願書をしたため（『全集』一二）、五月十四日、豊田に辞任の意向を伝え、十六日、物井村名主《ものいむらなぬし》の文右衛門《ぶんえもん》に願書を預け江戸に派遣した（「二宮金治郎文政十一・十二年日記帳」）。長文の願書であるが、眼目は政道のあり方と自己の仕法の理念を説く点にあり、村々が衰弊し、その復興が容易ではなくなった根因は、政道の理念をわきまえない役人の不正にあるとして、次のように指弾する。

政道と仕法の理念の説諭

御《お》百姓《ひやくしよう》の生活が充足できるように御収納高を定めれば、民は農を楽しむ。民を救い国を安んずるという天理にかなう時は、上下とも安穏《あんのん》となり、永続できるものと存ずる。しかしながら、役人どもは収納を増大させることが忠になると勘違いをして、聚斂《しゆうれん》を事とし、役威に私を借りて名聞《めいぶん》利欲に流れ、御政事《おまつりごと》が不行き届きになったからこそ、村々は衰弊し、大小の御百姓の風俗も悪くなり惰弱《だじやく》となったのだ。

金次郎の役人批判

この論理からすれば、役人が「救民安国」の政道を実践しなくては、村々の復興は成し遂げられないことになる。だが、小田原藩の役人のなかには、そのことをわきまえず、当座の手柄と立身出世しか念頭にない人物もいる、と金次郎は批判する。

仕法委任の契約書では、凶作の際は宇津家への「定免《じようめん》」（定額）の年貢上納額を減じることになっていたので、凶作だった文政八年（一八二五）、代官の高田才治《たかださいじ》が作柄見分のため陣屋に出張してきた折にそれを要請したが、拒否されてしまった。

先述の陣屋詰めの勝俣・武田と金次郎の対立は、上役の高田の指示に従うか否かをめぐって生じたのであろう。実際、この年も定免どおりに宇津家に上納されている（「荒地起返難村旧復之仕法入用金正業取調之事」『全集』一〇）。

不忠の譴責

辞任願書によれば、仕法の契約を守らない藩に対し、金次郎は翌九年、承服しがたいと抗議したものの、「はなはだ不忠の至り」として譴責《けんせき》を受けたという。

民を安んじ桜町領を復興することこそが、その命を下した藩主大久保忠真《おおくぼただざね》に対する「忠」だと考え、田畑と家屋敷家財を売り払ってまで任務を果たそうと頑張ってきたのだが、藩の役人は上役の指示に従おうとしない彼を「不忠の至り」と決めつけた。

士分への取り立ての意図

仕法委任契約書には、「仕法年限中は一任するので、いちいち指示を仰ぐ必要はない」と明記されていたにもかかわらず、役人は金次郎に対し指示どおりに動くことを求めたのである。同年五月一日、金次郎を名主役格から組徒格に昇進させて士分として扱い、郡奉行配下の現地責任者としたのも、優遇して懐柔《かいじゅう》すると同時に藩の官僚機構に正式に位置づけ、コントロールしやすくする思惑もあったと思われる。

金次郎と官僚機構の軋轢

だが金次郎は、官僚機構の論理で動くような人物ではない。対して豊田は、その論理に忠実な下役人であり、金次郎と対決することになった。表向きは病気を辞任願い出の理由にしているものの、藩の役人どもは仕法に無理解で、現地役人も上役の意向に従って動くようでは、仕法の成就《じょうじゅ》などとうてい望みえない、というのが真意であったことは明白である。

では、本当に復興仕法を途中で放り出すつもりだったのだろうか。おそらく、そうではあるまい。こののちも、領主側に為政者としての責任を力説し、自《みずか》らの提示した条件を呑ませるために駆け引きを駆使している。今回の役儀御免願いも、藩側に政道と仕法の理念を理解させることを意図したものであったにちがいない。

豊田の解任と再任

　金次郎の願書はしばらく預かり置きという措置《そち》になり、豊田は陣屋詰めの任を解かれ、文政十一年（一八二八）六月二十四日に去ったものの、十月一日、再び陣屋に赴任してきた（「桜町御陣屋文政十一年日記帳」）。豊田を金次郎の目付《めつけ》役として再任したのだろう。着任早々、豊田と金次郎の連携の欠如《けつじょ》が露呈した。金次郎は十月十二日、村々の名主に「二宮金次郎」単独名で、当年は凶作であるので、検見入用《けみいりよう》を省くため細かな検査はせず、だいたいの作柄を見分したうえで役所の判断で年貢を減免する、と通達した。対して豊田は、金次郎の同道なく村々を廻り、「田方毛定《けさだめ》」（稲の収穫量調査）のため稲を試し刈りして枡《ます》で量り、それを踏まえて江戸の小田原藩邸に年貢減免の伺いを立てている（同前）。

金次郎の論理と豊田の論理

　仕法の契約文書では、年貢収納も金次郎が請け負うことになっていたので、自己の判断で年貢減免を行おうとした。一方の豊田は、検見を実施し、その結果を上役に報告して年貢減免の承認を得る手続きを踏んだ。彼は下役人として、あくまで官僚機構の原則にのっとって行動しようとする。それが金次郎の仕法裁量権と衝突することになった。

　両者の対立の根因は、大きくとらえれば、金次郎の仕法の論理と藩官僚機構の論理の衝突であり、金次郎対「奸吏」豊田の図式でとらえるのは非歴史的な見方である。

四　出奔と成田山参籠

小谷三志との交遊

文政十一年（一八二八）の私日記からは、金次郎は小谷三志《こたにさんし》と盛んに交遊していたことが知られる。苦悩していた金次郎は、不二孝《ふじこう》の教えに耳を傾け、打開の糸口を探ろうともがいていたのだろう。三志は明和《めいわ》二年（一七六五）の生まれであるから、金次郎よりも二十二歳も先輩であった。三志やその門人との交遊を機に金次郎は、不二孝の教義にちなんだ道歌を日記にしたためるようになるが、この年の三月二十六日条には次のような歌がみえる。「きのふ《（昨日）》より、しらぬあした《（明日）》を、願ふ身は、本《もと》の父母、ましばせばこそ」。「本の父母」は不二孝の思想の根本に位置づけられるものである。

波の日記代筆

文政十一年の私日記は六月下旬以降はもっぱら妻の波が代筆しており、大部分が平仮名書きの女性文体となっている。精神的に葛藤《かっとう》していた金次郎は、日記をつける心の余裕もなかったのであろう。この年の陣屋日記からは、十月十二日、「二宮金次郎」名で村々名主に凶作対策について通達したのを最後に、彼の表立った動きはみられなくなる。

金次郎の出奔

豊田正作が再赴任してきてからは、陣屋は彼の主導で動いていたことが陣屋日記からうかがえるが、妻代筆の私日記をひもとくと、十一月十六日条に「金次郎ひきこみ候《そうろう》」

とあり、役宅に引きこもってしまっている。陣屋への出勤を再開したのは十二月十一日である。翌十二年（一八二九）正月四日には、「御用向《ごようむき》」で江戸に行くと言って出立したまま、行方《ゆくえ》をくらましてしまった（「桜町御陣屋文政十二年日記牒」）。四十三歳の時である。

名主・百姓五名出府

陣屋日記によれば、金次郎の不在中、事態は次のように推移した。

文政十二年正月十日、東沼《ひがしぬま》村名主弥兵衛《やへえ》、物井《ものい》村名主文右衛門《ぶんえもん》、物井村岸右衛門《がんえもん》、東沼村金蔵、横田《よこた》村金次の五名が、「昨年は御趣法がなく、当年も御出府《ごしゅっぷ》されたままなのはいかなる事情があってのことなのか、江戸表に罷《まか》り出て伺ってみたい」と陣屋に申し出て、許可証の「添簡《そえかん》」を交付してもらい出立した。領民も心配し始めたのである。

だが金次郎は江戸屋敷には来ていないことがわかり、ひとまず帰村している。

小前百姓一四名の出府訴願

二月後半には物井村岸右衛門ら小前《こまえ》百姓一四名が、村役人と陣屋に無断でひそかに江戸に出た。そのほとんどは個人的に仕法の恩恵に浴した経験があり、入百姓も三名含まれていた（阿部昭「桜町仕法諸施策の展開と住民動向」）。彼らは領主の宇津釩之助に次のように訴え出た。

御趣法により村方の人気《じんき》も立ち直り、有り難き仕合《しあ》わせに存じていたところ、昨年より二宮金次郎様は田地そのほか家作《かさく》などの世話もされなくなり、一同難渋に及んでおります。当春からは出府されたままいっこうに在所が知れず、一同驚き所々を尋ねましたが心当たりがなく、はなはだ心配しております。つきましては、村役人ならびに小前惣代をもって、二宮金次郎様が立ち戻られ、これまでどおり御趣法を取り扱われるようお取り計らいくださるよう、御願い申し上げる次第です。

豊田正作解任と横山周平再派遣

この訴えは聞き届けられ、三月十九日、豊田正作に対し早々に江戸に帰るようにとの小田原藩の下命が伝えられ、翌朝、豊田は陣屋を去った。宇津家は、金次郎と肝胆《かんたん》相照らす仲の横山周平を、坂井太郎吉とともに桜町に再派遣する配慮もしている。そして三月二十二日には、宇津家より、知行所三ヵ村の組頭《くみがしら》・惣百姓《そうびゃくしょう》に、「小前たちの願いを御本家様にも伝えて承諾を得たので、二宮金次郎が帰ればこれまで通り御役を勤めさせる。また、御趣法をめぐって金次郎と役人たちとの行き違いもあったので、それを糺《ただ》し是正《ぜせい》する。だから、安心して農業に励み、悪事口論などはしないように」と通達された。

反金次郎派の排斥

宇津家と小田原藩も、従来どおり金次郎に仕法を取り扱わせ、仕事がしやすい態勢を整えることを約束したのである。また、領民の反金次郎派の中心人物であった物井村元名主の平左衛門《へいざえもん》に対しては、三月二十二日、「これまでたびたび不束《ふつつか》の儀」を行ったとして「入牢《じゅろう》」を申し付けている（「桜町御陣屋文政十二年日記牒」）。

二宮仕法揶揄の落書

豊田正作、平左衛門という、金次郎にとっての障害要因は取り除かれたのである。

平左衛門は天保二年（一八三一）十一月、「二《（宮）》みやで、長く御趣法、するもよい、殿は宇津《うづ》洩《も》れ、村は滅亡」という、二宮の仕法を揶揄《やゆ》する落書《らくしょ》を所々に張り出した（「御役所天保二年日記」『全集』三五）。だが、もはや個人的な抵抗にとどまった。

波の行動

妻の波は夫の不在中、陣屋と領民の動静を注視していたらしく、逐一日記に書き留めている。米金の出納簿も代筆していた。三月十日、「うらない」料として銭二〇〇文を払っている（「文政十二年　当座金銀米銭出入」『全集』一二）。夫の行方を占ってもらったのだろう。日記の三月二十三日条には、「成田丁《なりたちょう》より善左衛門《ぜんざえもん》殿御陣屋へまいられ候」とある。夫が下総国《しもうさのくに》成田（千葉県成田市）にいるとの情報がもたらされたようで、翌日、金兵衛《きんべえ》に成田町への路用銀として金一〇両二朱を渡し、迎えに行かせている（同前）。

金次郎の成田山参籠と宇津釩之助の親書

その頃、金次郎は成田山新勝寺《なりたさんしんしょうじ》に参籠《さんろう》し、不動明王《ふどうみょうおう》に断食祈願《だんじききがん》していた。その報を受けた宇津釩之助は、三月二十六日、金次郎に親書《しんしょ》を出した。「民の長久のために成田山に参籠して断食していることを知り、厚志のほどまことに感謝に堪えない。ついては、様子を伺いたく村田与平治《よへいじ》を遣《つか》わすので、この者に断食中の世話をさせるように。満願《まんがん》になったならば、また知行所のことをよろしく頼む」という内容であった。この親書は金次郎の曽孫《ひまご》の二宮四郎氏が所蔵されていたもので、加藤仁平『成田山における二宮尊徳の開眼』で紹介されている。

陣屋日記には、村田与平治が三月二十九日に陣屋を訪れたことが記してある。金次郎

金次郎の帰陣

の様子と帰陣の予定を知らせに来たのだろう。波の日記によれば、四月五日、横山司右平《しゅうへい》（周平）と村田与兵衛治（与平治）、それに岸右衛門ら百姓六名、計八名が、常陸国土浦宿《ひたちのくにつちうらじゅく》（茨城県土浦市）まで金次郎を出迎えに行っている。

金次郎は出迎えの者ともども四月八日に帰ってきた。波はその時の様子を、「村かたみなみなむかへにまいり候《そうろう》、内弥太郎、おふみまいり候」と記す。弥太郎と文が父のもとに駆け寄る姿が目に浮かぶようである。村人もこぞって歓喜して迎えた。失意に打ちひしがれて出奔《しゅっぽん》した時とは、状況は一変していた。

物井村百姓岸右衛門

状況打開の力となったのは、村役人と陣屋には内証にして出府し、宇津釩之助に嘆願した一四名の面々であるが、その主体は六名の不二孝仲間であった。彼らはこののち村々の実質的な指導者となり、金次郎の手足となって働き、仕法が他領に広まると、仕法地に赴《おもむ》いて指導に当たった（岡田博『報徳と不二孝仲間』）。

その中心人物だった物井村百姓岸右衛門は、文政五年（一八二二）の宗門人別改帳（『全集』一二）では三十一歳であるから、当時は三十八歳で、金次郎より五歳年下である。『報徳記』は、「物井村岸右衛門を導き善に帰せしむ」という項目を設け、岸右衛門について、金次郎が桜町に赴任してから七年目までは反抗的な態度をとり、仕法を妨害していたが、金次郎の教導によって報徳の道に目覚め、仕法につくすようになった人物として描いている。

だが、不二孝の研究者で小谷三志と二宮金次郎の関係を探っていた岡田博は、『二宮尊徳全集』を精査し、岸右衛門は桜町領の不二孝仲間の世話役であり、仕法初期から農業出精人としてたびたび表彰を受けており、他領の不二孝仲間を入百姓として招くなど、仕法に協力していたことを明らかにしている。富田高慶《とみたたかよし》の造形した岸右衛門像には、金次郎の人間育成力をきわだたせる寓意《ぐうい》が働いていたと思われる。

五　仕法の進捗と延長

賞罰の裁定

文政十二年（一八二九）四月八日に帰陣するや、金次郎は早速、翌日から廻村を始め、自分が出奔中、村人たちがどのように行動したのかを取り調べ、賞罰の裁定を行った（「桜町御陣屋文政十二年日記牒」）。この措置《そち》からすると、出奔には、自分が不在となっても仕法の趣旨をわきまえ自発的に努力するか否か、試す意図もあったようだ。罰した者には仕法の趣旨を諭し、今後は協力することを誓約させた。

金次郎への権限委任

金次郎は代官・郡奉行《こおりぶぎょう》に伺うことなく処罰している。このことから宇津木三郎は、仕法のみならず、司法・行政の面でも一定の権限が金次郎に委任されたのではないか、と想定する（『二宮尊徳とその弟子たち』）。

この見解は当を得ているだろう。凶作対策にしても、以前は上役や陣屋詰め役人と意見が対立していたのが、天保の大凶作では後述のように、金次郎の自己裁量で年貢全免という思いきった策を講じている。賞罰を行う一方、同年四月には、鰥寡《かんか》孤独《こどく》一六名に搗麦《つきむぎ》一俵ずつを与えたほか、領民に貸し付けてきた米金の元利残額すべてを返済免除とし、領民から年利一割五分で預かっていた米金も元利全額を差し戻すという恩恵を施《ほどこ》し、二三男を分家させる場合には必ず家屋を作ってやることも約した（前掲日記）。

人事の刷新

文政十二年四月十一日、小田原藩より陣屋詰め役人として派遣された小路《こうじ》唯助《ただすけ》が着陣した（同前）。小路は文政十年にも陣屋勤めをし、金次郎に協力していた。また、三幣《さんぺ》又《また》左衛門《ざえもん》を上役に据え、桜町領の行政を管掌させた。三幣は金次郎が桜町領復興の命を受けた際の郡奉行であり、仕法に理解があった。

上下と横の意思の疎通《そつう》に配慮した人事である。

領民の金次郎認知

陣屋日記をひもとくと、領民が陣屋に差し出す文書の宛名が、これまでの「御役所様」から「二宮金次郎様」に変わっている。領民からも、金次郎が陣屋の責任者となったと認知されたのである。

四月には、三ヵ村の名主・組頭全員が「二宮金次郎様」に、これまでの勤め方不行き届きを詫《わ》び、今後は村役人一同長屋に詰めきり「御趣法御用向《ごしゅほうごようむき》」を勤めることを誓い、「御《お》百姓《ひゃくしょう》永続の御趣法成し下しおかれ候《そうろう》よう」願い出ている。

金次郎出奔の意図

金次郎の出奔、成田山参籠は、自身を見つめなおすだけでなく、領主側と領民側の双方を仕法に協力させる態勢づくりを意図した計画的行動であった可能性も高い。だとすれば、思惑どおりの結果となったわけである。

宇津家財政の分度確立

金次郎は、収納年貢のうちから一定額を宇津《うつ》家に上納することを請け負ってはいたものの、宇津家の財政運営に関与していたわけではなく、支出の「分度《ぶんど》」も確立していなかった。成田山参籠後、宇津家は財政にも金次郎の指導を仰ぐようになり、文政十三年＝天保元年（一八三〇）より毎年十月に、賄方《まかないかた》の役人が前年十月から当年九月までの収支を記録した「御暮方御土台帳」（『全集』一二）を金次郎に提出している。

支出金額は一ヵ年金三五〇両前後であるので、佐々井信太郎はそれを「分度」とみなしている（『二宮尊徳伝』）。二年目からは年々余剰《よじょう》も生じるようになった。

不動心の悟り

金次郎は、成田山新勝寺《なりたさんしんしょうじ》で断食《だんじき》して不動尊《ふどうそん》と向き合うなかで、「猛火背を焚《やく》といへども、動かざるの像形」から「不動心」の大切さを悟《さと》り、以来、その覚悟を忘れず妻子にも示すために、床《とこ》に不動尊の画像を掛けて拝するようになったという（『二宮翁夜話』五〇）。

弥太郎の妻鉸《こう》もその手記で、金次郎は毎朝、床に掛けた不動尊像を拝むのが習慣となっていたことを証言している。

思索の深まりと道歌

成田山参籠が金次郎の思想形成の上で大きな転機となったことは、先行研究が一様に指摘しているところである。こののち、日記には、思索の深まりを示す道歌《どうか》がしばしば書きつけられるようになる。それは「半円の見《けん》（半円観）」から「一円の見（一円観）」への転換として定式化されている（下程勇吉『二宮尊徳の人間学的研究』、加藤仁平『成田山における二宮尊徳の開眼』）。天保二年（一八三一）の「当座金銀米銭出入扣《ひかえ》帳」（『全集』一一）の裏表紙には、次のような道歌が記してある。

打つこゝろあれは、うたるゝ世の中よ。うたぬこゝろの、うたるゝはなし。

「一円」観の獲得

金次郎は、桜町領復興の熱意に燃えて仕法に取り組んだ。自分の思いどおりにならないと、領民や小田原藩役人のせいにして咎《とが》めた。だから反発されたのだ。自分は正しく、非は相手にあるという自己本位の考えに立っていた点で、「半円」であった。そう反省し、我《が》を捨て、穏和な心で接すれば反発されることもない、と悟ったのである。

それが「一円」の境地である。「我無ければ敵無し、我有らば敵有り」（「大円鏡《だいえんかがみ》」『全集』一、原漢文）とも表現している。一円観は、成田山参籠の翌年（文政十三）八月十七日、私日記に書きつけた道歌に端的に表現されている（「天保元年日記帳」）。

一円仁《に》、御法《みのり》正しき、月夜《つきよ》かな。田畑の、実法《みのり》今宵《こよい》の、月夜哉《かな》。

仁心に、民のこゝろの、つく世哉。仁心に、民の心の、月夜かな。

人々が心を仁で満たして和合すれば、争いのない満月のごとき円満な世の中となり、田畑も実り、満月のような豊穣《ほうじょう》がもたらされる。それにはまず、為政者が仁心にもとづいた仁政を行うことが肝要で、そうすれば民も感化され、仁の心をもっておのずとついてくるし、心は満月のごとき満足感を覚え、生業《なりわい》にも励むであろう。

村人の仕法取り組み

このような一円観に立ち、仁心をもって仁政を施し、民の生産と生活を安定させ、一円に仁の満ちた豊かで安穏《あんのん》な世の中を実現するのが、金次郎の仕法の指導原理と目的となったのである。仕法再開後は村人も熱心に取り組んだ。仕法に感謝して冥加米《みょうがまい》を差し出す者も増加した。天保四年（一八三三）二月五日、陣屋は冥加米差出人一四二名を呼び集めて酒を振る舞っているが、その顔ぶれには、村役人、小前《こまえ》百姓のみならず、後家《ごけ》（未亡人）や部屋住み（当主以外の男子）もみえる（「桜町御陣屋天保三年日記帳」）。

波の帰郷

早いもので、金次郎一家が桜町に引っ越して七年近くが過ぎ去った。仕法に明け暮れ、波《なみ》も幼子《おさなご》二人を抱えながら夫の仕事の手伝いもしなくてはならず、里帰りをする暇《いとま》がなかった。仕法の成就《じょうじゅ》にようやく目処《めど》が立ち、弥太郎《やたろう》は十歳、文《ふみ》は七歳となり、遠路の旅も可能な年齢になった文政十三年（一八三〇）、金次郎は、正月五日から三月七日にかけて、墓参を兼ねて波を二人の子供同伴で郷里に帰らせている（同前。「文政十三年　当座金銀米銭出入帳」『全集』一一）。文にとって父母の郷里の土を踏むのは初めてであった。
翌年十一月には、金次郎も祖父の五十回忌法要のために帰村した。その際、たびたびの大洪水により困窮していた村人の嘆願に応じ、既述のような救済策を講じている（一一四頁参照）。郷里の村人にとっても頼るべき存在となっていたのである。

大久保忠真への拝謁と「報徳」の語の出現

さて、桜町領仕法の請負期間は、文政五年（一八二二）から天保二年（一八三一）までの十ヵ年であった。天保二年正月、仕法を命じた大久保《おおくぼ》忠真《ただざね》が日光に参詣した。金次郎は正月二十五日、物井村岸右衛門ら三人を連れて日光に赴いている（「桜町御陣屋天保二年日記帳」）。殿様御帰国後に「手芋《ていも》」を献上するよう申し付けられたので、どのような芋なのか伺うためであったが、その折に忠真に拝謁したかもしれない。伝説では、忠真に桜町仕法について報告したところ、「お前の方法は論語にある「徳を以て徳に報ゆる」ものだ」と誉《ほ》められたという（佐々井信太郎『二宮尊徳伝』）。真偽は不明だが、自身の記録にも翌年から「報徳」の語が現れるようになる。仕法は、領民の希望により、天保三年から七年まで五ヵ年延長となった。だが、陣屋日記からは紆余曲折《うよきょくせつ》を経ていたことが知られる。

領民の仕法延長嘆願

三ヵ村の村役人と小前百姓たちは天保二年十一、十二月に金次郎の指導による仕法の延長を宇津家に願ったが、小田原藩は、金次郎に委任した十ヵ年の仕法期間が終了すれば、知行所支配を宇津家に返還し、五ヵ年は本家より従来どおりの御趣法米金を出すので、今後は宇津家の責任で仕法を継続する、という案を提示した。

その口実は、自藩の負債整理のために勝手方《かってかた》改革を進めている手前、そのことを外向きにも示す必要があり、やむなく宇津家に知行所を移管するというものであった。だが、首脳部には金次郎に反感をいだく者も少なくなく、桜町領仕法から彼を排除したいというのが真意であったようだ。

仕法の継続決定

領民たちはこの提案に納得しない。金次郎も自身の仕法請負期間が過ぎても桜町に居住して、仕法を指導しつづけていた。宇津家には自己の裁量で仕法を実施できるような能力はない。結局、宇津家も小田原藩も、金次郎による実質的な仕法継続の現実を黙認せざるをえず、天保五年（一八三四）六月、金次郎に正式に委任して小田原藩の指示のもとで仕法を継続させることに決し、桜町領の行政は郡奉行の鵜沢作右衛門《うざわさくえもん》と横沢雄蔵《よこざわゆうぞう》が担当することになった。鵜沢は金次郎が服部家に奉公していた時からの知己《ちき》であった。

波の心神耗弱

仕法継続をめぐって事態がこじれていた天保四年、妻の波は、神経衰弱と思われる「疳病《かんびょう》」をわずらい、八月から十二月まで江戸で療養している（「桜町御陣屋天保四年日記帳」）。

異郷の地で十年間、夫とともに心身を労してきたうえに、生家の飯泉《いいずみ》村岡田家が破産状態におちいったことによる心痛も重なって、心神耗弱《しんしんこうじゃく》になってしまったらしい。逗《とう》留《りゅう》先は田町《たまち》の町人松屋半兵衛《はんべえ》宅と陣屋勤番の勝俣八百蔵《かつまたやおぞう》宅で、娘の文を同伴していた。

波の生家再興

桜町に来た時には十九歳であった波も二十九歳となっていた。彼女は嫁入り衣類を売り払って生家再興の善種金とし、金次郎も金銭的な援助と助言をしたが、容易には立ち直らなかった。ようやくにして経営が安定したのは、二十年ほど後になってである（『全集』一七）。

横山周平死去

同年には、無二の親友で、金次郎を仕事の面でも精神的にも支えてきた横山周平が三十六歳で没した。江戸の宇津家屋敷で病の床に臥《ふ》しているとの報に接した金次郎は、九月十四日、領内の寺社に病気快癒の護摩祈禱《ごまきとう》を命じている（「桜町御陣屋天保四年日記帳」）。『報徳記』は「先生終身横山を惜《おし》み、言此人《げんこのひと》に及ぶ時は必ず涕《なみだ》を流せり」と記す。

六　報徳金融の創始と仕法の成就

無利息報徳金融の創始

桜町領の仕法は、成田山参籠を境に前期と後期に区分するのが通説をなしているが、後期仕法で特筆されるのは、こののち報徳仕法の柱となる無利息報徳金融が天保三年（一八三二）に創始されたことである。前期でも利付きや無利息の金融は行っていたが、「御《ご》趣法金《しゅほうきん》」と称していた。それを「報徳金」という名称に変え、無利息で貸与し、五ヵ年賦、七ヵ年賦、十ヵ年賦で返済させた後、五ヵ年賦、七ヵ年賦の場合は一ヵ年分を、十ヵ年賦では二ヵ年分を、「報徳冥加金《みょうがきん》」の名目で差し出させる点に特徴がある。

金次郎は天保三年、「報徳冥加金利足成替《なりかわり》積り立中勘《ちゅうかん》帳」（『全集』一二）を作成し、報徳冥加金を利息に見立てたら、どのくらいの利率になるのかを、一〇〇両借りた場合を例にとって計算し、具体的に示している。十ヵ年賦で二ヵ年分の冥加金を差し出す場合は年利二分九厘余、七ヵ年賦で一ヵ年分を差し出す場合は年利四分二厘余、五ヵ年賦で一ヵ年分を差し出す場合は五分四厘余、と。当時の一般的な利率は年利一割五分～二割くらいなので、はるかに低利である。

報徳冥加金の趣旨

のみならず、村々が備蓄金を年利八分ほどの低利で融通していた村備《むらそなえ》金融に比べても、有利であった（大塚英二『日本近世農村金融史の研究』第六章）。しかも、年賦返済期間が長いほど低利になる仕組みになっており、困窮者に配慮した金融方式である。報徳冥加金は、無利息の報徳金貸与によって経営を立ち直らせ、その恩徳に報いるという趣旨で差し出させるもので、あくまで自発的な「推譲《すいじょう》」であって、強制されるものではなかった。報徳仕法を導入した駿河国《するがのくに》駿東郡《すんとうぐん》竈《かまど》新田《しんでん》村（静岡県御殿場市）小林《こばやし》平兵衛《へいべえ》の弘化《こうか》元年（一八四四）の日記には、「報徳冥加米金を納めたいと願い出ても、立ち直った証拠がなければ受け取るな」という金次郎の教諭が書き留められている（『御殿場市史』第三巻）。

返済についても配慮していた。天保十一年（一八四〇）、仕法の実施を願い出た小田原藩領の駿河国駿東郡藤曲《ふじまがり》村（静岡県小山《おやま》町）に対し、金次郎が受諾して与えた「暮方取直日掛《ひがけ》縄索《なわない》手段帳」（『日本農書全集』第六三巻）では、報徳金の取り扱いについて、「無利息の五ヶ年賦、七ヶ年賦、十ヶ年賦で貸し付け、極難《ごくなん》者には暮し方が立ち直るまで返済を猶予し、一人も困窮艱難《かんなん》の憂いのないように取り計らうべし」と説いている。

百種百草の歌と報徳金融の論理

報徳冥加金を納めさせるのは、「報徳」の趣旨を実践させるとともに、仕法の資金を増殖し、さらに多くの荒地を開き、人びとを救済していくためであった。それゆえ、報徳仕法の資金は、他者を思いやり恵みを施《ほどこ》す元手金という意味で、「報徳元恕金《げんじょきん》」と名づけられた。こうした運用方法は、一つの実から草木が生じ、それが成長してさらに多くの実を結び、草木を増殖させていくという、自然の摂理の観察からヒントを得ていた。その摂理を種々の穀物や野菜、果樹などを例にとって表現したのが、金次郎の代表的な道歌《どうか》「百種百草の歌」である（「三才独楽集」『全集』一）。彼はそこに無限の循環の論理を見いだしており、報徳金融もその論理に立脚している。桜町領で増殖された報徳金は、やがて支配領域を越えて運用され、多くの村と人びとを救済していくところとなる。

報徳金融の実態

では、報徳金融の実態はどうであったのだろうか。桜町領におけるそれについては、大塚英二、舟橋明宏、早田旅人らの分析があるが（大塚前掲書第六章、舟橋『近世の地主制と地域社会』第八章、早田『報徳仕法と近世社会』第四章）、早田の分析がもっとも系統的で、前二者の見解を踏まえて論を組み立てている。それによれば、仕法は生活状態の調査にもとづいて階層区分をしたうえで対策を講じているが、報徳金融は中層民を主対象にしており、最下層には、飢饉時には融資対象から除外して夫食《ぶじき》（食糧）を無償で配給し、村人の入札《いれふだ》で融資対象者を選出する場合にも別個に「御救米《おすくいまい》」を支給している。

報徳金融の目的

このことから早田は、報徳金融は没落と上昇の岐路にあった中層民の経営の上昇・安定化をはかることを主たる目的とし、上層民を育成して村の助け合いと扶助的融通《ゆうずう》を活性化させるねらいもあった、という見解を導く。

つまり、報徳金融によって村の相互扶助機能を回復させ、農村荒廃の要因ともなっていた、村外からの高利貸資本の蚕食《さんしょく》を防ごうとしたわけである。

仕法の論理と構造の発展

前期にもそうした目的での融資は行っていたが、報徳冥加金によって報徳元恕金の増殖をはかる報徳金融の創始は、それをいっそう推進することになった。早田によれば、前期に比べ後期には上層民による下層民の生活援助や村内融通が活性化している。のみならず、前期において形成されつつあった、諸階層と多様な生業従事者を編成して仕法を推進する方向性は、後期には有機的に構造化されて進展したと、早田は指摘する。

このような仕法の論理と構造の発展は、「一円和合」思想の形成と密接に関わっていただろう。成果も目に見えてあがっていった。表3に示したように、後期仕法に属する天保三年（一八三二）以降は、戸数、人数ともに順調に増加していっている。

豊田正作の金次郎随身

天保三年十二月末からは、江戸の小田原藩士と大久保家の家臣にも報徳金を貸し付けており、小田原藩の世話人五名のうちには、金次郎と対立して江戸に召喚された、かの豊田正作の名もみえる（「二宮金治郎天保三年日記」）。報徳仕法の真髄《しんずい》を理解した彼は、金次郎に畏敬《いけい》の念をいだくようになり、随身を希望し、同六年（一八三五）二月には桜町陣屋勤務を命ぜられ、二月二十三日に着陣している（「桜町陣屋天保六年日記帳」）。以後、懸命に金次郎を補佐し、同十三年（一八四二）十月、金次郎が幕府に登用されると、小田原藩の報徳方勤番に就任し、同藩の報徳仕法に携わることになる。

仕法の成果

表3　桜町領三ヵ村の戸口の推移

年次	戸数（軒）	人数（人）
文政5	156	749
10	159	769
天保3	164	828
8	173	857
13	180	963
嘉永6	187	1103

典拠：各年次の宗門人別改帳（『二宮尊徳全集』第11，13巻）．

さて、天保三年から九年（一八三八）にかけて五年を除き毎年のように凶作が襲い、とりわけ四、七年は甚だしく、関東・東北では大量の死者が発生し、下野国《しもつけのくに》では文政十一年（一八二八）に比べ天保五年には三万三七〇〇人ほどの大幅な人口減となった（関山直太郎『近世日本の人口構造』）。だが、桜町領では逆に、天保期に戸数、人数ともに増加していっている。

年貢収納量も表2（一一三頁）のごとく、天保期には文政期よりも天保四、七年を除いて増収となっており、仕法の原資となる土台外米金の増加をもたらしている。桜町領の属す下野国芳賀《はが》郡の一般的領主仕法が実施されていた村と比べても、桜町領の復興ぶりは戸口の面でも、年貢収納量の面でもきわだっていた（大塚前掲書第六章）。

飢饉への備え

金次郎は、周到に飢饉《ききん》への備えをしていた。天保三年八月八日、彼は「非常御用意のため、畑方の年貢は免除するので、稗《ひえ》を蒔きつけ、その反別《たんべつ》（面積）を調べて届け出よ」と命じている（「二宮金治郎天保三年日記」）。翌年、予見どおり大凶作となった。三ヵ村の村人たちはその対策について申し合わせ、八月に議定書《ぎじょうしょ》を金次郎に提出した（『全集』一二）。

それによると、昨年の年貢は田畑ともにすべて免除し、上納分を備蓄させていたことが知られる。藩役人が陣屋行政を主導していたならば、とうてい決断できない果断な措《そ》置《ち》である。とはいえ、請け負った宇津家への「定免《じょうめん》」（定額）の上納義務は果たさなくてはならない。それには、他所から米を買い入れるか、代金納するしかない。

年貢は翌年に納めることになっていたが、天保四年（一八三三）の「当座金銀米銭出入帳」（『全集』一二）をみると、三月下旬と四月初めに近隣の久下田《くげた》町の商人から計七一二俵もの大量の米を購入し、五月十二日に二、三、四月の月割米一〇〇俵を江戸の大久保家の屋敷に送っている。分割で上納したらしい。

他領の飢饉救済と不二講仲間

天保四年と同七年の飢饉救済は、近隣の諸藩領や旗本領にも及んでおり、米や稗《ひえ》、大豆などの購入・運送と売却あるいは貸与を担ったのは、不二孝仲間の商人たちであった（岡田博『報徳と不二孝仲間』）。

村役人の感謝

天保四年十一月二十四日、村々の役人が金次郎のもとに赴《おもむ》き、こう伝えた（「桜町御陣屋天保四年日記帳」）。「当年は近在のみならず諸国ともに近年にない五十年ほど前の天明《てんめい》以来の凶作で、世間では死人も出ていると聞いておりますが、当知行所では米穀をたくさん所持しているおかげで何らの苦もなく、村々小前《こまえ》の者どもまで一統大いに慶《よろこ》び、まさに神代の時節が到来したと、趣法の効果の顕《あらわ》れに平伏感徳しております」と。

徒並への昇進

小田原藩も金次郎の功績を賞し、天保五年二月十九日、組徒格《くみかちかく》から徒並《かちなみ》に昇進させ、紋付上下《もんつきかみしも》一具を下賜《かし》した。そして、宇津釩之助の代官に任じて諸事取り扱いを委任し、宇津家永続のために出精するよう命じた（「桜町役所天保五年日記」『全集』三五）。

七　永安法の確立と自治的仕法へ

永安法策定の課題

仕法の延長は天保七年（一八三六）までであった。復興の成果があがった今、次なる課題は、終了後も領民と宇津家の安穏《あんのん》を永久に保つ方法を策定することであった。

金次郎は桜町仕法計画を策定した際、仕法終了後は盛時の元禄《げんろく》十二年～享保期《きょうほう》（一六九九～一七三五）の平均年貢収納高と衰弊時の文化九年～文政四年（一八一二～二一）のそれを合わせて二分した額、米二〇三九俵余、金一六六両余を「定免」（宇津家への上納定額）とし、これをもって「御仕法村永久相続方治定」とすることも盛り込み、小田原藩に伺いを立てていた。

そうすれば、宇津家にとっては衰弊時よりも、領民にとっては盛時よりも、それぞれ取り分が多くなる。そういう考えに立っていた。藩側はそれを受け入れなかったが、交渉を重ねた末、仕法終了後の「定免」を米二〇〇〇俵とすることをいったんは呑ませた。だが、最終的な契約文書からは除外され、それが尾を引くことになる。

小田原藩との交渉

仕法終了後の措置《そち》に関する金次郎との交渉役を務めたのは、鵜沢作右衛門と横沢雄蔵で、天保五年（一八三四）八月二十二日に鵜沢が、九月四日には横沢雄蔵が、それぞれ桜町陣屋に赴いている（「桜町御陣屋天保五年日記帳」）。だが容易に妥結せず、その後も交渉を重ねた。その記録（『全集』一二）によれば、金次郎は、仕法を委任されて以来、小田原藩との間にたびたび行き違いがあったことへの不満を口にしていたようだ。

天保七年十月七日付けの鵜沢の上申書には、「これまで十五ケ年来申し立て候《そうろう》儀は、一ツも御取り上げござなく」と金次郎が立腹している一方、藩の重役中はじめ、いずれも金次郎の主張を「野州論《やしゅう》」と言って嫌っていることが記されている。

仕法終了後の措置

金次郎と小田原藩との確執《かくしつ》は、抜き差しならぬ事態に立ち至っていた。だが、仕法は間もなく期限切れとなる。金次郎にも理解を示す鵜沢と横沢のとりなしで、何とか妥協が成立し、天保八年（一八三七）に藩主の決裁を得た。それは次のようなものであった。①田方収納高は二〇〇〇俵とし、それに畑方収納金百数十両を加える。②不足分は、金次郎が差し出した金一二〇〇両を基金（報徳金）として利回しして補う。③それでも足りない時は本家より助成する。④金次郎は当分桜町に居住し、追って沙汰《さた》する。

金次郎の提案に沿った内容であり、彼の強硬な主張に藩側が押し切られたことがうかがえる。

この案を鵜沢と横沢が宇津家の代田藤兵衛《しろたとうべえ》と岡部善左衛門《おかべぜんざえもん》に示したところ、なかなか受諾しようとしない。理由は金次郎がひきつづき桜町に居住することであった。

小田原藩としては、ただちに金次郎が引き揚げては宇津家としても困るにちがいないので、しばらく留めて助言させようと配慮したのであるが、代田は「金次郎とは折り合いが悪く、彼に相談して知行所《ちぎょうしょ》支配を行うことなどできかねる」と難色を示す。

怒った鵜沢は、「金次郎の取り計らいぶりの善悪はともあれ、彼の骨折りによって村方が立ち直ったのは大功に間違いない。それをとやかく言っては、命ぜられた御本家様の他領近村への御威光も薄くなり、不敬に当たる」と一喝、代田も渋々受け入れざるをえなかった（「天保八年十月　釟之助様御知行所御引渡一件」『全集』一一）。

宇津家への知行所引き渡し

宇津家への知行所引き渡しに際し、天保八年十二月十三日、金次郎は三ヵ村の名主・組頭・惣百姓一同に対し、十五年間にわたる仕法の意味を説き、その成果を後退させることなく永続させるための心構えと方法について懇々《こんこん》と諭した（「宇津釟之助様御知行所御引渡演舌書」『全集』一一）。宇津釟之助も同年月日で領民に知行所引き渡しを受けたことを公式に伝え、訓示した（「宇津様仰渡書」『全集』一一）。

桜町領復興の命を受けた時は三十五歳であった金次郎も、その任務を果たし終えた今、五十一歳の初老の域に達していた。

村人の自治的仕法推進と日掛縄索法の導入

以降も桜町領の仕法は金次郎の助言を仰ぎながら実施されたが、もはや彼の請負事業ではなく、村人が主体となって自治的に進められた。十五年間にわたる金次郎の指導のもとで、不二孝《ふじこう》仲間を中心とする指導者たちが育っており、報徳仕法の趣旨も村人に浸透していた。宇津家も「分度《ぶんど》」を確立し、収納米のうちから毎年三〇〇俵を「御仕法御土台米《ごしほうおんどだいまい》」として推譲《すいじょう》していた。

だが、仕法の永続をはかるためには、村人自《みずか》らも恒常的に資金を生み出す方法が必要である。それが日掛縄索法《ひがけなわないほう》であった。報徳仕法を導入した小田原藩領の村々に金次郎がすでに行わせていたが、桜町領では弘化二年（一八四五）より実施している（「弘化二年　御仕法御土台米並日掛縄索代共請払中勘帳」『全集』一二）。

一日に一軒当たり縄を一房から数房ずつない、それを売って代金を積み立て仕法の資金とする方法で、「小を積んで大を為す」という報徳仕法の原理の実践であった。桜町領では、弘化二年の場合、三ヵ村一六八軒で一日に一房ずつなえば、一年間に六万四八〇房にのぼり、一房代銭五文で計四八両余になると見積もっている。

可能な範囲で一日により多くなえば、それだけ仕法資金も増大するわけである。

「三才報徳現量鏡」の作成

報徳仕法に関わる書類の基本となるものは、一年間の仕法資財の収支と事業の明細を記録した「三才《さんさい》報徳《ほうとく》現量《げんりよう》鏡《かがみ》」である。表題には、天地人三才の徳に報いるべく勤倹・推譲に努めた現段階での成果の程度を映し出す鏡であり、今後の事業計画を立てる鏡（拠り所）とすべき基本帳簿という意味がこめられていよう。

桜町領ではやはり弘化二年より作成され始めており、この年に、財源の面でも仕法書の面でも自治的仕法としての内実が整ったとみてよいだろう。だが、自治的仕法の成果が領主財政に吸収されてしまったならば、村人は意欲を失い、再び衰弊に帰す。だからこそ金次郎は、永安法の確立にあれほど固執したのである。

第六　思想の体系化と報徳思想の成立

一　思索の深まりと「一元一円」観の形成

思想の社会化

金次郎の思想は、自家の再興、総本家再興、服部家の家政再建、桜町領《さくらまちりょう》の復興などに取り組む過程で培《つちか》われてきたが、桜町領の仕法は家と村の枠組みを超えて思想を社会化する契機となった。同仕法を推進する過程でいく度となく壁に突き当たり、それを乗り越えようと苦闘するなかで思索を深め、仕法も整備していった。そして、桜町領仕法の永続とともに、他領にも押し及ぼしていくことを志向するようになる。

仕法原理の確立と普遍化

そのためには、どこにでも適用でき、かつ永続できるように、桜町領仕法の経験を踏まえて仕法の原理を確立し、普遍的な方法を編み出すとともに、裏付けとなる理論を構築することが求められる。

一八三〇年代の前半には、仕法の趣旨・原理と運用方法を示した仕法雛形《ひながた》や、その基礎となる哲理を表現した草稿を多く作成している。それらは、「報徳」という概念で自《みずか》らの思想と仕法を体系化しようと苦闘した、思索の産物である。仕法書は数式を駆使しているのが特徴で、複利計算もしており、相当な計数能力を要する。その作成を手伝ったのは、常陸国《ひたちのくに》真壁郡《まかべぐん》桑山《くわやま》村（茨城県筑西《ちくせい》市）の農民の出身で、和算をはじめとする学問を修め、小谷三志《こたにさんし》門下でもあった大島勇助《おおしまゆうすけ》である（岡田博『報徳と不二孝仲間』）。

多様な知と技術の活用

荒地開発と普請《ふしん》には「破畑《はばた》」という土木の技術労働者を動員したように、金次郎はさまざまな知と技術を活用して仕法を行っていたのである。彼は天地万物にはそれぞれ固有の長所や価値が備わっていると認識し、それを「徳」という概念で表現するようになるが、自身、人の才能を見抜く眼を持ち、仕法に役立てていた。

才能の発見と活用

それはすでに前期仕法からみられる。

たとえば、商才を見込んだ者には融資をして商人として育て、仕法と結びついた商売を展開させ、算術の才のありそうな者には算術書を与えてその才能を伸ばし、荒地開発の世話役をさせている（早田旅人『報徳仕法と近世社会』第三章）。

「報徳」の語の使用と報徳金融雛形の作成

「報徳」の語の確実な初見は、金次郎が天保《てんぽう》三年（一八三二）に作成した「報徳冥加金《みょうがきん》利足成替《なりかわり》積り立中勘《ちゅうかん》帳」と「報徳元恕金《げんじょきん》雛形」である（『全集』一二）。これは新たに考案した報徳金融の原理と運用方法を示した雛形である。報徳金融は、先に解説したように、「報徳元恕金」を無利息で貸与し、年賦で返済させたのちに、その恩徳に報いるという趣旨で「報徳冥加金」を推譲《すいじょう》させて「報徳元恕金」を増殖し、さらに多くの荒地を開き、人びとを救済していくもので、支配領域を越えて運用していった。

日掛縄索法の考案

また、村人が自主的・継続的に仕法の資金を生み出す方法として、日掛縄索法《ひがけなわない》を編み出し、「小を積んで大を為す」という報徳仕法の原理を実践させた。そして、荒地開発、戸口の増加、百姓経営の再建などによって増収となった年貢のうち、領主財政の「分《ぶん》度《ど》」を超える分は仕法の財源に組み込んだ。こうして、報徳仕法の資金を恒常的に生み出し、それを円のごとく循環させて増殖してゆき、仕法の永続と拡大をはかるシステムを確立したのである。金次郎は、仕法の指導を求めて桜町陣屋を訪れた者たちに、その趣旨・原理と運用方法を説いて聞かせ、仕法の雛形を与えた。

報徳思想の形成と不二孝

報徳思想の形成には、成田山参籠《なりたさんさんろう》前後における小谷三志とその門人たちとの交流も関わっていた。不二孝《ふじこう》の「報恩」思想を学んだ金次郎は、それを「報徳」思想へと発展・深化させていった（内山稔『尊徳の実践経済倫理』）。

彼は、桜町陣屋に集《つど》った不二孝導師と「報徳」をめぐって議論するとともに、「報徳訓」などの草稿を書簡で各地の不二孝仲間に送って意見を求め、自身の考えを練ってもいたようだ（岡田博『報徳と不二孝仲間』、阿部昭「「報徳思想」の成立と「若林自修作文集」について」）。

文政《ぶんせい》十二年（一八二九）の成田山参籠を機に、先述のように、「半円」観から脱して「一円」

「一元」観への到達

観の境地を開くに至ったが、天保三年の私日記（『全集』三五）には、「一円」観とともに報徳思想の特徴をなす「一元」観に到達した思索の跡《あと》も認められる。「天地尽《ことごと》く元は一つ」「陰陽《いんよう》尽く元は一つ」「水火尽く元は一つ」「男女尽く元は一つ」「貧福尽く元は一つ」（原漢文）……。十一月十五日条には、対《つい》の関係にあるさまざまな事物や事象を例にとって、それらはいずれも根元は一つなのだという「一元」観を表現した短文が書き連ねられている。翌四年正月には、「男女和して一身と成る、春秋具《そな》わって一年と成る、寒暑具わって一気と成る、君臣具わって一騎と成る、昼夜具わって一日と成る、根枝《こんし》具わって一木《いちぼく》と成る」（原漢文）と、私日記（『全集』二）にしたためた。対の関係にあるものが合わさって完全なる「一円」なのである。

金次郎は自然界と人間界の現実の観察から、両者ともに対になる要素の集合によって成り立っている、という認識に到達した。天地の片方だけでは自然界は成り立たず、万物も生成しない。人間社会も男のみ女のみでは存立しえない。君臣や領主・領民の関係も、家臣や領民がいなければ、そもそも主君も領主も存在しえないのである。

天地和合

夜天地和合遊ばされ候《そうろう》

金次郎は文政十三＝天保元年（一八三〇）九月一日、私日記（『全集』三五）にこう書きつけていた。その後も十月一日にかけて同文言を五度もくり返し記している。

「一元観」「一円観」の獲得において、よほど重要な意味をもっていたのだろう。おそらく、夜、妻と和合している時に、あたかも天地が一体となったかのような体感を覚えたのではなかろうか。万物は天地の和合によって生じるのであるから、天地こそが万物の根元の父母である。人も男女の和合によって生まれ、生命を連ねてきた。

本の父母

これこそが不二孝から教えられた「本《もと》の父母」の意味だ。そう悟《さと》ったにちがいない。

天地相和して万物生じ、男女相和して子孫を産み、人は申すに及ばず、鳥獣虫魚に至るまで、これ皆然《みなしか》り、此《かく》の如く自然の徳性に基づかば、富《ふ》は天に位《くらい》して貧《ひん》を恵み、徳自《おの》ずから備り、又貧は地に位して財宝を産出し、徳自ずから備る、それ自然の両性に基づき、貧富相和して財宝を産出させ申したく（「勤方住居奉窺候書付」『全集』二〇）

「一元」観と「一円」観

天保十三年（一八四二）に幕府に登用された金次郎は、翌年、勘定所付御料所《かんじょうしょつきごりょうしょ》取扱役人に、このように説いている。対をなすものも根元は同一である以上、対立するのではなく、和合し、それぞれの「徳」を発揮しなくてはならない。片方のみでは存立しえず、何物も生じないのだ。このように、金次郎の「一元」観は「一円」観の基礎をなしていた。

小谷三志も対立し合っているものの和合を説いたが、金次郎はそれを「一元一円」観の哲理に高めたのである。報徳仕法もその哲理に立って組み立てられている。

安藤昌益の「一元」観

金次郎の一元的な思考様式は、かの革命的思想家、安藤昌益《あんどうしょうえき》（一七〇三〜六二年）に通じるものがある。昌益も、「陰陽」「天地」「尊卑」「貴賤」「貧富」等々、対の関係にあるものの対比・対立によって万象をとらえる、二項対立的な理解を批判した（『自然真営道』『統道真伝』）。「男女にして一人、昼夜にして一日」（『統道真伝』）というふうに認識していた。こうした一元観に立脚していた点では、金次郎と昌益は共通している。

安藤昌益と金次郎の思想の異同

だが、それを原点としながらも、両者は正反対の方向に思想を展開させていった。

昌益は、現実の社会的分業、支配・被支配、君臣、貧富などの社会的諸関係や諸々《もろもろ》の制度いっさいを否定し、万人が農業に従事して、階級も身分も搾取《さくしゅ》もない、歴史的にこの世の始原と想定した「自然ノ世」への復帰を説いた。このような徹底した農本主義社会の構想は、昌益が出羽国《でわのくに》秋田郡《あきたぐん》二井田《にいだ》村（秋田県大館市）という農村に生まれ育ち、領主の収奪に苦しむ農民の姿を眼に焼きつけていたことからはぐくまれている。

一方、同じく農村育ちの金次郎は、農業を社会の基盤と考えながらも、商品貨幣経済の進展による現実の社会的分業や貧富の格差を認めたうえで、各人が固有の役割を果たしながら協力し合い、国家・社会の立て直しと万民の福利の実現をはかるべきことを説き、実践した。領主の存在も否定はしないが、「分度」の設定によって収奪に歯止めをかけ、不断の仁政《じんせい》を要求した。彼は徹頭徹尾、観念の世界ではなく、現実をリアルに認識しながら、自らの理想とする世に現実を改造しようと苦闘した人物であったのである。

二　社会・国家観と報徳の道

『三才報徳金毛録』の成立

天保四年（一八三三）の私日記（『全集』二）は大部分が思索の記録で占められており、さながら思想文献と言ってよい内容である。そして、翌五年秋には、報徳思想の原典とも称される『三才報徳金毛録《さんさいほうとくきんもうろく》』が成立する（『全集』一、『日本思想大系』第五二巻。『二宮尊徳全集補遺』には影印で所収。以下、『金毛録』と略記）。金次郎、四十八歳の時である。

三才とは天・地・人の三つである。金毛は黄金《こがね》色の獣毛を言い、貴重なものを意味するので、この書の重要性は題名にも示されている。

不退堂聖純

浄書したのは書家の不退堂聖純《ふたいどうきよずみ》であった。彼は、寛政《かんせい》六年（一七九四）、公卿《くぎよう》小倉《おぐら》家に生まれ、幼少から書にすぐれ、二十歳代の末には書家として一家をなしており、小谷三志は上京した折に彼に書の指南を受け、文政五年（一八二二）に免許状を与えられていた（岡田博『報徳と不二孝仲間』、斎藤清一郎「不退堂藤原聖純考」）。文政十一年（一八二八）、還俗《げんぞく》して関東に下り、天保五年四月二十七日に桜町陣屋を訪れ、客人として長屋に寄食している（「桜町陣屋天保五年日記帳」六月十五日条、『全集』三）。三志の紹介で書記役として招かれたのであろう。弥太郎《やたろう》と文《ふみ》に習字や読書を教え、家庭教師的な役割も果たしていたとされる（井口丑二

『報徳物語』)。当時四十一歳、金次郎より七歳年下である。

金次郎自筆の草稿類と見比べると、『金毛録』には浄書の段階で不退堂好みの語句に変わっている箇所もみられるが、末尾に「二宮金次良《(郎)》謹撰」とあるところからしても、思想体系自体は金次郎の哲理を表現しているとみてよい。それは、天地万物と万象を根元的に把握したうえで、人類の生活が永遠に安泰を保ちうる方策を開示したものである。

「大極」と「太極」

『金毛録』は、宇宙の根元である「大極」から天地万物と万象が生成する過程を、円形の図でもって進化論的に説明しており、明らかに朱子《しゅし》学の「太極《たいきょく》」説の影響が見てとれる。朱子は、宋学で宇宙万物の究極的根元とされていた「太極」を「天地万物の理《り》」と規定し(『朱子語類』巻二)、自然界と人間界を統一的に把握する壮大な哲学体系を構築した。『金毛録』はそれに学んでいるとはいえ、神道や仏教の語句・文章も引用して独自の解釈を加えており、全体として朱子学とは異なる哲学体系を示している。

「一円空」の概念

朱子学の「太極」は天地万物に内在する唯一絶対の根元である「理」であったが、『金毛録』の「大極」は、天地万物が未分化で混沌としていた状態を表わす概念であり、「空《くう》」の円で図示してある。金次郎は天保四年の私日記の八月十日条に、「万物生じおる事は一円空の中にあり」としたためていた。万物は「一円空」の状態から生じたという意味である。この「一円空」の概念こそが、金次郎の思想の根本をなしていた。

先述のように彼は、天保初年には、現実世界において対の関係にあるものも、その根元は同一なのだという一元観を獲得していた。

「一円仁」の心

こうした一元的思考をさらにつきつめれば、この宇宙の森羅万象《しんらばんしょう》は究極的には「一円空」の「大極」に帰一するとの考えに到達する。そこから、すべての人間は私欲を排して他と敵対しない「一円空」の心境を開き、そのうえで万物を慈《いつく》しみ生かす仁で満たして「一円仁」の心とし、その心をもって自他ともに幸福になれるよう助け合って生きるべきだと、思考の歩を進めたのである（下程勇吉『二宮尊徳の人間学的研究』）。

円の意味

金次郎の著作物は、自己の考えを円形の図で表現している点に特徴があるが、これについては、円は完全を意味すると同時に、停止することのない推転を表す、という奈良本辰也の解説（『日本思想大系』第五二巻）が当を得ているだろう。

報徳仕法もその論理に立って組み立てられ、実践された。

天地開闢と人間関係・人倫の形成

さて朱子学では、陰陽《いんよう》の二つの「気《き》」が凝縮して木《もく》・火《か》・土《ど》・金《こん》・水《すい》の「五行《ごぎょう》」という五つの性質に分化し、この陰陽五行がさまざまに混合し融合して、この世のあらゆる物を生成し構成する、と考えられている。だが『金毛録』は、「大極」から「体気」とともに「清濁」も生じたとし、「気」には陰陽のみならず寒暑を加え、空・火・風・水・地の仏教の「五輪《ごりん》」を「五行」と称し、これらの諸要素の動きで天地が開闢《かいびゃく》し人が生まれたと論じる。そして、「一円無田」の状態から田地を切り開いたことにより、生産物をもたらす「田徳《でんとく》」によって人びとは自《みずか》らを「生養」し、「生命を育つ」ことが可能になり、諸々《もろもろ》の人間関係と「人倫《じんりん》」が形成され、「諸芸」も生み出されたとする。

農の先務

いわば唯物論的な人間社会成立史観であるが、田地を開発して「農の先務」をなした存在は、「倭朝《わちょう》の天照大神《あまてらすおおみかみ》」と「漢土《かんど》の堯《ぎょう》・舜《しゅん》」（中国古代の伝説上の帝王）に求め、「後世誰かその徳を忘るべからざらん」と説く。こうした教説は、この時代にあっては決してめずらしいものではない。近世の農民が著した農書《のうしょ》などには、農耕の営みの起源や価値を『古事記』『日本書紀』に記載された伝承や朝廷の儀式に求めて、農耕の大切さを説いている記事が多くみられるのである（深谷克己『近世の国家・社会と天皇』）。

開闢元始の大道

金次郎にあっては、この教説が報徳仕法の精神的バックボーンになってもいた。彼は、神州は異国から資本や器具を導入して開かれたのではなく、「天祖」「国祖」の天照大神が自ら農具を製して葦原《あしはら》を独力で開拓したことによって開闢し、「安国《あんこく》」「富《ふ》国《こく》」となったのだとし、それを「開闢元始の大道」とか「神国開国の大道」と称した。仕法書や書状で、荒地を独力で開発する報徳仕法は、まさにこの大道の実践であり、天照大神の「徳」に報ゆる道であるゆえんをたびたび説いている。

この教説が、近代においては、報徳運動の自力興産の精神を支えるとともに、天皇制国家の皇道主義イデオロギーに結びついていく内在的契機ともなる。

社会観と諸職の編成

金次郎の社会観は農本主義的ではあるが、現実の社会的分業の進展自体は認めていた。『金毛録』では、士農工商のみならず、「帝《みかど》」（天皇）、「儒館」（儒官）、「書家」、「医家」、「数者」（算法家）などの職分《しょくぶん》（社会的役割）も取り上げ、「諸職の作業」が有機的に結び合わさって社会は成り立っていることを説いている。彼が「一円和合」思想の形成をもとに、諸職を有機的に編成して仕法を推進しようと企図するようになったことは、すでに述べたところである。つまり、社会的諸分業を一つの仕法に「一円」のごとく編成・統合しようとしたわけである。それぞれの職業に固有の価値＝「徳」を認め、国家・社会への貢献という点ではそれらは同等である、と彼は考えていた。

国家観

諸職に同等の価値を認めて、上下に序列化された身分制的な職業観や人間観を批判するのは、近世中期以降の民衆的立場から唱えられた諸思想に共通する。

だが金次郎は、国家の秩序そのものは、「帝威」（天皇の威厳）と「武威」によって保たれているとみなしていた。「帝威の厳重《げんちょう》によって四海安寧《しかいあんねい》を為す」「武威の政道によって国家平治を為す」と（『金毛録』）。

天照大神と武家の役割

先述のように彼は、「天祖」天照大神が「農の先務」をなして神州を開闢したと考えていた。また、「吾朝《わがちょう》には神出生してその法を定め、人民を導き」、「天地開闢発田より今日に至るまで人国法界となりぬ」とも言っている（「万物発言集草稿」『全集』一）。「帝威」の源泉はそこに求められていた。一方、武家については、「耕作農業をなして五穀を作り出す者を守護し、横道《おうどう》のものを懲《こら》しむ、これ則《すなわ》ち武門の根元なるべし」とみなしていた（同前）。まさにこの点において、武家による政道を認めていたのである。

金次郎は、農業の創始者、守護者として「帝威」と「武威」を正当化していたのであり、そのもとでの徳治主義を理想としていた。

「国家安寧豊饒《ぶにょう》」は為政者しだいであるとして、次のように説く。

「為政者といえども生まれながらにして徳を備えているわけではなく、人間の性情は一円不徳なのであり、道を学び徳を涵養することによって、はじめて聖賢となりうるのである。為政者が徳を備え仁恵を施《ほどこ》せば、民はその徳を敬い、刑罰を省いても規矩《きく》を守り、農業に出精して、自然と国は治まり豊饒となる」と（『金毛録』）。

このような政治理念はもちろん、「民は国の本《もと》」という「民本《みんぽん》」主義に立って「仁政《じんせい》徳治《とくち》」を説く儒教の書物から獲得している。その意味では、金次郎の政治思想は、深谷克己の言う東アジアに普遍的な儒教的政治文化（『東アジア法文明圏の中の日本史』）を土壌にしてはぐくまれているが、それに独自の「報徳」論を加味し、「興（富）国安民」を実現する具体的な政策を構想し、為政者に働きかけた点に特徴がある。

「徳」の概念

金次郎は「徳」の語を、道徳や積善の意味にだけではなく、固有の価値あるいは長所、特性といった意味にも用いている。彼は、天地万物にはそれぞれ固有の「徳」が備わっている、と認識していた。人間社会は天地万物の「徳」が相和することによって成り立ち、自己が生存できるのもそのおかげである。そのことに感謝の念をもち、自己の「徳」を発揮するとともに、他者の「徳」を見いだしてそれを引き出すように努め、人間社会のために役立て、万人の幸福と社会・国家の繁栄に貢献するのが、彼の言うところの「報徳の道」であった。たとえば、このように説いている。

「人の忌《い》み嫌う人糞《じんぷん》・馬糞《ばふん》や荒地であっても、人糞・馬糞は肥料として用い、荒地は開墾すれば、農作物を育ててくれる。金銭もたしかに人を没落させる因をつくりもするが、運用しだいでは、困窮した人びとを救い社会を豊かにすることができる。たとえ借金であっても、金銭の働きをうまく活用すれば返済して無借にできるのだ」と（「天保十一年　駿河国《するがのくに》駿東郡《すんとうぐん》藤曲《ふじまがり》村難村取直相続手段帳」（『全集』一九）。それぞれの長所・価値を人間の勤労と創意工夫によって引き出し、人間社会に役立てることが肝要なのである。

農民の「徳」の用例

江戸時代の農民のしたためた文章には「徳」を用いた語句が多くみられる。「田徳《でんとく》」「作徳《さくとく》」「米徳《べいとく》」は一般的な用例であるし、下野国《しもつけのくに》河内郡《かわちぐん》下蒲生村《しもかもう》（栃木県上三《かみの》川町《かわまち》）の篤農家《とくのうか》、田村吉茂《たむらよししげ》（一七九〇〜一八七七年）は、その著作で、「農業わ天地生養の根本たる徳」（『農業自得』『日本農書全集』第二一巻）とか、「天地自然の徳」（『農業自得附録』同前）といった表現をしている。当時の農民は、自分たちに恵みをもたらしてくれる万物や営みに感謝の念をいだいており、それを「徳」という語にこめていたのである。

農民思想と報徳思想

金次郎の「報徳」の考えも、語句自体は『論語』の「徳を以て徳に報ゆる」という言葉にちなんでいたかもしれないが、その内実は多分に江戸時代の農民思想を土壌としてはぐくまれたに相違なかろう。彼は、それを宇宙観、歴史観、社会観、人間観などにもとづいて論理づけ体系化して、独自の哲学を構築したのである。

報徳の道

報徳の道は過去—現在—未来の三世《さんぜ》を一貫するものである。家にしろ村にしろ国家にしろ、自然にできたものではなく、先祖が丹精して興《おこ》し維持してきたものであり、そのおかげで現在の生活が成り立っている。江戸時代には農民層の間でも「家」が広く形成され、先祖から預かった家屋敷・田畑などの「家産」を守り、「家業」の農業に励んで子孫に譲り渡すことが、至上の生活規範となっていた。『金毛録』には報徳の道を簡潔にわかりやすく説いた「報徳訓」が収められている（原漢文）。この「報徳訓」はその後、息子の弥太郎によって平易な言葉に換えられて流布《るふ》した（右傍注が換えられた言葉）。

「報徳訓」

父母の渾元《根元》は天地の霊命《令命》にあり。自己の全体《身体の根元》は父母の生育にあり。
子孫の克肖《相続》は夫婦の配耦《丹精》にあり。家運の栄昌《父母の富貴》は祖先の勤功にあり。

己身《おのがみ》の富貴は父母の陰徳《（積善）》にあり。子孫の豊饒《（富貴）》は自己の勤労にあり。
身命の長養は衣食住の三つにあり。衣食住の三つは田圃樹芸《（田畠山林）》にあり。
田圃樹芸《（田畠山林）》は人民の竭力《（勤耕）》にあり。今年の衣食は去《（昨）》年の産業にあり。
来年の衣食は今年の艱難《かんなん》にあり。年々歳々報徳を忘るべからず。

自己が存在するのは父母の生育のたまものであり、先祖の勤労によって築かれた家産のおかげで生活しえているのであるから、自身もその恩徳に報いる気持ちをもって勤労し、子孫の生活が成り立つように自己の「徳」を及ぼさなくてはならない。

それが主旨である。

三世を一貫する報徳の思想は、世代を超えて永続することを希求する「家」意識を土

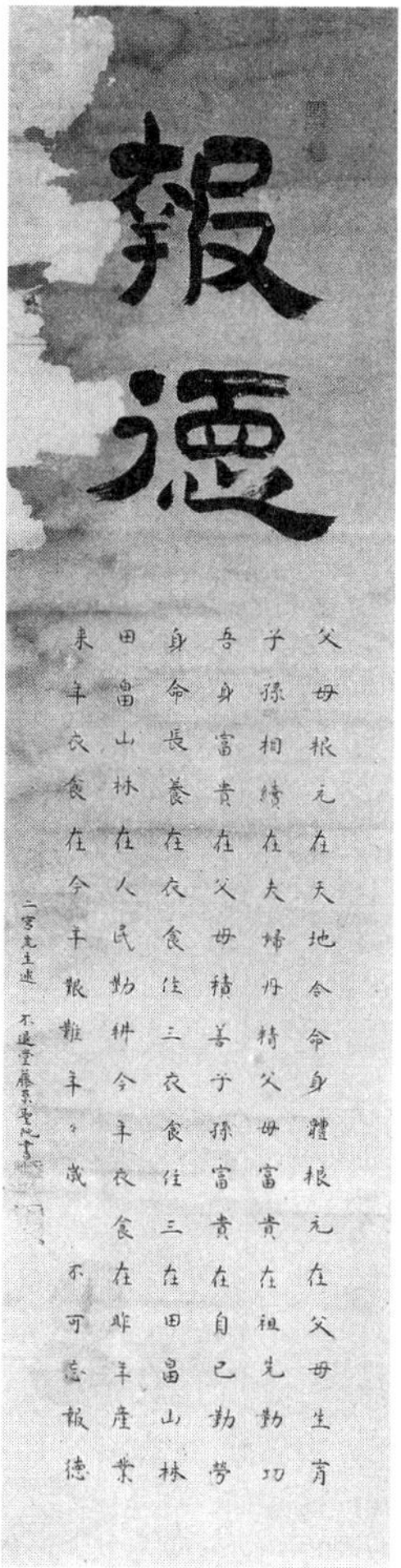

不退堂聖純書「報徳訓」
（報徳博物館蔵）

壊にはぐくまれたに相違なかろう。その「家」意識に訴えて報徳の道を理解させようとしたのが、「報徳訓」であったのである。

天照大神への報徳

家の永続はそれを基礎とする社会・国家の永続につながるが、金次郎は、神州は「天祖」天照大神が「農の先務」をなして独力で開闢した、と考えていたのであるから、それぞれの家の先祖への報徳は、究極的には、神州の始祖である天照大神への報徳に収《しゅう》斂《れん》していく構造になっていた。

三 「自得」の精神と「天道・人道」論

「自得」の精神

金次郎の高弟の一人、福住正兄《ふくずみまさえ》は、その著『二宮翁夜話』（以下、『夜話』と略記）で、師は「誠の道」は「自得《じとく》」するものと語ったとしている（『夜話』一）。

実は、江戸時代の農民の思想形成や技術の創造を支えたのは、日々の生産・生活を営むなかで自然界と人間界の真理を会得する、この「自得」の精神であった。前節で取り上げた田村吉茂は、自《みずか》らが著した農書に「農業自得」という題名を与えているが、それは父と自身が農業に励むなかで「自得」した知恵や農業技術を記したもの、という意味をこめてである（『日本農書全集』第二一巻）。

庶民の書物知摂取の特徴

神儒仏正味一粒丸

金次郎の思想形成法と「天道」「人道」の区分

朱子学の「天道」「人道」一体観

この時代には庶民もさまざまなジャンルの書物を読んでいたが、その際、書物に記されている知識、教え、技術などを鵜呑《うの》みにするのではなく、実生活において実践してみて役立つかどうかを試し、真理と確信したもののみを摂取するという姿勢をとっていた。書物から得た知を生活過程を通して血肉化するとともに、自らの知恵・思想や技術を創造していたわけである。『夜話』一三一に出てくる、神儒仏三道から「人界に切用なる」「正味」のみを摂取して「一粒丸《いちりゅうがん》」としたという言説は、複数の門人の聞書類にみられるので、金次郎自身のものと解してよいだろう。

彼の知恵や思想は、基本的には実体験のなかで、自然界と人間界の真理を「自得」することによって培《つちか》ったもので、それを基礎にして書物から得た知も血肉化し、論理化、体系化して、独自の「報徳」思想を創出するに至った、と考えられる。「天道」と「人道」を区分した点も、金次郎の思想の特徴として注目されてきた。

江戸時代の儒学の主流をなしていた朱子学は、天地万物には普遍的な「理」が存在するとみなし、自然界と人間界を一体的にとらえている。

そこでは、自然界の法則である「天道」「天理」と人間界の制度や規範たる「人道」とは区別されていない。人間界の社会秩序や倫理は「天理」によって自然に形成されたものであるとして、人びとはそれに従って生きることが求められた。自然の運行に従っ

金次郎の生産労働＝「人道」観

て営む農業は、本来、このような自然的秩序観にもっともよく表象的に合致した経済行為であり、その社会的基盤となっていたのである（丸山真男『日本政治思想史研究』）。

対して金次郎は、農民の立場から生産労働を「人道」として位置づけた。

彼は天保五年（一八三四）から六年にかけて、自らの思索を書き留めた草稿を多く残しており、『全集』一に編者佐々井信太郎によって分類されて収められている（内山稔「尊徳研究における原典批判の問題」）。そのうち「万物発言集草稿」として集録されたもののなかに、「人道は田畠を開き、天道は田畠を廃す。人道は五穀を植え、天道は生育を為す。天道は自然たり、人道は作事たり」（原漢文）という言説がみえる。

この考えも、自らの農業体験から「自得」したものであったのは間違いなかろう。彼の眼前にあるのは、打ち続く天災によって荒廃した農村であり、生家の田畑もまた、それによって荒地に帰してしまった。そこから立ち直ったのは、刻苦して荒地を切り開いた自身の人間的力であった。そうした彼が生きた時代の社会状況とそのもとでの体験が、農民の生活は決して「天道（理）」という自然の恩恵のみによって成り立っているのではなく、農民自身の主体的な勤労こそが、自らの生活と社会を成り立たせている根本だと実感させたにちがいない。そこから、農民に人間主体としての自覚と自発的な勤労意欲を喚起し、国家・社会の基盤である家と村を復興し永続させるために、天道と人道を区分して理論的に根拠づけるに至ったのである。

当時、領主階級が、ただひたすら天道に従って生きてこそ、家の永続が保障されると教諭していたのと比べるとき、金次郎の思想の歴史的な画期性は明らかである。

「天道」「人道」の和合

だが決して、天道と人道を対立関係においてのみとらえていたのではない。「天道人道を和し、百穀実法《みのり》を結ぶ」（「万物発言集草稿」）と述べているように、天道と人道が和合することによって、はじめて農作物は実りを結ぶのだと考えていた。

それゆえ、天地の徳と人間の勤労の徳、いわゆる「天・地・人三才の徳」に報ゆる「報徳」の道を説いたのである。人間としての自律的な主体性を確立したうえで、自然と調和を保って生きるべきだ、というのが基本的な考えであった。

朱子学の政道論

では、政道は天道、人道どちらだと、金次郎は考えていたのであろうか。

朱子学では、道徳の理法が自然界と人間社会のすべてを支配していると考えられていたので、政治は天道にのっとって行われるべきものであった。

荻生徂徠の政道論

これに対し荻生徂徠《おぎゅうそらい》（一六六六～一七二八年）は、儒学の古典を独自に読みかえ、「道」は「天地自然の道」などではなく、中国古代の理想的君主（聖人）が天下を治めるために制作した政治・社会制度であり、道徳も聖人が立てたものである、と説いた。

つまり、人間社会の秩序を維持するために聖人が「作為」したのが「道」であり、自然界の秩序とは別物なのである。このように、政治学の立場から徂徠は為政者の主体性を根拠づけ、政治改革に取り組む八代将軍徳川吉宗《とくがわよしむね》に献策した（丸山前掲書）。

金次郎の政道論

金次郎はどうだったのか。「万物発言集草稿」では、こう述べている。

「田畑が開け食が充足して自然と人倫の道たる人道が定まっていたが、それを破る横道の者が発生したので、君臣の道を立て、それを懲《こ》らしめる武門が登場し、それからしばらくして、天竺《てんじく》（インド）に仏、唐土《とうど》（中国）には聖人、日本には神がそれぞれ生まれ、法を定めて人民を導くようになり、法治の世となった」と。

人倫も法も最初から聖人が「作為」したものとみる徂徠学とは異なる。天保八年（一八三七）十二月十三日の桜町領民への金次郎の教諭では、「天道に随ひ政事《まつりごと》明らかなる時は民力進み、田畑開け、米穀生ず、天道に背き政事不正なる時は民力衰ひ、国家亡び、荒地とまかりなり申し候《そうろう》」と語っている（「宇津釩之助様御知行所御引渡演舌書」『全集』一一）。「政事」は「天道」に従って道徳的に正しく行われるべきだとしており、政道を「天道」から独立させるには至っていなかったのである。だが、弘化《こうか》・嘉永《かえい》期（一八四四〜五二年）になると、政道は聖人の「作為」になる「人道」として明確化される。

政道＝「人道」観の成立

門人が師の言説を筆録した語録類の系統的な分析によって、金次郎の「人道作為」論の成立過程と歴史的性格を考察した宇津木三郎によれば、この時期には、治国安民のための社会制度や道徳的規範は、無から聖人が「作為」した「人道」である、という言説が現れるという（「二宮尊徳「人道作為」論の歴史的性格」、『尊徳を発掘する』）。「作為」の語句もこの段階で用いられるようになる。

後述のように、天保十三年（一八四二）に金次郎は幕府の役人に登用されたものの、勘定所《かんじょうしょ》は報徳仕法への取り組みに消極的であり、仕法を導入した諸藩《しょはん》・旗本《はたもと》も同様であった。そうした現実に直面した金次郎が、為政者が学ぶべき聖人の道として、聖人が治国安民のために人道を作為したという論を唱え、現状の打開をはかったのであり、その論には徂徠学の影響が想定される、と宇津木は説く。

富田高慶『報徳論』の成立

金次郎の筆頭門弟であった富田高慶《とみたたかよし》は、嘉永三年（一八五〇）に『報徳論』を成稿した。弟子と師との問答形式で、為政者が実践すべき報徳の道を論述したものである。『全集』三六に収められており、佐々井信太郎は解題で、門人の著作のなかでこの書は金次郎が認可した唯一のものであり、実質は彼の著述物とみて差し支えないとしている。

「天道」と「人道」の違い

『報徳論』は天道と人道の違いから説きはじめる。

「天道」は四季の循環のような自然の法則であり、人為で制御することはできない。天地の間に生まれた人は、「上古《じょうこ》人道未《いま》タ開ケサルトキハ」禽獣《きんじゅう》同様な生活をしていたが、「神聖生レ出」で「人道ヲ作為」して、はじめて禽獣とは異なる人間としての社会が成立した。「人道」とは、「人倫五常《じんりんごじょう》ノ道ヲ立テ、法度《はっと》ヲ定メ以《もっ》テ導キ、民ヲシテ斯道《このみち》ヲ行ハシメ、人欲ヲ制シ法度ヲ慎マシム」ことであり、「神聖万民ノ艱苦《かんく》ヲ消シ、永ク生養ヲ全《まっとう》フシ、相楽マシメンカ為《ため》ニ作為シ立玉《たてたま》フ所ノ道」である。したがって、為政者たる者は、「人道ノ本源ヲ明カニシテ厚ク仁政ヲ施シ」、「民ノ貧苦艱難《かんなん》ヲ除キ、其《その》衣食住ヲ安ンス」る使命を帯びているのである。弘化・嘉永期の他の門人たちの聞書類にも同様な言説がみえることは、宇津木の明らかにしたところなので、金次郎自身の考えであったと解してよい。

富田が金次郎の弟子となったのは天保十年（一八三九）であるが、儒学者でもあり、奥州《おうしゅう》中村《なかむら》藩士として自藩の立て直しのために政道の要務を尋ねて学問をしていたのであるから、徂徠の著作も読んでいた可能性は高いだろう。あるいは、金次郎は富田から徂徠学について教えられ、その「聖人作為」論に依拠して自身の考えを理論化したのかもしれない。それが、現実の為政者に「治国安民」の「仁政」を実施させるための歴史的な根拠づけであったことは、その論旨からして明白である。

ここに至って、農民の生産行為とともに為政者の治政も「人道」に明確に定置され、農民も為政者も「興（富）国安民」の実現のために主体的に自らの職分《しょくぶん》に励むべきことが、「人道」論を根拠に要請されることになったのである。

四　報徳仕法の原理と論理

報徳の綱領

富田高慶は『報徳論』の「自叙」で、「先生の道、至誠を以て本《もと》となし、勤労を主となす、分度《ぶんど》を立てて体《たい》となし、推譲《すいじょう》を用となす」（原漢文）と、師の唱えた「報徳の道」の要諦《ようてい》を簡潔に言い表した。今日、報徳の綱領は「至誠」「勤労」「分度」「推譲」にあるとされているが、それはこの文章に発する。

分度

「分度」は各々の収入の分限《ぶんげん》に応じて支出に限度を設け、すなわち予算を立て、その範囲内で生活し財政を運営する合理的な計画経済を意味する。家にしろ村にしろ幕府・藩にしろ、その財政を維持するためには分度を確立することが先決となる。

だが、個々の家や村が分度を確立しても、領主財政の分度が確立していなければ、租税の増収によって不足を補おうとするので、家や村は成り立たなくなる。そのために、金次郎は農村復興仕法を行うに当たり、まず領主財政に分度を設けることを要求した。

推譲

収入よりも少なめに見積もって分度を設け、倹約によって分度を守れば余剰《よじょう》を生じる。勤労して収入をふやせば余剰も増大する。この余剰を、自己の将来のため、子孫のために譲る（すなわち貯蓄）、また他者に譲る。これが「推譲」であり、前者を「自譲」、後者を「他譲」と言う。自譲は容易に実践しうるが、余剰を自家の経営の拡大再生産のみに投下し、富の増大を追求したならば、他者を貪《むさぼ》り、多くの貧窮者を生み出し、社会と国家は衰弊する。実際、市場経済化によって、そうした事態が進行している。

その現実を眼前にして金次郎は、各々が分度外の余剰を推譲し合い、万民の幸福と社会・国家の繁栄、彼の言葉で言えば「興（富）国安民」の実現に寄与すべきことを力説したのである。

私欲を制する

彼は、「天道（理）」と「人道」の関係を自然界と人間界の関係としてのみとらえていたのではなく、人間自身のなかにも両者の相克がはらまれている、とみなしていた。「人身あれば欲あるは則《すなわち》天理なり、田畑へ草の生ずるに同じ」、「然《しか》れば、人道は私欲を制するを道とし、田畑の草をさるを道とし」（『夜話』六）と語っている。

心田の開発

報徳仕法にあって、荒地開発が自然界に対する人間主体の働きかけであるならば、教化は人間の内なる「天道（理）」たる私欲への働きかけであり、「心田の開発」と言い表わされた。私欲を制して「推譲」を実践することこそが、人道の基本なのである。門弟たちもそう理解していた。「人道ハ天地万物ノ御恩冥《みよう》加《が》ヲ知テ譲ヲ以テ道ト為ス」（小林平兵衛『報徳教示略聞記』『報徳博物館資料集1』）、「人トシテ一日モ推譲ナケレハ、人倫ノ道立《たた》サル」（『報徳論』）、「我が教是《おしえこれ》を推譲の道と云《いう》、則《すなわち》人道の極《きょく》なり」（『夜話』七七）と。

為政者の責任

とりわけ重視したのは為政者の責任であり、それは「興国」「富国」の基礎は「安民」、すなわち民の生産と生活の安定にある、と考えたからである。金次郎の指導になる報徳仕法が、多くの場合、領主の行財政を指導して実施されたのは、それゆえである。

領主の分度設定と推譲

彼は仕法を引き受けるに当たり、領主が自《みずか》らの財政に分度を設け、それを超える年貢収入を農村復興事業に推譲することを強く求めた。荒地化した田畑を再開発して農業生産力が回復すれば、領主財政の分度を超える年貢収入も増大していく。それをくり返し農村復興のために投下していくことによって、その進展をはかるのである。したがって、領主が分度を設け、それを守って推譲を実践するか否かが、仕法の成否の鍵となる。

農民の勤労と富裕者の推譲

一方、農民に対しては自発的な勤労意欲を促し、富裕な農民や商人には「私欲を抑え公益をはかる」べきことを説き、余剰を仕法資金に推譲させた。

報徳仕法の論理

農民の生産・生活安定のための領主の仁政と、農民自身の主体的な勤労、富裕者の公共の福利への奉仕、この三者が相和することによって、「興（富）国安民」を実現できる。報徳仕法はこうした論理に立っていたのである。仕法を実施するに当たっては、対象とする家・村や領主財政に関する記録を過去にさかのぼって精査、分析し、現在の衰弊状態に至った歴史的経緯を明らかにしたうえで計画を立てた。実行に移ってからも、資金運用や事業の実態を克明に記録し、それを踏まえて次の手だてを考え講じている。

第七　報徳仕法の広まりと幕吏就任

一　仕法の広まりとネットワーク

農村復興運動

近世後期には、農村荒廃のもとで農民たちが直面している矛盾・困難に即して生活倫理を説き、家と村の再建に指針を示して指導する、さまざまな社会運動が勃興《ぼっこう》、展開した。心学《しんがく》・国学《こくがく》・不二孝《ふじこう》などにもとづく教化運動、大原幽学《おおはらゆうがく》（一七九七〜一八五八年）が下《しも》総国《うさのくに》香取郡《かとりぐん》長部村《ながべむら》（千葉県旭市）を拠点に実施した性学《せいがく》による教化と先祖株仕法、二宮金次郎の指導した報徳仕法、等々がそれである。

そのうち展開の範囲と影響力からみて二大運動としてあげられるのは、心学運動と報徳運動である。時期的には両者は入れ替わる形で展開している。

心学運動

心学は、十八世紀初期に京都において石田梅岩《いしだばいがん》（一六八五〜一七四四年）が町人を対象に説いた実践的な生活倫理の教学であり、その後、彼の門流に相承され、活発な教化活動によって地域的にも階層的にもきわめて広範な人びとに受容された。十八世紀末から十九世紀初期にかけて、関東・奥羽地方にも急速に普及する（石川謙『石門心学史の研究』）。

梅岩は、士農工商の四民がそれぞれの職分《しょくぶん》を遂行し、天下の人びとに奉仕することによって、社会は成り立っているのであり、その点では士の職分も農工商の職分も同等の価値をもっていると説き、庶民をして信念をもって自《みずか》らの家業に励むことを促した。その主張には身分制を内から克服する契機がはらまれていたのであるが、領主たちは、農民をして農業に出精させ職分をまっとうさせることによって、農村復興と社会秩序の回復をはかるためのイデオロギーとして心学に注目し、心学者を領民教化に動員した。

また村役人たちもそれを村民教化に導入した。心学運動は慈善的な救済事業を行う場合もあったものの、それは付随的で組織だったものではなく、あくまで精神面の教化に主眼がおかれていた。その点が、精神面の教化と具体的な復興策を組み合わせ組織化、体系化した報徳仕法とは異なるところである。

心学運動から報徳運動へ

心学にもとづく精神主義的な教化運動は、天保《てんぽう》の大凶作・飢饉《ききん》によって農村の荒廃が深刻化した現実を前にして、限界を露呈することになる。それにひきかえ、野州《やしゅう》桜町《さくらまち》領の復興仕法は金次郎の果断な対策によって飢饉を回避し、成果をあげつつあった。

その噂《うわさ》はたちまち広まり、領主や農民、商人たちから仕法の依頼が相次ぎ、心学運動に取って代わることになる。北関東の谷田部《やたべ》藩《はん》や烏山《からすやま》藩、下館《しもだて》藩などは、天保期には心学に代わって報徳仕法を導入する。駿河国駿東郡《するがのくにすんとうぐん》北部は村役人主導による心学運動が盛んだった地域だが、天保八年（一八三七）、金次郎が飢饉対策のために巡廻したのを機に、村落指導者たちは熱心な報徳仕法の実践者に転じた（高橋敏『日本民衆教育史研究』）。

小田原藩領の同郡竈新田《かまどしんでん》村（静岡県御殿場市）の地主、小林平兵衛《こばやしへいべえ》（一七七九～一八四九年）もその一人で、金次郎から、心学や不二孝、儒学などは説くばかりで実践が伴っていないとして、「言行一致」の大切さを諭《さと》されている（仁木良和「報徳仕法の受容について」）。

金次郎の心学・儒学・不二孝批判

金次郎は儒学を学んでいたし、不二孝からも大きな影響を受けていたのであるが、理論と実践の一致を重視する彼の立場からは、批判の対象にもなったのである。

不二孝は社会奉仕活動も行っていたものの、報徳仕法のような社会を立て直す方法論をもっていたわけではない。不二孝の信者には、金次郎の門弟ともなり、その手足となって仕法を推進した者が少なくなかったのも、不二孝では満たされないものを報徳仕法に見いだしていたからかもしれない。

報徳仕法の広まり

報徳仕法の主な実施地は表4のごとくである。天保四（一八三三）、七年の大凶作を機に、まず下野《しもつけ》国と常陸《ひたち》国の桜町領近辺の旗本《はたもと》領と藩領に広まり、天保十三年（一八四二）に金次郎が幕府に登用されてからは、現栃木・茨城両県に属する幕府領の村々と日光神領《にっこうしんりょう》にも実施されている。同八年には小田原《おだわら》藩領に導入され、相模《さがみ》国の旗本領と伊豆韮山《いずにらやま》代官

現地名
福島県相馬市・南相馬市
新潟県長岡市
茨城県桜川市
茨城県筑西市
茨城県筑西市
茨城県桜川市
茨城県筑西市・下妻市
茨城県稲敷市
茨城県つくば市，栃木県茂木町
栃木県真岡市・宇都宮市・日光市，茨城県筑西市
栃木県真岡市
栃木県那須烏山市他
栃木県下野市
栃木県栃木市
栃木県日光市
埼玉県鴻巣市
東京都港区
神奈川県小田原市
神奈川県，静岡県
神奈川県平塚市
神奈川県伊勢原市
神奈川県大磯町
神奈川県平塚市
神奈川県大磯町
静岡県伊豆の国市
静岡県静岡市
静岡県富士川町
静岡県掛川市他
山梨県笛吹市
長野県佐久市

報徳仕法と幕藩制の軋轢

江川太郎左衛門《えがわたろうざえもん》支配の幕府領にも伝わり、さらに東海甲信地方へと伝播した。東北地方では弘化《こうか》二年（一八四五）に陸奥国中村《むつのくになかむら》藩領で発業され、著名な仕法となる。

金次郎が指導した仕法は領主の行財政を通じてなされた場合が多いが、個別の村・町や農商民の家が主体となって導入し、その再建に取り組んだ例も少なくない。

金次郎は、小田原藩吏、さらには幕吏に登用されたとはいえ、藩あるいは幕府の一役人として、官僚機構内で職務を機械的に遂行していたわけではない。彼のもとには、身分と領域を越えて、武士、百姓、商人、書道家、和算家等々、多様な人材が集まり、門

表4　主な仕法実施地

仕法対象	支　配	仕法開始年次
陸奥国中村藩領	相馬家領知	弘化2年（1845）
越後国古志郡上前島町	長岡藩牧野家領知	弘化4年（1847）
常陸国真壁郡青木村	旗本川副家知行	天保4年（1833）
常陸国真壁郡下高田村	旗本中根家知行	天保4年（1833）
常陸国真壁郡門井村他6ヵ村	旗本斎藤家知行	天保7年（1836）
常陸国茨城郡堤上村	旗本中根家知行	天保7年（1836）
常陸国下館藩領	石川家領知	天保9年（1838）
常陸国信太郡江戸崎村	関宿藩久世家領知	天保11年（1840）
常陸国・下野国谷田部藩領	細川家領知	天保6年（1835）
下野国・常陸国幕府領	真岡・東郷陣屋支配	弘化4年（1847）
下野国芳賀郡桜町領	旗本宇津家知行	文政5年（1822）
下野国烏山藩領	大久保家領知	天保8年（1837）
下野国都賀郡下石橋村	佐倉藩堀田家領知	天保9年（1838）
下野国都賀郡横堤村	古河藩土井家領知	天保10年（1839）
下野国日光神領	日光奉行所支配	嘉永6年（1853）
武蔵国足立郡笠原村	旗本数家相給知行	天保13年（1842）
江戸芝田町海津家	幕府領江戸町奉行支配	弘化元年（1844）
相模国足柄下郡小田原町服部家	小田原藩家老	文政元年（1818）
相模国・駿河国小田原藩領	大久保家領知	天保8年（1837）
相模国大住郡片岡村	旗本高井家知行	天保9年（1838）
相模国大住郡伊勢原村加藤家	旗本飯河家知行	天保9年（1838）
相模国淘綾郡大磯村川崎屋	幕府領韮山代官支配	天保9年（1838）
相模国大住郡金目村他	旗本数家相給知行	天保10年（1839）
相模国淘綾郡大磯宿	幕府領韮山代官支配	天保11年（1840）
伊豆国田方郡多田村多田家他	幕府領韮山代官支配	天保10年（1839）
駿河国庵原郡庵原村権左衛門家	旗本石川家知行所	天保15年（1844）
駿河国庵原郡岩淵村	幕府領代官支配	嘉永2年（1849）
遠江国佐野郡倉真村他	掛川藩太田家領知	嘉永元年（1848）
甲斐国八代郡成田村	旗本佐々木家知行所	弘化3年（1846）
信濃国佐久郡志賀村神津家	幕府領代官支配	弘化4年（1847）

典拠：『二宮尊徳全集』全36巻.

弟となり、「報徳」という独自の理念をもった仕法の指導組織が形成された。

そして、求めに応じて各地の領主の行財政を指導し、領域を越えて資金や物資、労力を融通《ゆうずう》し合いながら仕法を実施したのである。この点は幕藩制的な分割統治形態を超える性格をもっており、それが自己の支配領域の復興のみにこだわる領主や幕藩官僚と軋《あつ》轢《れき》を生じることになる。個々の報徳仕法は、大名・旗本・幕府役所の支配領域、あるいは村・町や家を単位として実施されたが、決して自己完結的に実施されたのではなく、諸種の広域的なネットワークに支えられていた。

不二孝仲間のネットワーク

その一つが不二孝仲間のネットワークである。不二孝創始者の小谷三志《こたにさんし》と金次郎は交流があり、思想的に大きな影響を受けていたことは既述のとおりであるが、仕法の実施に際しても三志の弟子の農民や商人たちが金次郎の手足となって働き、関東を中心に東海甲信、さらには近畿地方にまでわたる不二孝仲間のネットワークを通じて、米麦ほかの物資の大量調達、経済情報の収集・提供、仕法資金の活用増殖などを行っていた（岡田博『報徳と不二孝仲間』）。近世後期の代表的な社会運動である報徳運動と不二孝の運動とは重なり合っていたのであり、報徳仕法の広範囲にわたる展開を支えた社会基盤の一つが不二孝仲間のネットワーク網であったのである。

金次郎のネットワーク

金次郎自身も、身分や支配領域を越えて多くの人びととネットワークを形成しており、それを通じて各地の仕法を指導した。

村落指導者のネットワーク

また在地で仕法を推進する主体となっていた村落指導者たちも、村を越えて地域的に連携しており、報徳の受容は精神的な紐帯《ちゅうたい》ともなった。報徳連中を結成して報徳社の母体となった例もある。幕末期に支配領域を越えて結成された遠江国《とおとうみ》（静岡県）の報徳連中はその代表例であり、近代には報徳社運動の一大拠点となる。

金次郎の志向

金次郎は多くの場合、領主の行財政を指導して報徳仕法を実施したが、特定領域の復興のみをめざしたのではない。仕法による生産力回復の成果を他領にも推譲《すいじょう》させて荒地を次々に開墾してゆき、もって日本全体の「興（富）国安民」を実現することを志向していた。

外国への推譲

彼が農村の復興に打ち込んでいた当時、欧米列強の圧力が強まり、国防が国家的な課題となっており、幕府・諸藩が多くの金銭と人的資源を費やし、その負担が庶民にのしかかっていた。それに対し彼は、国防の要《かなめ》は仁政《じんせい》を施《ほどこ》し民を撫育《ぶいく》して国を富ませることにあるとして、外国が攻めてきたならば、食料を推譲して慰撫《いぶ》すればよい、と唱えていたという。この言説は斎藤高行《さいとうたかゆき》（一八一九～九四年）が編んだ『報徳秘稿』にみえる。

斎藤高行編『報徳秘稿』

斎藤は奥州《おうしゅう》中村藩主相馬《そうま》家の家臣で、富田高慶《とみたたかよし》の甥《おい》に当たる。弘化《こうか》二年（一八四五）九月、二十七歳の時に金次郎に入門し、嘉永《かえい》四年（一八五二）十一月まで随身した。

『報徳秘稿』には師の談話の自身と他の門人の筆録が収められており、恣意的な修飾は施されておらず、円熟期の金次郎から直接聞いた話を多く収録したものとして、史料的な価値はきわめて高いとされるので（内山稔「尊徳語録類にみられる報徳仕法の基本的性格について」）、外国への推譲も金次郎が実際に語ったものとみてよかろう。

岡田良一郎の海外への推譲論

この説は、高弟の一人で、近代の報徳社運動の指導者となった岡田《おかだ》良一郎《りょういちろう》にも継承された。明治元年（一八六八）、新政府に建議した「富国策」（『二宮尊徳全集補遺』）のなかで、「富国強兵」ではなく、「富国安民」をはかり、海外へ武力侵略するのではなく、推譲の徳を押し広めることによって、自国の安全と世界の平和を実現すべきだ、と説いている（拙著『近世の村と生活文化』Ⅰ部第四章）。

二　富田高慶の入門と幕臣「二宮金次郎」の誕生

桜町陣屋訪問者の増大と文の書画習得

金次郎は桜町領の仕法を成就《じょうじゅ》し、天保八年（一八三七）十二月に宇津《うつ》家に知行所《ちぎょうしょ》を引き渡したのちも、桜町陣屋《じんや》に留まっていた。すでに以前より同仕法の成果を耳にして、見学や仕法の依頼のため、あるいは弟子入りを志願して、多様な人びとが桜町陣屋を訪れるようになり、寄宿する者も多くなっていた。多彩な人材が集《つど》ったことは、息子の弥太郎《やたろう》と娘の文《ふみ》にとって、さまざまな知識や技能を習得する機会ともなり、教養形成において大きな意味をもった。書家の不退堂聖純《ふたいどうきよずみ》からは書や読書の手ほどきを受けていたことは、先に述べたところであるが、文は大久保文隣《おおくぼぶんりん》から書を、大岡雲峰《おおおかうんぽう》から絵画を、それぞれ習ってもいる。雲峰は旗本であるが、谷文晁《たにぶんちょう》門下の画家として名を知られ、山水画や花鳥画を得意とした。文は書画にすぐれ、書では「松隣《しょうりん》」、絵画では「奇峰《きほう》」という雅《が》号《ごう》を名乗り、その遺墨《いぼく》や絵が今日に伝わっている（『二宮尊徳関係資料図鑑』）。

金次郎の家族の役割

仕法が各地に広まり、桜町陣屋は指令センター的な機能を果たすようになる。天保八年、小田原藩領に仕法が導入されると、金次郎は出かけることが多くなり、不在中は十七歳となっていた弥太郎が陣屋の責任者を務めた。文は十四歳、妻の波《なみ》は三十三歳で

二宮文（奇峰）画
（報徳博物館蔵）

ある。陣屋に寄宿する者が多くなると、食事の世話も大変である。文も手伝いをしたことだろう。仕法の拡大に伴い作成する書類も増大する一方である。文はこの面でも清書を担うなど、父の秘書的な役割を果たした（柴桂子「二宮尊徳を支えた女性たち」、同『二宮文』）。

富田久助（高慶）の訪問と下高田村太助

天保十年（一八三九）六月一日、「相馬儒者」を名乗る「富田久助《とみたきゅうすけ》」という青年が、常陸国真壁郡下高田村《まかべぐんしもたかだ》（茨城県筑西市）の太助らに連れられて陣屋を訪れた（「二宮氏天保十年中日記出入帳」『全集』三）。太助は雑穀商を営んでいた不二孝仲間の一人で、金次郎の弟子ともなり、同四年（一八三三）、居村に報徳仕法を導入し、金次郎への仕法の周旋も行っていた（岡田博『報徳と不二孝仲間』）。その太助が連れてきた富田久助こそ、のちに金次郎の一番弟子と評されることになる、かの富田高慶《たかよし》（一八一四〜九〇年）、その人であった。

富田久助の履歴

当時二十六歳、金次郎より二十七歳年下で、親子ほどの年齢差である。久助は通称、高慶は実名《じつみょう》＝諱《いみな》である。陸奥国宇多郡《うだぐん》中村（福島県相馬市）に居城を構える大名相馬家の家臣で、文化《ぶんか》十一年（一八一四）、中村藩士斎藤嘉隆《さいとうよしたか》の二男として生まれた。一族は学問にすぐれ、兄の完隆《ひろたか》（高）は『奥相志《おうそうし》』などを編述した博覧強記の学者であり、その子の高行（通称「久米之助《くめのすけ》」）も漢学に秀《ひい》で、金次郎の門弟となり、中村藩仕法においては伯父《おじ》の高慶とともに指導者として活躍した。富田の苗字は斎藤家の往時の家名である。

高慶は天保元年（一八三〇）、十七歳の時に江戸に上り、幕府の右筆《ゆうひつ》（書記役）で考証学者として名高い屋代弘賢《やしろひろかた》、幕府昌平黌《しょうへいこう》の儒官依田源太左衛門《よだげんたざえもん》など、江戸の名だたる学者の門を相次いでたたいたものの、自藩復興を志して政道の要務を尋ねていた彼にとって、満足は得られなかった。悶々《もんもん》としていたところに、江戸で医学を修業していた奥田幸民なる人物から、二宮金次郎の仕法のことを聞かされたという。

奥田は桜町領にほど近い村の出身で、金次郎一家や下高田村太助と親しい間柄であったので、奥田と太助に付き添われて陣屋を訪れることになったらしい（岡田前掲書）。

富田久助の入門許可

だが、机上《きじょう》で学問をするだけで実践の伴わない学者を嫌っていた金次郎は、面会しようともしない。陣屋日記と私日記をひもとくと、その後も下高田村から足しげく陣屋を訪れている。太助の自宅に宿泊させてもらって通っていたらしい。その熱意に見込みのある人物だと認められたのであろう、四ヵ月近くたった九月末頃に、ようやくにして弟子入りを許されたようである（佐々井信太郎「富田高慶小伝並選集解題」『全集』三六）。

運命の書状

富田が桜町陣屋を訪れてから三年ほど過ぎた天保十三年（一八四二）七月十一日、金次郎と家族の運命を変えることになる、一通の書状が陣屋に届いた（以下、「桜町御陣屋天保十三年日記帳」『全集』三）。

幕府代官篠田藤四郎と老中水野忠邦

差出人は江戸芝《しば》の小田原藩上屋敷《かみやしき》に詰めていた円城寺貫次郎《えんじょうじかんじろう》。「御代官篠田藤四郎様《ごだいかんしのだとうしろう》より御相談なされたき御儀《おんぎ》これあり」、「早速罷《まか》り出《い》で候《そうろう》よう水野越前守《みずのえちぜんのかみ》様より御達《おたつし》これあり候間《あいだ》」、その旨を心得るよう伝えたものであった。篠田藤四郎は上総国周准郡《かずさのくにすえぐん》富津《ふっつ》（千葉県富津市）の幕府代官、水野越前守はなんと、前年から天保の改革と呼ばれる幕政改革を断行していた老中首座《ろうじゅうしゅざ》の水野忠邦《ただくに》、その人ではないか。

何の用件で幕府の代官が自分に相談したいのか、書状には何も記されていない。だが、時の最高権力者からの出頭命令であるので、ただならぬ用件であるにちがいない。陣屋内は色めきたったことだろう。

篠田藤四郎の書状

七月二十五日には、当の篠田藤四郎からの書状と、「水野越前守様より御沙汰《ごさた》に付き、手廻り次第早々出府《しゅっぷ》致すべし」と命じた円城寺からの書状がもたらされた。

篠田の書状は、「拙者《せっしゃ》の代官所が管轄している下総《しもうさ》国の村々は水害が多く、人民が難渋しております。貴様のお名前はかねてより承《うけたまわ》っており、水理（利）等を深切にお世話なされ、その地にても新田開発や新川掘り等いろいろ御成績をあげられている由《よし》なので、ぜひとも御相談致したく存じます」という内容であった。

天保四年（一八三三）から発業していた旗本川副勝三郎《かわぞえかつさぶろう》知行所の常陸国真壁郡青木《あおき》村（茨城県桜川市）の仕法では、独特な方法で築造した堰《せき》が評判になっていた。篠田もそれを伝聞して、金次郎を用水工事に巧《たく》みな技術者として理解したのであろう。彼は印旛沼《いんばぬま》工事の試掘責任者に予定されていた人物であるので、それに関連して金次郎に目をつけたのかもしれない（藤田覚『幕藩制国家の政治史的研究』第三部第二章）。翌二十六日、金次郎は陣屋役人の豊田正作《とよたしょうさく》と小路只助《こうじただすけ》、門弟の富田高慶らを連れて江戸に向かった。

勘定所への出頭と尋問

八月一日、勘定所《かんじょうしょ》に出頭して勘定吟味役《ぎんみやく》と勘定改役《あらためやく》に面会し、翌日は勘定奉行《ぶぎょう》の岡本近江守《おかもとおうみのかみ》の役宅に召喚され、報徳仕法について尋問を受けた。報徳仕法が幕府直轄領（天領）に実施されたならば、それにならって仕法を導入する大名や旗本もさらに増加していくことは、容易に予想できる。金次郎も絶好のチャンスと思ったにちがいない。これまで取り扱ってきた仕法について長時間にわたり説明した（「発端御用留」『全集』三〇）。

その後、勘定吟味役の羽田龍助《はだりゅうすけ》と根本善左衛門《ねもとぜんざえもん》が青木村の領主川副勝三郎に面会して仕法について聴取し、羽田は金次郎とも再度面談に及んだ。代官の篠田藤四郎も金次郎と面談している。

金次郎の幕府召し抱え

こうした調査を経て、水野越前守より小田原藩主大久保加賀守《おおくぼかがのかみ》（忠愨《ただなお》）に対し、天保十三年（一八四二）十月二日付けで二宮金次郎を「御普請役格《ごふしんやくかく》」に召し抱え、切米《きりまい》二〇俵と二人扶持《ぶち》を下す旨、書付《かきつけ》をもって伝達された。身分は御家人《ごけにん》であり、旗本と違って将軍には拝謁できない。十月三日、金次郎は小田原藩上屋敷に呼び出され、藩主と重役たちが列座するなか、家老《かろう》の杉浦平太夫《すぎうらへいだゆう》より申し渡され、藩主より祝いとして上下《かみしも》一具と小《こ》袖《そで》一つが下賜《かし》された（「二宮金次郎天保十三年日記帳」『全集』三）。

実名を尊徳と改名

幕臣「二宮金次郎」の誕生である。時に五十六歳であった。
文政《ぶんせい》九年（一八二六）、小田原藩の名主役格《なぬしやくかく》から組徒格《くみかち》の士分に昇進したのを機に、「治政」という実名《じつみょう》を名乗っていたが、幕臣になってからは「尊徳《たかのり》」と改める。

三　天保の改革と二宮金次郎

金次郎登用と菅谷八郎右衛門

幕府の二宮金次郎登用には、下野国烏山藩《しもつけのくにからすやま》の元家老菅谷八郎右衛門《すげのやはちろうえもん》も関与していた。そのことは菅谷の晩年の回想録である「拊循録《ふじゅんろく》」（『全集』二四）から知られる（佐々井典比古『尊徳の裾野』）。彼は報徳仕法を烏山藩に導入した中心人物であったが、反対派によって天保九年（一八三八）末に隠居謹慎に追い込まれ、十一年末には追放処分を受けていた。隠居後は桜町陣屋に身を寄せ、金次郎の小田原出張に長期随行していたので、その人となりや報徳仕法についての理解も深かった。金次郎より三歳年長である。

水野忠邦への金次郎推薦と『桜街拾実』の上呈

菅谷とは従兄弟《いとこ》の間柄である村田大亮《むらただいすけ》は、水野忠邦の家臣で、歌道の師範として気に入られていた。天保十三年（一八四二）四月末、菅谷が江戸永田町の村田の屋敷を訪ねた際、金次郎について話し、「越前守《えちぜんのかみ》様（水野忠邦）が御国政改革を進められている折、この人をお手近に置かれたならば、どれほどの御得益があろうかと、かねがね存じ上げておりました」と、彼の登用を薦《すす》めた。村田が主君の水野にそのことを話したところ、興味を示し、菅谷に「二宮趣法の事」を書き出させるよう指示した。それに応じて菅谷が執筆し、五月に上呈したのが、『桜街拾実《おうがいしゅうじつ》』（『報徳博物館資料集1』）である。「桜街」とは桜街《さくらまち》を指し、金次郎の出自・識見とこれまでの仕法の事績を述べていた。

利根川分水路目論見御用

その後、水野は先述のように勘定所の幹部に金次郎を引見、尋問させたうえで、登用に踏み切った。幕政改革に活用できる人物と見込んだのである。水野は当時、四十九歳、金次郎より七歳年下であった。登用時の身分は御普請役格であったが、御普請役は、幕府直轄地の村方《むらかた》の行政・収税と裁判を管掌する勘定所の末端役人で、治水・用水関係の土木工事を担当した。それに准じる格付けをされたのであるから、技術官僚として期待されたのであろう。天保十三年十月十七日、金次郎に最初の用命が下った。「利根川分水路目論見御用《とねがわぶんすいろもくろみごよう》」というものである（「天保十三年　御廻状御触面之写」『全集』三）。篠田藤四郎が分水路試掘調査の責任者となっていたので、彼の推挙があったと思われる。

印旛沼への出張

命を受けた金次郎は印旛沼に出張し、現地で印旛沼工事の総責任者である勘定奉行の梶野土佐守《かじのとさのかみ》（良材《よしき》）や篠田らと合流し、印旛沼からの堀割試掘現場を見分した（「二宮金次郎天保十三年日記帳」）。現在の千葉県北西部に位置する印旛沼の工事は、天保の改革の重要政策の一つであった。享保《きょうほう》年間（一七一六〜三五）と天明《てんめい》年間（一七八一〜八八）にも新田開発を主目的

対外的危機と新水運コース造成

試掘調査

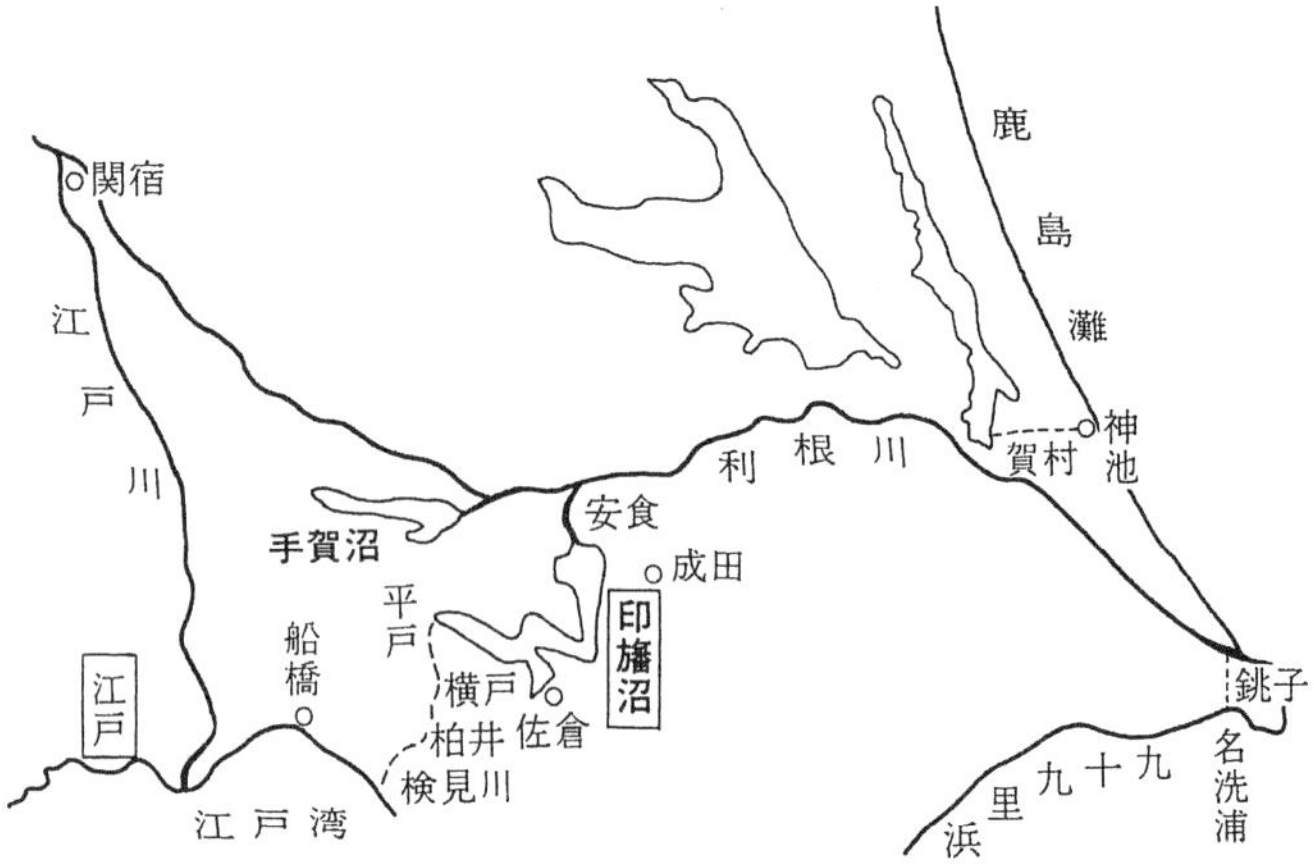

利根川分水路造成計画図（藤田覚『天保の改革』216頁より）

にした干拓工事が行われていたが、中途で中止となっていた。

藤田覚によれば、このたびの工事の目的は、幕府内部の一部の人間を除いては新田開発だと理解され、印旛沼周辺住民には水害対策だと説明していたが、真の目的は、対外的危機への対策の一環として、銚子→利根川→印旛沼→堀割（運河）→検見川→江戸湾という水運コースを造成することにあったという（『幕藩制国家の政治史的研究』第三部第二章、『天保の改革』）。

膨大な消費人口を抱える江戸の食糧は主として大坂や東北地方から海上輸送されていたが、外国船によってそのルートが遮断《しゃだん》されたならば、江戸はたちまちにして飢餓《きが》状態におちいることになる。そこで、東北地方や常陸の廻船が房総半島を迂回《うかい》して江戸湾に入る従来の水運コースに代わり、銚子から利根川に入り、印旛沼経由で江戸湾に達する新たな水運コースを造成しようとしたのである。その工事計画案作成のための試掘が、印旛沼↓検見川の堀割ルートの難工事区間と予想された横戸《よこど》村と花島《はなしま》村の二ヵ所で重点的に実施され、金次郎も参画させられたのである（同前）。十一月二日、試掘終了に当たり、金次郎は利根川分水路普請の見込案を提出したが、同日、梶野から、手賀沼《てがぬま》～印旛沼間の堀割造成のための調査を命ぜられ、「荒地起し返し等、御公儀《ごこうぎ》のためになることがあれば申し出でよ」と付言された（「二宮金次郎天保十三年日記帳」）。

普請計画書の提出

梶野はこのたびの工事の総責任者であるので、老中の水野からは真の目的が新たな水運コース造成にあることは聞かされていたであろうが、勘定奉行として、農村復興仕法としての報徳仕法にも関心を寄せていたらしく、試掘調査中、家臣に同仕法について金次郎に尋ねさせていた（同前）。当初の御用終了後、ただちに新たな任務を命じたのは、彼の手腕を買っていたからだろう。調査を終えて十一月十六日に江戸に帰った金次郎は、出張先でしたためた天保十三年（一八四二）十一月二日付けの「利根川分水路掘割御普請見込之趣《おもむき》申上候書付」（『全集』二〇）と題する普請計画書を浄書して、十二月二日に勘定所に提出した（前掲日記）。印旛沼は利根川が渇水時には湖水が川に流れ下り、大雨が降れば利根川より逆流して湖水が氾濫《はんらん》し、周辺の田畑を流失させていた。

金次郎の分水路開鑿目的

金次郎は利根川分水路目論見御用を水害から民を救うためだと理解し、それを第一義的な目的に据え、分水路開鑿《かいさく》は船道《ふなみち》を開くことにもなるとして、「容易ならざる大業」ではあるものの、「牧民《ぼくみん》（民を治めること）の御趣意が成就《じょうじゅ》すれば野常総奥羽《やじょうそうおうう》に至るまで船道が開け、財用の融通《ゆうずう》もよろしくなり、都鄙《とひ》の繁栄、本朝《ほんちょう》の大幸、万代不朽《ばんだいふきゅう》の莫大の御仁恵となります」と趣旨説明をする。「御趣法土台金」一四万両、期間二十年として計画を立て、資金運用の雛形《ひながた》を作成して示しているが、仕法の内容は荒地開発、用悪水路普請、入百姓《いりびやくしょう》、窮民撫育《ぶいく》などの総合的な農村復興事業である。

分水路はあくまで治水・用水のために開くのであって、船道としての利用は二次的にしか想定されていない。したがって、利根川の逆水《さかみず》が印旛沼に流れ込まないよう堤防を築いて留め切りにし、通船荷物は持ち越して積み替えるのもやむなしとしている。

普請資金運用案と山内総左衛門の関心

資金運用については木龍克己が分析しているが（「二宮尊徳と利根川分水路調査」）、経常費と貸付金に区分し、後者には無利息の報徳金融方式を導入して、報徳冥加金《みょうがきん》の納入によって増殖させる仕組みになっている。農村復興仕法として、どこにでも適用できるような雛形として作成していたのである。

末尾に「右利根川分水路目論見帳、清書一冊、御勘定所付御料所《ごりょうしょ》御取扱、野州東《やしゅうひがし》郷陣屋詰《ごうじんやづめ》山内総左衛門《やまのうちそうざえもん》殿へ差し出しおき候」と追記されているので、のちに上司となる山内も農村復興仕法の雛形として関心を示し、借覧したのであろう。

金次郎案の不採用

だが、アヘン戦争（一八四〇〜四二年）で清国《しんこく》がイギリスに敗れたという報に接し、江戸湾防備をはじめする海防態勢の強化を喫緊《きっきん》の急務と考えていた老中の水野忠邦にとっては、二十年もかけて農村復興の一環として行う利根川分水路開鑿計画など、受け入れがたいものであっただろうことは、容易に想像できる。金次郎の案は採用されなかった。

大生郷村見分御用

天保十三年十二月二十日、金次郎は、代官勝田次郎支配所の下総国《しもうさのくに》岡田郡《おかだぐん》大生郷《おおのごう》村（茨城県常総市）の「手余り荒地の場所見分御用」を命ぜられた。勘定奉行の岡本近江守が老中水野忠邦に伺いを立てたうえで発令したものである（「発端御用留」）。勘定所は前々から金次郎の農村復興仕法に関心を寄せていた。そこで、試しに調査を命じたのであろう。水野も裁可を与えた。金次郎も、今度は本領を発揮できる任務であり、さぞかし奮い立ったことであろう。翌年正月二十一日、豊田正作を連れて江戸を出立した。かつては反目し合った両者だが、今や豊田は金次郎にとって信のおける有能な門弟となっていた。

調査を終えて二月二日に帰府した金次郎は、とりあえず取調帳の下書を勘定所に提出し、四月二十六日に清書と引き替えた（「二宮金次郎天保十四年日記帳」『全集』三）。だが、仕法実施の命はいっこうに下らない。上杉充彦は、二五〇両余の資金を投入する計画に代官以下が理解を示さず、また村内最大の地主でもっとも大きな推譲を求められた名主《なぬし》が強く抵抗したことを、店晒《たなざら》しにされた理由としてあげている（「幕政期の報徳仕法」）。

御勘定所付御料所陣屋手付就任

天保十四年七月十三日に下命されたのは、「御勘定所付御料所陣屋手付《ごかんじょうしょつきごりょうしょじんやてつき》」であった。水野忠邦も承認した人事である（前掲日記）。御料所とは幕府直轄領であり、代官が管轄するのが一般的であるが、「御勘定所付御料所」は、天保の改革に際し設定された勘定所の直接支配地であり、「支配勘定」や「御勘定」などの勘定所役人が支配に当たった。

この勘定所付御料所を管轄する陣屋には、陸奥国《むつのくに》小名浜《おなはま》（福島県いわき市）、下野国真岡《もおか》（栃木県真岡市）、同東郷（同）の三陣屋が指定されていた（西沢淳男『幕領陣屋と代官支配』）。

山内総左衛門との面会と推挙

いずれも農村荒廃が激しい地域を管轄しており、勘定所主導で復興しようとしたのである。下命以前の同年五月十七日、東郷陣屋への赴任が内定していた山内総左衛門が金次郎に面会し、「東郷へ引き移りの節は彼《か》の地の村々を見分致したいので、拙者《せっしゃ》に同道して見分してもらいたい。これについては内命も得ている」と伝えていた（前掲日記）。

御料所改革の目的と挫折

このことからして、農村復興の任を負った山内が金次郎に目をつけて推挙し、水野忠邦も御料所改革を企図していたこともあって、「御勘定所付御料所陣屋手付」に任ぜられたのであろう。御料所改革は天保十四年六月に公式に発令されたが、年貢増徴をねらいとしていた。荒地開発を奨励する一方、一定期間年貢を免除していた開発地にも本田畑並の年貢を課し、従来見逃してきた切添地《きりそえち》などの小規模な開発地も調査、把捉して年貢を課すことなどが指令されている（藤田覚『幕藩制国家の政治史的研究』第二部第一章）。九月十四日、金次郎は、「御料所御改革検見《けみ》御用」のため真岡陣屋への出張を命ぜられた（前掲日記）。稲の出来具合を調べる検見の徹底は、御料所改革の重要政策の一つであった。だが、水野忠邦が翌閏《うるう》九月に失脚したため、御料所改革も挫折する。

しかも、金次郎が幕府に登用されるに当たって尽力した勘定吟味役の根本善左衛門、同篠田藤四郎らも罷免《ひめん》され、有力な支援者をほとんど失ってしまった。

だが、御料所改革の目的からして、その一環として報徳仕法が実施されていたとしても、両者の論理が衝突するのは必然であったにちがいない。

四　日光神領仕法雛形の作成

勤め方・住居の伺いと仕法に関する意見書

幕吏に登用されたものの、希望する幕領への農村復興の実施はいまだかなわず、悶々《もんもん》とする日々がつづいた。しかも役目に付帯する住居さえ決まっていなかった。仕方なく、幕臣となってからも宇津《うつ》家の計らいで桜町に居住していたが、それでは変則的である。

そこで金次郎は、天保十四年（一八四三）十二月十日付けで、勘定所付御料所取扱の山内総左衛門、鈴木源内《すずきげんない》、筒井銑蔵《つついせんぞう》の三名に宛てて勤め方と住居について伺《うかがいしょ》書を差し出した（『全集』二〇）。さながら自叙伝とも言うべき長文の文書で、生い立ちからこれまで実施してきた仕法の経緯とその趣旨について詳述し、幕府に召し抱えられても勤めもなく禄位だけ頂戴《ちょうだい》するのは心苦しいので、御料、私領にかかわらず開発に従事できるよう取り計らってほしい、と訴えている。幕府も金次郎の苦衷《くちゅう》を汲みとったのか、勘定奉行の榊原主計頭《さかきばらかずえのかみ》（忠義《ただよし》）から「御公儀のためになることがあれば、遠慮なく申し述べよ」と促されたので、仕法に関する意見書を提出した（『全集』三〇）。

日光神領荒地見分の下命

そうした働きかけが功を奏したのか、天保十五＝弘化《こうか》元年（一八四四）四月五日、勘定組《くみ》頭《がしら》の竹内清太郎《たけうちせいたろう》（保徳《やすのり》）から、「日光御神領《にっこうごしんりょう》村々の荒地を見分いたし、起し返し方《かた》仕法付けの見込みを委細に申し上げよ」との命が下った（「二宮金次郎弘化元年日記帳」『全集』四）。

日光神領とは徳川幕府開祖の「神君《しんくん》」家康《いえやす》を祭る日光東照宮《とうしょうぐう》の所領であり、幕藩制国家の聖地である。その復興に成功すれば報徳仕法の名声は一挙に高まり、全国に広める絶好のチャンスとなる。金次郎は身の引き締まる思いであったにちがいない。

荒地見分見合わせと仕法雛形作成の下命

ところが、日光へ荒地見分に赴く直前の四月十三日、突然、それを見合わせ、見込みの趣《おもむき》をくわしく書面にしたためて上申するよう指令された（同前）。

そこで仕法雛形の作成にとりかかり、できあがった分を内見に入れたところ、「御神領」のみならずどこにでも適用できる「全く勧農《かんのう》第一の仕法付け」の雛形を、提出を急がせないので、時間をかけて作成するよう命ぜられた（同前、「（天保十五年）十一月十六日付け二宮金次郎より山内総左衛門宛書状」『全集』七）。

それは金次郎にとっても願ったりかなったりであった。「冥加《みょうが》至極《しごく》有《あ》り難《がた》き仕合《しあ》わせ」（同前書状）と感じ、富田高慶、大島勇助《おおしまゆうすけ》らの門弟、息子《むすこ》の弥太郎《やたろう》らと全精力を傾けて仕法雛形の作成に当たることになる（前掲日記）。大島は和算家で、前々から複雑な計算を要する雛形の作成を手伝わせていた。天保十四年（一八四三）十二月、勘定所は幕府の財政緊縮のために大幅な職員削減を余儀なくされ、業務が滞っていた（吉岡孝「天保弘化期幕府勘定所の「御人減」と「御増人」」『国学院雑誌』一〇七―一）。仕法雛形の作成を急がせなくなったのも、それと関連していたらしい（早田旅人『報徳仕法と近世社会』第一〇章）。

弥太郎の仕法雛形作成手伝

弥太郎は父の不在中は桜町陣屋の中心となっていたが、日光神領仕法雛形の作成を手伝うため、天保十五年四月二十九日、江戸に出立した。父子・師弟あげての一大事業となったのである。弥太郎も二十四歳の立派な若者に成長していた。

文の役割

陣屋は詰役《つめやく》の他は妻の波《なみ》と娘の文《ふみ》のみとなった。波は四十歳、文は二十一歳の娘盛りである。金次郎と弥太郎が不在となっても他領からも陣屋を訪れる者は多く、波と文は応接に当たらなくてはならなかった。文はそれを「人数出入《でいり》日記帳」（『全集』三・四）に記録している。以前波が夫の私日記を代筆したものは平仮名の女性文体であったのに比べ、文は漢文体でしたためており、男性と同等の教養を備えていたことがうかがえる。

文がやりとりした書状も多く残っており、それを調査した柴桂子によると、彼女は父と兄に留守宅や桜町領の動静を伝え、弥太郎も母と妹に江戸での様子を知らせ、江戸の情報は文を通じて他の者たちにも広められていたという。文は桜町領と江戸との間の情報の出入口の役割を果たしていたのである（「二宮尊徳を支えた女性たち」、『二宮文』）。

仕法雛形編輯所類焼

弘化二年（一八四五）正月二十四日、金次郎たちが借りていた江戸芝田町の海津《かいづ》伝兵衛《でんべえ》の別宅と田町の編輯《へんしゅう》所が大火で類焼した。重要書類の大部分は持ち出すことができたものの、衣類数点の他はいっさいの諸道具が焼失してしまった。そこで西久保の宇津家邸内の岩本善八郎《いわもとぜんぱちろう》宅へ一時避難し、諸種の道具は宇津家から借り入れ、邸内の武道稽古《けいこ》所を建て増ししてもらい、二月十九日に移っている（「二宮金次郎弘化二年日記帳」『全集』四）。

仕法雛形の完成

以後、金次郎はいっさいの面会を謝絶し、十数人の門弟を指揮して仕法雛形の作成に打ち込んだが、その完成は容易ではなく、病に倒れる者も少なくなかった。手が足りないので、桜町に草稿を送って文に清書させてもいる（柴前掲論文・著書）。文筆にたけた彼女は、父の事業推進にとって欠かせない戦力となっていた。時間は流れ、ようやくにして完成し、普請役の渡辺棠之助《わたなべどうのすけ》に提出し終えたのは翌三年六月二十八日であった（「二宮金次郎弘化三年日記帳」『全集』四）。全八四冊、実に二年余もかけた大事業であった。

その後、簡略化せよとの要請があり、二〇冊減らしたものの、それでも六四冊にもなる。『全集』一二には、元の八四冊に原本目録と上申書を加え計八六冊がオフセット写真版で収められている。うち四八冊が報徳仕法の基軸をなす無利息年賦金貸付雛形である。

仕法雛形＝国家政策の建議

これらは、これまでの仕法経験を踏まえて普遍化し、どこにでも適用可能な雛形としたものであり、完成された報徳仕法の体系を示す。それを分析した岡田博は、幕府に対し、国家財政の根幹と国家政策全般にわたって建議したものと評する（『二宮尊徳の政道論序説』）。まさに、日本全体の「興国安民」を実現する方法論を提示したものなのである。

奥州中村藩士として自藩の復興の方途《ほうと》を求めて金次郎に弟子入りした富田高慶は、それを早速、前年より報徳仕法を導入していた中村藩領に実践することになる。

だが、幕府からは待てど暮らせど何らの音沙汰《おとさた》もない。金次郎は、幕府の行財政を根本的に報徳仕法様式に改めさせなければ、もはや我が国は立ち行かない、との現状への強い危機感から仕法雛形の作成に精魂を注ぎ、建議した。

幕府の政策決定のシステム

それを幕府の政策として実現するためには、まず勘定所内の評議で意思決定をしたうえで、老中に伺いを立てて承認を得、最終的に将軍に裁可されなくてはならない。近世には幕府でも藩でも官僚機構が発達し、意思決定の仕組みがシステム化されていた。決して将軍や藩主、あるいは特定役人の判断のみで政策決定されていたのではない。

提出した雛形が官僚機構内でどのように処理されたのかは不明であるが、膨大なだけに、はたしてきちんと目を通して理解され、評議に付されたのかどうかも疑わしい。

五　幕領仕法と官僚機構の壁

山内総左衛門手付就任

弘化四年（一八四七）五月十一日、ようやく人事異動が発令された。「御勘定所付手付《てつき》を差し免じ、山内総左衛門《やまのうちそうざえもん》手付を申し渡す」というものであった。

そして、「荒地起し返し、難村復旧の儀を取り扱わせるので、仕法付けなどについて見込みの趣《おもむき》を追って申し上げよ」と命ぜられた。人事異動も御用の内容も、水野忠邦失脚後、幕閣の中心にいた老中の阿部伊勢守《あべいせのかみ》（正弘《まさひろ》）に勘定奉行から伺いを立てて承認を得ている（「二宮金次郎弘化四年日記帳」『全集』四）。山内は先述のように、前々から金次郎の農村復興仕法に関心をもっていた。同年二月八日に御用向きで東郷から出府した折にも金次郎に面会し、日光神領仕法雛形を提出するに当たり差し出した内慮《ないりょ》伺書などの仕法関係書類を借用しており、その後も面談を重ねている（同前）。人事異動の発令について、「富田高慶日記」には「春中より御同所様（山内総左衛門）頻《しき》りに仰せ立ておかれ候に付き、右ノ御沙汰《ごさた》ござ候《そうろう》」とあるので、山内の働きかけがあったことが知られる。

命を受け、金次郎・弥太郎父子と門弟たちは、「いずれ御仕法の実業いよいよ相開け申すべく」と「一同大悦《たいえつ》」した（「富田高慶日記」）。金次郎は還暦を迎えていた。

勘定所の思惑

だが勘定所は、山内管轄下の村々に実験的に仕法を実施させてみようとしたにすぎず、熱意に燃える金次郎と門弟たちの前には、官僚機構と官僚の論理が壁となって立ちはだかることになる。山内の配下となってからの金次郎の動静と両者の関係の変化については、宇津木三郎と早田旅人が検討している（宇津木「二宮尊徳と幕府勘定所吏僚山内総左衛門」、早田『報徳仕法と近世社会』第一〇・一一章）。それによれば以下のように推移した。

野州東郷への赴任と開発復興の見込書提出

弘化四年五月二十六日、下野国《しもつけのくに》芳賀郡《はがぐん》東郷《ひがしごう》に着任した金次郎は、東郷村の神宮寺に仮住まいし、東郷陣屋支配村々の開発復興の見込書を仕上げ、六月に山内に提出した（『全集』三〇）。そこでは、①過去十ヵ年あるいは二十ヵ年の年貢収納高を平均して「定《じょう》免《めん》」とし、開発地から産出される「御国恩金《おんこくおんきん》」（冥加金《みょうがきん》）はくり返し荒地開発資金に用いる、②弘化三年に仕法を撤廃した小田原藩から返還される予定の報徳金を、幕府公金貸付所に預け、その利息を仕法財源に充てる、という案を提示していた。

開発着手

①は桜町領の仕法で行ったのと同じ方法である。山内もその意向をくんで伺書を勘定所に提出したが、当面は、金次郎が幕臣に登用されて以来積み立ててきた自己の給金や私領の仕法資金を融通して、仕法を行うことにした。まず六月十四日から東郷村の開発

に着手し、七月二十三日には桜町陣屋に出張して芳賀郡桑野川村《くわのがわ》（真岡市）の開発も始めた。

両村の開発には、仕法実施中の旗本《はたもと》宇津家《うつけ》知行所《ちぎょうしょ》の桜町領や同川副家《かわぞえ》知行所の青木村からも、破畑《はばた》人足が参加している。山内も金次郎の取り組みを評価し、九月二十二日には桜町領東沼《ひがしぬま》村の幕領分の開発も許可した（早田前掲書第一一章）。報徳仕法は、報徳金と物資、労力を支配領域を越えて融通し、開発対象を広げていくことを志向している。

山内の仕法への危惧

山内も当初は報徳仕法に理解を示し、自己の裁量でそれを容認していたが、仕法運動が自己の管轄権限では統制できない展開をみせるようになるや、警戒心をいだくようになった。また、私領の資金や労力が御料所《ごりょうしょ》に導入されていることが、勘定所に伝わり問題化することも危惧《きぐ》した。十月五日、金次郎を召喚して他領との関わりを注意し、規制するようになる（前掲日記）。山内は保身に走ったのである。

山内の立場

自己の責任を問われかねない事態を回避しようとするのは、官僚の習性であるが、当時の山内が代官ではなく、勘定所の一属吏である支配勘定として陣屋行政の責任を負い、立場が不安定であったことも、その傾向を強めたらしい（宇津木前掲論文）。

金次郎と山内の対立

金次郎は、十一月十四日、山内に仕法の財源について再度上申した。内容は六月のものと同じである。だが、山内は取り合わない。そこで十二月には、山内に内願書《ないがんしょ》を差し出し、「国家の御政務は、日月が均《ひと》しく照らすように、御料と私領を隔《へだ》てずに国全体のことを考えて施行すべきである」と説き、そうした理念で行っている報徳仕法が御料所に差し支えると言うならば、暇《いとま》を下して元主家《しゅか》の大久保《おおくぼ》家に我が身を戻していただきたい、と強硬な姿勢を示した（『全集』三〇）。

山内は東郷陣屋の責任者として、自己の管轄下の村々を復興して年貢を増収する任務を負っていた。その任務を果たすために金次郎に目をつけ自己の手下としたのであるが、金次郎は上司の指示どおりに動くような人物ではない。幕府領、大名・旗本領にかかわらず報徳仕法を実施し、日本国全体の「興国安民」を実現しようと志向していた。

仕法の論理と官僚の論理

官僚の論理に立つ山内と、官僚機構の一員でありながら自己の論理で動く金次郎が対立することになるのは、必然の成り行きである。この構図は桜町領仕法における豊田正作と金次郎の対立と同じであった。幕領仕法は停滞を余儀なくされる。

斎藤高行『報徳秘稿』所収の富田高慶の書状によると、富田が山内に面会した際、山内は報徳仕法を批判し、「私領ならば領主の存じ寄りで仕法を実施できるが、御料所には悉《ことごと》く御規則が備わっておるので、それに抵触するような仕法を行うわけにはいかぬ」と語ったという。官僚は先例・規則を重視する。報徳仕法はそれに抵触するような論理をもっている、と山内はみなしていたのである。

山内は、「天下の盛衰貧富は天の然《しか》らしむるところであって、人力を以て動かすことなどできぬ」と、自然の成り行きに任せ、民政に消極的であった。それはこの時期の勘定所多数派の意向を代弁していた。窮民の撫育《ぶいく》は地域の富裕層の救貧活動にゆだね、農村の復興も村役人が中心となって自力で行えばよい、という態度をとっていたのである。

山内の姿勢

第六―四で述べた金次郎と富田の「人道作為」論は、それに対抗して唱えられたと、宇津木は解する。政道は人間社会の成り立ちのために行うべき人為的な「人道」であるとして、治政の担い手に対し、「興国安民」の実現のために主体的に自《みずか》らの職分《しょくぶん》に励むべきことを要請したのである。それを富田が論述し、金次郎が認可を与えた『報徳論』は、山内の閲覧に供されていたことが日記で確認できる（「東郷陣屋二宮金次郎嘉永四年日記帳」七月二十四日条、『全集』五）。当時の幕府は民政よりも海防強化に主眼をおいていた。先述のように、金次郎は報徳仕法は国防にも役立つと主張していたが、これも幕領仕法をめぐる閉塞状況を打開する論理として唱えられたと、早田は説く（前掲書第一〇章）。

「人道作為」論提唱の意図

このような理論武装には、金次郎門下きっての理論家である富田高慶のあずかるところが大きかったと思われる。富田は弘化四年末以降、中村藩家老の池田胤直《いけだたねなお》と連携して、報徳仕法を幕府に本格的に採用させるべく、幕府関係筋に働きかけを展開するが、その際の説得の論理は右のようなものであった。富田の属する中村藩は弘化二年より報徳仕

富田高慶の幕府への働きかけ

法を実施しており、金次郎の後楯《うしろだて》となっていた。富田と池田は独立した仕法実施機関を設け、幕領、私領に限らず要請に応じて実施する体制を理想として、勘定所幹部に説得を試みた。勘定奉行の牧野成綱《まきのしげつな》と松平近直《まつだいらちかなお》、勘定組頭の竹内清太郎は理解を示した。

だが、勘定所の事業として全幕領に実施するには、さまざまな問題が立ちはだかる。

仕法の障壁

主要な障壁の一つは、御料所にはいずれの場所においても規則が存在し、先例のない報徳仕法を新規事業として実施しようとすると、規則に抵触するおそれがあったことである。その点は山内も指摘していた。いま一つは、勘定所の意思決定は評議によってなされるという組織原則である。勘定所内部には仕法導入に反対する者の方が多く、評議一決するのは困難であった（宇津木前掲論文）。

仕法実施の下命

牧野・松平両勘定奉行は相談のうえ、とりあえず毎年雑費五〇両を支給して、東郷陣屋支配所限りで従来どおり金次郎に仕法を実施させることにし、御用の合間に私領の仕法を指導することも認めた。その通達が東郷陣屋に届いたのは嘉永《かえい》元年（一八四八）四月十八日で、金次郎は山内からその旨を伝えられている（「二宮金次郎嘉永元年日記」『全集』四）。

金次郎と家族の東郷陣屋への移住

七月七日には山内は真岡《もおか》陣屋に異動を命ぜられ、東郷陣屋は真岡の出張陣屋となり、金次郎が移ることになった（同前）。前年十二月より山内は真岡を含む四万石《ごく》支配を預かっていたので、金次郎はその配下として東郷陣屋に出張する形となったのだが、金次郎を山内のもとから引き離したのは勘定奉行の配慮であったらしい。九月四日には山内の他の手付《てつき》たちも真岡陣屋に移り、「東郷陣屋は今日より二宮氏いよいよ御持ち切り」を仰せ渡されている（「桜町御役所嘉永元年日記」『全集』四）。

桜町陣屋にいた金次郎の家族も九月十七日に東郷陣屋に引っ越し、久しぶりに家族が一緒に暮らすことになった。同陣屋に移ってからも、金次郎が桜町領仕法の指導をすることは幕府から認められていた。だが、東郷陣屋を任されたものの、仕法資金の問題はいまだ解決していなかった。昨年、金次郎が山内を通じて願い出ていた資金捻出案は、勘定所の評議で否決されていたからである。

棹ケ島村仕法

東郷陣屋では、村役人の嘆願に応じ、嘉永元年八月より常陸国《ひたちのくに》真壁郡《まかべぐん》棹ケ島《そうかじま》村（茨城県筑西市）の復興仕法を実施した（以下、早田前掲書第一一章）。資金は金次郎が用意した報徳金であり、約三〇〇両を投じている。嘉永二年九月二十二日、出府《しゅっぷ》した金次郎は竹内清太郎と面談を重ねて報徳仕法について説明をし、関係書類を内見に入れた。

そして、竹内の指示で、帰陣後の翌三年正月二十三日、棹ケ島村ほか諸村の仕法の調書と伺書を正式に提出したところ、三月二十九日、江戸に召喚され、棹ケ島村の仕法正式実施を申し渡された。願い出ていた仕法資金捻出の方法のうち、報徳金の公金貸付加入は許可されなかったものの、「平均御手当定免」は認められ、別に四〇〇両が下付されることになった。「平均御手当定免」とは、天保十一年〜嘉永二年（一八四〇〜四九）の十ヵ年の平均年貢収納高から一割引いた額を今後十年間の年貢に定め、それを超える収納分は仕法資金とするものである。

仕法取り扱いの下命

また、山内と同道で竹内と仕法に関して談合した際、御料所、私領にかかわらず勝手次第に取り扱うよう申し渡されている。竹内は仕法停滞の元凶として山内を批判していたので、彼を同席させることにより、自身の意向に従わせようとしたのであろう。四月九日には山内は代官に昇格し、以後、彼の干渉はみられなくなる。

棹ケ島村一村に限ってではあるが、ようやくにして幕領仕法の正式実施が勘定所に認められた。とはいえ同村の仕法はすでに成就《じょうじゅ》していた。

真岡代官領の仕法

そこで金次郎は、勘定所からの下げ金と棹ケ島村より産出する冥加米金をもって、他村への仕法の波及を企図することになる。嘉永三年（一八五〇）九月に常陸国真壁郡花田村（茨城県筑西市）の荒地開発に着手したのを皮切りに、先行仕法の成果を次の一村仕法に活かす形で、真岡代官領の村々に継起的に実施していった。

金次郎と門弟たちは、官僚機構と官僚の論理に立ち向かいながら仕法を進展させていったのだが、念願の、幕府財政に分度《ぶんど》を設け、政策として全幕領に報徳仕法を施行することは、ついに実現しなかった。

第八　領主階級との確執

一　領主の論理と金次郎の論理の相克
――谷田部藩仕法を例に――

金次郎の仕法の評価

所領が衰弊して財政難におちいっていた諸藩《しょはん》や旗本《はたもと》は、財政再建と農村復興の妙法として報徳仕法に期待を寄せ導入した。金次郎は主として領主の行財政を指導して仕法を実施していたところから、彼の仕法は領主階級の利害に立つ反動的なものという評価が、かつての歴史学界では支配的であった。だが、仕法が現実の政治過程に組み込まれると、金次郎の論理と領主側の論理との食い違いが顕在化し、多くの場合、両者の関係が断絶するに至っている。金次郎の仕法がたんに領主階級の利益の実現をめざしたものであったならば、両者の対立は生じなかったはずである。

筆者はこの点に注目して、金次郎の仕法の見直しを提言したことがある。事例として分析したのは、藩としては最初に報徳仕法を導入した谷田部《やたべ》藩の仕法である。以下、そ

谷田部藩の概要

谷田部陣屋

れにもとづいて概要を述べておこう（拙著『近世の村と生活文化』Ⅰ部第三章）。

藩主の細川家《ほそかわ》は、慶長《けいちょう》十五年（一六一〇）に肥後国《ひごのくに》熊本藩主細川家から分知《ぶんち》された分家である。初めは下野国《しもつけのくに》芳賀郡《はがぐん》茂木《もてぎ》町（栃木県茂木町）に居所を置いたが、元《げん》和《な》四年（一六一八）に常陸国《ひたちのくに》筑波郡《つくばぐん》谷田部町（茨城県つくば市）に移った。

谷田部と茂木にはそれぞれ陣屋《じんや》が設けられ、町奉行《まちぶぎょう》、代官らの諸役人が詰め、領内の統治に当たっていた。

常陸国河内《こうち》・筑波両郡と下野国芳賀郡に所領を有し、公式の領知高《りょうちだか》（表高《おもてだか》）は一万六〇〇〇石《ごく》余であったが、近世前期の新田畑開発の結果、内高《うちだか》（実高《じつだか》）は二万八〇〇〇石近くにも達した。

谷田部藩領の荒廃

だが、下野・常陸領国は十八世紀半ば以降、全国的にもっとも人口減少がいちじるしく、深刻な農村荒廃に見舞われる（第一―三参照）。それは谷田部藩領でも同様であった。天保《てんぽう》七年（一八三六）、金次郎が調査させたところ、実に全領の約半分が荒地と化していた（「旧復趣法記録草稿」。以下、『全集』一二三）。年貢収納量の激減によって、藩財政は諸方からの借金によって自転車操業せざるをえない苦境におちいった。

仕法導入の発端

谷田部藩が報徳仕法を導入した発端は、下野国芳賀郡桜町《さくらまち》領近辺の出身で、江戸に医術の修業に出ていた中村元順《なかむらげんじゅん》が、親族であった桜町領物井《ものい》村の百姓岸右衛門《がんえもん》から、金次郎の仕法について聞かされたことにある（「中村氏岸右衛門問答聞書」）。

のちに谷田部藩主の侍医となった元順は、藩の財政窮乏を知り、若殿喜十郎《きじゅうろう》（興建《おきたけ》）に、二宮金次郎なる人物の仕法が農村復興と財政再建の妙法なることを話したところ、喜十郎は内々に元順に命じて、天保五年（一八三四）正月、桜町陣屋の金次郎のもとに赴《おもむ》かせた（以下、「趣法発端記録草稿」）。

金次郎への仕法の依頼

だが金次郎は、仕法を依頼されても安請け合いはしない。最初は突っぱね、それでもあきらめずに何度でも懇願してくるかどうか様子をみる。それで熱意の程《ほど》を探るのである。熱意があると認めれば仕法の趣旨について説諭し、条件を提示する。それを呑まないかぎりは受諾しないのが常であった。元順も一度目は断られた。

それから間もない二月七日、江戸の大火で谷田部藩の上屋敷《かみやしき》が全焼し、この非常事態を機に、藩主長門守《ながとのかみ》（興徳《おきのり》）、若殿喜十郎と重役一同が評議して、元順をして正式に仕法の依頼に当たらせることに決した。

金次郎の説諭

六月一日、元順は再度金次郎のもとに赴き、藩の窮状を訴え、仕法を懇願する。対して金次郎は、「国家の興廃は民力の盛衰による。国の本《もと》は民であることをとくと勘弁して治世の基本を立てなくてはならぬ」として、その理念に立つ報徳仕法について説明し、「この趣旨を両殿様が御承引くださるならば、仕法をお引き受けしよう」と返答した。

「分度」設定の要求

元順が金次郎の説諭内容を藩主父子と重役たちに報告したところ、承諾されたので、その旨を金次郎に告げた。そこで金次郎は、藩財政に「分度《ぶんど》」を設けて経常費と家中の俸禄・役料はその内でまかない、分度を超える収入は「窮民撫育《ぶいく》、荒地再発、難村取り直し手当の備えに致すべし」と具体的な条件を提示し、「これが承引されなければ興国救民趣法をお引き受けするわけにはいかぬ」と申し渡した。

谷田部藩の借財

藩はこの条件を受諾し、元順と在所役人を桜町陣屋に詰めさせ、金次郎の指導のもとで諸帳面を調査させたところ、貢租収納量は延宝期《えんぽう》（一六七三〜八〇）に比べ近年は半分近くにまで落ち込み、累積借財未返済額は一三万三四六〇両余にものぼっていることが判明した。一年分の貢租をすべて借財返済に充《あ》てたとしても、二十五年かけてようやく元金のみ返済できる額である。その報告を受けた藩主父子と重役たちは、「上下挙《こぞ》って驚き入り、このうえ立て直す手段もこれあるべきものやと打ち寄り評議」した。これまで谷田部藩では財政帳簿が整理されておらず、借財高がどのくらいかも確認されていなかった。藩財政を計画的に運営することなく、場当たり的に借金を重ねてきたのである。

「分度」案の提示

改めて事態の深刻なことを知った藩首脳部は、「いよいよ上下一和、衆力精誠相凝《あいこ》らして」金次郎に仕法を懇願することを評決する。藩命を受けてやってきた元順に、金次郎は財政の「分度」案を示した。それは、文政《ぶんせい》十二年～天保四年（一八二九～三三）の五ヵ年の平均貢租収納高（米七六五九俵余、金三九四九両余）を「平均土台高」＝「分度」に定め、その限度内で財政を運営し借財を返済する計画を立てたものであり、分度外の収入は「興国窮民撫育趣法筋」に用いることになっていた。

報徳金融資と仕法導入決定

金次郎は十ヵ年の仕法期間中は絶対にこれを守るよう要請し、藩側も承諾したが、資金がないと相談を持ちかけてきたので、桜町領の仕法で蓄積した報徳金から一〇〇〇両ほどを融資することを約している。仕法の導入を正式に決定した藩は、天保六年（一八三五）正月、中村元順を還俗《げんぞく》させて中村勧農衛《なのえ》と改名させ、仕法の責任者とした。「勧農衛」という名前には、勧農《かんのう》を任務とする意味がこめられていよう。また、金次郎の要請で、弟子で算勘にすぐれている大島勇輔《おおしまゆうすけ》（助）を「趣法為調方《しゅほうしらべさせかた》」として藩士に

借財整理の方針

農村復興の方針と無尽蔵の設定

藩の違約

召し抱え、岸右衛門にも扶持《ふち》を与えて荒地再開発の指導に当たらせることにした。

金次郎の借財整理は、「借財は借財の備えを以て返済」することを基本方針としていた（「御仕法御取纏《おとりまとめ》方御内談御答書」）。高利の借財を無利ないし低利に振り替えるのである。彼は債権者と交渉して棒引きまたは無利息長年賦返済にし、さもなければ高利を低利に引き下げるなどして、谷田部藩の借財返済計画を立てた。

一方、農村の復興は、「荒地は荒地の力を以て起し返す」という考えに立っていた（同前）。つまり、荒地開発、窮民撫育、人別増加策などによってもたらされた農業生産力回復の成果を、くり返し復興事業に投下することによって、進展をはかるのである。それゆえ、その成果が領主財政に吸収されてしまうのを阻止するために、分度を設け、それを超える年貢および開発地からの冥加米《みようがまい》は、「無尽蔵《むじんぞう》」と称する特別会計に繰り入れることにしている。

天保八年（一八三七）、藩主興徳が死去し、養子の興建が藩主となる。翌年、興建は大番《おおばん》頭《がしら》に就任して大坂定番《じようばん》を勤めることになり、勤番期間中は仕法を公式には中断することになった。金次郎は勤番に伴う出費の増大はなるべく借金でまかなうようにし、分度外の収入は藩財政に繰り込まず、農村復興のために支出するよう諭《さと》している（「口演覚書」）。

だが藩はその指示を守らなかった。同十一年、興建は病気のために御役御免となったので、翌年、仕法再開を金次郎に申し入れた。彼は分度を守ることを確約させたうえで受諾したが、藩はその後も分度外の米金を藩財政に繰り込み、財政再建を急いだ。

金次郎と藩側の確執

そのことが金次郎と藩側との確執を生じる因となる。天保十三年（一八四二）十月二日、金次郎は幕府に登用されたため、これまで彼に仕法の指導を仰いできた大名や旗本は、幕府に願書を出して許可されなければ、ひきつづき指導を受けることができなくなった。

谷田部藩の幕府への願書却下

他家では前もって金次郎に願書の文面を内閲してもらったうえで幕府に提出し、御用《ごよう》手隙《てすき》の節は可との承諾を得ていたが、谷田部藩細川家のみは金次郎に相談せずに提出し、老中《ろうじゅう》の水野忠邦《みずのただくに》から「書面の趣《おもむき》は相成り難《がた》し」という一言のもとに却下されてしまった（「細川長門守様より水野越前守様へ御仕法向取行方御伺書写」）。具体的な理由は不明であるが、おそらく文言・文意が不適当と判断されたのであろう。

藩の金次郎忌避

書状（『全集』六）や金次郎の日記（『全集』三）をみると、谷田部藩の仕法の継続について心配し、重臣や中村勧農衛、郡奉行《こおりぶぎょう》らにたびたび面会を申し込んでいるが、ことごとく回避されている。おそらく、藩内部では金次郎を忌避《きひ》する空気が強く、ひきつづき指導を仰ぐかどうか藩論が決しないまま、彼に相談することなく、とりあえず幕府に願書を提出したのではなかろうか。

金次郎と藩の関係断絶

それが却下されたことにより、金次郎と谷田部藩との関係は断絶した。そのため彼は、これまでの事業報告と融資した報徳金の返還を要求したが、藩側はまったく応じようとしない。中村勧農衛に書状を出しても返事がなく、会見を申し入れても居留守《いるす》を使われて断られている。

財政に窮して仕法を懇願され、それに応じて、桜町領から米金など総額一九五一両余も注《つ》ぎ込んで領地を復興してやろうとしたのに、手のひらを返すような態度をとられた。金次郎はよほど腹にすえかねたのか、藩側との交渉のいきさつを憤激した表現で記録に残している（「細川長門守様御領分荒地起返御領邑再復之趣法仕上取纏方御内話申上候下按書」）。

報徳金返済問題

報徳金は無利息五ヵ年賦で返済すべきものであったが、天保十三年段階で二六八両余しか返済されていなかった（「田畑平均外米請払無尽蔵帳」）。この返済問題は結局、嘉永《かえい》四年（一八五一）、三二〇〇両を故大久保忠真《おおくぼただざね》の菩提所《ぼだいしょ》麻布《あざぶ》教学院へ回向《えこう》料として献金し、残額は翌年より五ヵ年賦返済することで示談《じだん》が成立している（「御仕法筋御取纏御治定御答書」）。

仕法の変質

金次郎との関係を断ってからの谷田部藩仕法は、中村勧農衛が指導することになったが、内容は領民に負担増を強《し》いるものに大きく変質し、抵抗を招いている。

金次郎は嘉永二年（一八四九）、谷田部藩に対し、分度外の収入を藩財政に流用し、復興事業をおろそかにしていることをきびしく批判した（「細川長門守様御領分荒地起返御領邑再復之趣法仕上取纏方御内話申上候下按書」）。

対して藩は、「財政が再建されてこそ領民の撫育もできるのだ」という論理でもって弁明した（「御仕法筋御取纏御治定御答書」）。ここに、「安民」こそが「興国」「富国」の基礎だとする、金次郎の論理との対立点が端的に示されている。

金次郎の論理と藩の論理

二　報徳仕法の論理と領民反乱の危険性

烏山藩仕法

次節以降で述べる小田原《おだわら》藩のほか、その支藩の烏山《からすやま》藩でも、天保八年（一八三七）に報徳仕法を導入したものの、仕法をめぐって藩内に対立が生じ、藩当局はしだいに金次郎を忌避するようになり、仕法推進派を排除して撤廃するに至っている（長倉保『幕藩制解体の史的研究』Ⅰ部第一章、早田旅人『報徳仕法と近世社会』第七章）。

下館藩仕法

下館《しもだて》藩では、仕法実施の責任者であった家老《かろう》の上牧甚五太夫《かみまきじんごだゆう》は、天保九年の発業当初から自《みずか》らの俸禄を返上して、藩主石川総貨《いしかわふさとみ》にたびたび経費の節減などを諌言《かんげん》し、金次郎の指導のもとに財政再建に尽力していた。だが藩主は、上牧を煙たがり、二割八分の俸禄削減案を撤回し、上牧を隠居させて仕法を後退させてしまっている（上牧健二「天保後期下館藩の尊徳仕法」）。

青木村仕法

桜町領以外でもっとも早く報徳仕法を導入したのは、旗本川副《かわぞえ》家知行所《けちぎようしよ》の常陸国真《ま》壁郡青木村《かべぐんあおき》（茨城県桜川市）である。天保三年（一八三二）五月、村民が領主川副家と金次郎に仕法実施の嘆願書を差し出し、翌年二月、川副家が金次郎に正式に仕法を依頼したことにより開始された。金次郎は仕法を実施するに当たり、領主への年貢上納額を定免《じょうめん》＝定額とし、開発地からの冥加米金は仕法の財源に繰り入れる措置《そち》をとった。

これは桜町領仕法と同じ方法である。青木村の仕法はめざましい成果をあげたが、領主財政の分度は確立しておらず、川副家は天保十年（一八三九）頃から知行所村々や金次郎に献金や借金をたびたび要求するようになった。ために、仕法を執行していた村役人と世話人は村の借財増加を余儀なくされ、仕法に資金を投下することができなくなる。川副家はそれを批判する金次郎を忌避するようになり、嘉永元年（一八四八）七月、仕法を引き取り、村民が金次郎と接触するのを阻止するに至っている（早田前掲書第五章）。

幕藩領主の職分

金次郎は「民は国の本」という理念を力説したが、それ自体は幕藩領主もしばしば言明しているものである。そもそも幕藩領主は、「公儀《こうぎ》」として国家の公権力を担い、仁《じん》政《せい》を施《ほどこ》し、「安民」を保障する職分《しょくぶん》（責務）を負っていた。それは東アジアの「民本徳《みんぽんとく》治《ち》」の儒教的政治思想にもとづくものであり、金次郎の政治思想もそこに足場があった。

金次郎の任務意識

だが、近世後期の幕藩領主は、財政難からその職分の遂行に消極的になっており、仁政を後退させていた。その現実を眼前にして金次郎は、「我が道は、天子の任なり、幕府の任なり、諸侯の任なり」と言い（斎藤高行『二宮先生語録』二六、『全集』三六）、その任を自《みずか》ら担う気概をもって、「分度《ぶんど》」と「推譲《すいじょう》」を原理として領主の行財政を指導し、「安民」のための仁政を施させようとして、苦闘したのである。換言すれば、幕藩領主に対し、「公儀」として人びとの生命維持を保障する公共機能の発揮を求めたわけである。

「公儀」の規範と領主の階級的利害

「公儀」の規範からすれば、金次郎の「民本主義」に立つ仁政論は正当性を備えている。それゆえ、「公儀」権力を担う武士のなかにも、彼の思想と仕法に共鳴する者も少なくはなかった。だが、大勢としては領主としての階級的利害が優先される趨勢《すうせい》にあり、金次郎の仕法は政治過程に組み込まれると、その利害と軋轢《あつれき》を生じることになったのである。そこに、幕藩制解体期の時代状況が示されていよう。

金次郎の仕法と領主階級との軋轢

金次郎の仕法は、領主が財政に分度を設け、緊縮に努めてそれを守り、余剰《よじょう》を窮民撫育、荒地開発などに推譲し、仁政を不断に実践することを前提にして、領民に対し勤倹を旨《むね》とする禁欲的な自己規律と推譲の実践を求めるものであった。

領民反乱の危険性

それだけに、領主が不断に推譲の仁政を施さないかぎり、領民が領主の「不徳」を指弾する論理に転化する危険性をはらんでいた。

この点は下館藩家老の奥山小一兵衛《おくやまこいちべえ》も見抜いていた。

彼は二宮の仕法について、「上々の者が趣法を守り、誠《まこと》の徳をもって窮民を救うならば、国家が永久に治まる大道となろうが、趣法を守らない時は国民は乱れるであろう」という認識を示している（「（天保十二年）三月朔日　奥山小一兵衛上書」『全集』六）。

領主階級が金次郎の仕法を忌避するようになったのは、俸禄の削減をはじめきびしい財政緊縮を求められたこともあるが、領民が反乱を起こしかねない契機を内在させている、と認識していたことが、その根因をなしていただろう。

後述のように、小田原藩の仕法撤廃理由の一つもそこにあり、金次郎と縁を切り、彼が領民と接触するのさえ禁じている。旗本川副家も、青木村の仕法を引き取ったのち、村民と金次郎の関係を断ち切ろうとしているが、それは村民が金次郎と結びつくことで、「上下動乱」の事態となるのを恐れたからであった（「（嘉永五年）四月二十三日付け　荒川泰助より二宮金次郎宛書状」『全集』九、早田前掲書第五章）。

「世直し」意識の高揚と窮民蜂起

当時、「安民」を保障する領主の仁政の後退と、市場経済化のもとで生存をおびやかされていた窮民たちは、天保の大飢饉を機に「世直し」の意識を高めてたびたび集団蜂《ほう》起《き》し、領主や豪農・豪商に救済を強要していた。そうした状況にあっただけに、領主階級は領民の動向に神経をとがらせていたのである。

金次郎の志向と領主の志向

領主と金次郎の志向するところの相違も、両者の対立を招く因となった。領主は自己の財政再建と領地の復興を金次郎に託し、自己利害にこだわったのに対し、金次郎は、報徳金、物資、人材を領域を越えて活用して仕法を広げてゆき、日本全体の「興（富）国安民」の実現を志向したからである。報徳仕法は、個々の領主が分割統治する幕藩制的統治システムとは、原理的な相克を抱え込まざるをえなかったのである。

三　小田原藩領の飢民救済と「報徳様」人気の沸騰

小田原藩の窮状

桜町領の仕法は紆余曲折《うよきょくせつ》はあったものの、一八三〇年代初頭にはかなりの成果をあげるに至り、天保の大凶作に際しても一人の餓死者も出さず、周辺の大名・旗本領に食料を融通《ゆうずう》できるほどに回復していた。一方、小田原藩領では農村の荒廃がますます深刻化し、藩財政も窮迫の度を増していた。

報徳仕法導入の企図

そうした事態を前に、大勘定奉行《おおかんじょうぶぎょう》の鵜沢作右衛門《うざわさくえもん》、御番頭格《おばんがしらかく》の三幣又左衛門《さんぺいまたざえもん》、大《おお》金《かね》奉行吟味役《ぎんみやく》兼桜町仕法掛《かかり》の横沢雄蔵《よこざわゆうぞう》ら親二宮派の藩士たちは、自藩への報徳仕法の導入を企図するようになる（以下、松尾公就「小田原藩政の展開と報徳仕法」）。天保四年（一八三三）の大凶作を機に彼らは仕法導入の準備を進め始め、翌年八月より藩主大久保忠真《おおくぼただざね》の命で鵜沢と横沢はたびたび桜町の金次郎のもとを訪れた。

忠真も彼らからの上申を受けて仕法導入を決意したが、重役たちは小田原評定《ひょうじょう》を重ねるのみで、藩論は容易に定まらない。国元では、下野国桜町領で仕法に打ち込んでいた金次郎の論は、「野州《やしゅう》論」、すなわち野州の屁《へ》理屈とあざけられ、重役中には反感をいだく者も多かったからである。

仕法導入決定

だが、天保七年（一八三六）には再び大凶作となり、早急の対策をせまられたものの、結局、頼るべきは金次郎しかいなかった。藩当局は十月末にやむなく仕法導入に踏み切らざるをえなくなる。その決定は横沢の書状で桜町の金次郎に伝えられ、出府《しゅっぷ》が命ぜられた。

仕法実施が正式に発令されたのは翌八年二月七日であった。

大久保忠真の下命

忠真は病の床に臥《ふ》し、容体は重篤《じゅうとく》であったが、御手元金《おてもときん》より一〇〇〇両を下すので、これに桜町領の善種《ぜんしゅ》金を加えて「報徳金貸付の道」を存分に取り計らい、「ゆくゆく御《ご》安堵《あんど》の道を生じ候《そうろう》よう」にせよ、との命を下した（「御頂戴金並被仰渡書取調扣帳」『全集』一五）。飢民救急仕法の方策と実施するまでのいきさつについては、金次郎自身が記録に残している（「大恐慌飢饉に付極難窮民撫育取扱手段帳」『全集』一五）。

桜町領での飢民救急仕法

この帳面には最初に、桜町領で実施した救急仕法について記してある。それによると、家ごとに米麦雑穀の貯蓄量と家内人数を調査し、暮し方を「無難《ぶなん》」「中《ちゅう》難」「極《ごく》難」に分け、「中難」と「極難」の家には、一人につき夫食《ぶじき》（食料）五俵を基準にして、それと貯穀量との差額分を貸し付けている。きめ細かな対策である。

小田原城下近辺村々の窮民撫育

二月十一日、金次郎は江戸を出立し、小田原に着くと早速、城下近辺の村々の窮民に撫育を施した。その頃、駿河国《するがのくに》駿東郡《すんとうぐん》御厨領《みくりやりょう》（静岡県御殿場市・裾野市・小山町）の村々からも嘆願があったので、金次郎は江戸で申し立てておいた撫育料の下付を藩当局に求めた。だが、忠真が危篤《きとく》におちいっていたため、家老の辻七郎左衛門《つじしちろうざえもん》はいまだ国元に帰っておらず、話しが進まない。

小田原評定と金次郎の一喝

重役たちは、江戸藩邸より正式の命が伝わっていないのを理由に、重い腰を上げようとせず、延々と評議をくり返すばかりであった。

業《ごう》を煮《に》やした金次郎は、「各々も御承知のとおり、大凶作のため民は飢渇《きかつ》に及んで命を失わんとしておる。お役人どもも昼食の弁当なしに昼夜詰めきり、飢民と苦しみをともにしながら対策を協議されたならば、ただちに決するであろう」と一喝《いっかつ》、その剣幕《けんまく》にたじろいだ役人たちは、さしあたり御蔵米《おくらまい》一〇〇〇俵を下げ渡すことを決議せざるをえなかった。

飢民救済の米金調達

金次郎は飢民救済のために、米二三〇八俵余、金一九四一両余を調達した（「駿相村々報徳金貸付米金本払差引帳」『全集』一五）。米では藩から一七六九俵拝借したほか小田原で買い入れ、自己の給米も充てていた。金の方は藩主御手元金からの下賜金《かしきん》一〇〇〇両に、桜町領の仕法米を昨年売却して得た二五〇両、小田原藩士への報徳金貸付の返納金、領内の豪農・豪商や鵜沢作右衛門、豊田正作《とよたしょうさく》ら報徳方役人の推譲金などを加えている。

金次郎の領内巡廻と夫食貸与

天保八年（一八三七）三月初頭、金次郎は領内の巡廻に出発した（以下、拙著『近世の村と生活文化』Ⅰ部第三章、松尾前掲論文）。最初に廻村したのは、領内でもっとも水田が少なく飢渇の憂慮された箱根山中の仙石原通《せんごくはらどおり》と、富士山麓《さんろく》の駿州《すんしゅう》駿東郡の村々である。

まず各組合（村々のグループ）の代表者に極難組合を入札《いれふだ》（投票）で選ばせ、組合内部では各村の代表者に極難村を入札させて巡廻順を決めている。金次郎は、殿様から下賜された御仁恵金を村々に配分するとともに、桜町領で実施したのと同じ方法で夫食を貸与した。

返納の仕組み

貸付米は無利息五ヵ年賦で小田原での米購入時の相場でもって金銭で返済し、皆済後一年分を冥加金《みょうがきん》として納めることになっていた。暮し方が「無難」と認定された家は夫食を拝借していないものの、返納の連帯責任は負い、しかも実際に拝借した「中難」「極難」の家よりも多く銭を出さなくてはならなかった。

つまり、村中の連帯責任のもと、各家の経済力に応じ協力して返済させることにより、富者による貧民扶助の仕組みにしたのである。

夫食は無償の施しではなく、貸与であった点は注目される。金次郎は返済方法について、各家が暮しの程度に応じて日々銭一文《もん》から三文ずつ積み立て、村役人がとりまとめて藩の役人に納めるよう指示している。借りたものは小さな勤労の積み重ねによって返済させる。それにより、責任意識をもたせるとともに、勤労を促したのである。無償の施しならば資財はすぐに尽きてしまうが、勤労と相互扶助《ふじょ》によって返済させれば、資財は循環し、さらに多くの窮民を救い、村々を復興させていくことができるのである。

金次郎人気の沸騰

小田原藩領の飢民救急仕法を終えた金次郎は、四月二十五日、桜町に帰着した（「桜町御陣屋天保八年日記帳」『全集』三）。彼はもう五十一歳。当時では中老《ちゅうろう》であり、広域にわたる領内巡廻は、心身ともに相当な疲労を強《し》いたことだろう。その献身的な努力によって、どれほどの命が救われたことか。本来「安民」の責務を負っている藩士たちに、金次郎ほど民のことを思い実践する者が、はたしていただろうか。

それは領民も身をもって感じたようだ。村々で金次郎人気が沸騰《ふっとう》した。

報徳様

鵜沢作右衛門は八月二十四日付けで金次郎に書状を発し、「貴公様の御事《おんこと》は報徳様と申し唱へ」、この恩に報いるために、村人たちは一同申し合わせて稲の作付けに励み、八月初旬より、「作り初穂《はつほ》として報徳様へ相備」えたいと、焼き米を小袋に入れて名主《なぬし》や報徳方役人のもとに持参する者が相次いでいる様子を知らせている。また相模国足柄《さがみのくにあしがら》上郡金手村《かみぐんかなで》（神奈川県大井町）の名主郡治《ぐんじ》も、六月二十六日付け書状で、こう伝えた。「郡中《ぐんちゅう》こぞって神仏の様に申しなしおり」、敬慕しております、と（『全集』六）。

四　小田原藩との確執と仕法の推移

大久保忠真死去

金次郎が飢民救済のために小田原藩領の巡廻に出発して間もない天保八年（一八三七）三月九日、彼の最大の理解者であった藩主忠真が死去した。享年五十七であった。『報徳記』によれば、死期の近いのを悟った忠真は、家老の吉野図書《よしのずしよ》と辻七郎左衛門、年寄の三幣又左衛門、大勘定奉行の鵜沢作右衛門らを枕元に呼び寄せ、こう遺言《ゆいごん》したという。

忠真の遺言

予《よ》は領民の憂いを除き永安の道を開かんとしたものの、不肖《ふしょう》にしてその道を行うことができなかった。だが、幸いなことに領中に二宮なる者が出た。この者は才徳抜群であるので、挙用して国の永安を任せれば、必ず我が志《こころざし》を達してくれるであろう。汝《なんじ》らが力を合わせ、予が多年の志を継ぎ、嫡孫《ちゃくそん》の仙丸《せんまる》（忠愨《ただなお》）を補佐し、二宮を挙げ、小田原領中復興上下永安の道を委任し、いよいよ国家をして安泰ならしめよ。

枕元には報徳派の三幣と鵜沢も呼ばれているので、遺言は金次郎にも伝えられたにちがいない。富田高慶《とみたたかよし》はそれを金次郎から聞かされていて、『報徳記』にしたためたのであろう。

小田原藩士のなかには、百姓の出ながら身分の上下に頓着《とんちゃく》せず、忌憚《きたん》なくもの申す金次郎に反感をいだく者も多かった。同藩への報徳仕法の導入は、忠真という人望あつく藩論統一の求心力を備えた藩主が存在して、はじめて可能であったのである。

忠真は自己の志を継ぐ者として金次郎に後事を託した。だが、仕法開始早々に求心点を失ったことにより、忠真の遺言として仕法を推進しようとする金次郎および報徳方役人と、反報徳派との対立を生じ、結局、仕法撤廃に至ることになる。

仕法の推移

仕法の推移については長倉保と松尾公就の論考に詳しい（長倉『幕藩制解体の史的研究』I部第二章、松尾「小田原藩政の展開と報徳仕法」、同『小田原市史　通史編　近世』第一〇章）。以下では、仕法が撤廃に至らざるをえなかった原因に焦点を絞って概観しておこう。

人事と鵜沢作右衛門・金次郎・豊田正作の職務

天保九年正月二十日、郡奉行《こおりぶぎょう》から御用人《ごようにん》に昇進していた松下良左衛門《まつしたりょうざえもん》を報徳金御用《ごよう》向《むき》取扱の責任者に任じ、鵜沢作右衛門を同御用向取扱とし、金次郎は松下に属して報徳金を取り扱う、という人事が発令された。その際、前藩主忠真の御手元金を藩の台所に入れた分の三七〇〇両を、昨年より二十ヵ年賦で報徳金に加え入れていく旨《むね》通達されている。正月二十八日には豊田正作が報徳方書役《かきやく》に任ぜられ、ここに松下と鵜沢を中心とする報徳方の陣容が整い、藩当局は報徳金への推譲も約束してくれたのである。

また、仕法推進派の藩士や富裕な農商民も報徳加入金を差し出した。このほか金次郎は公私から借用して資金の調達に努めている。

三新田村仕法と日掛縄索法の初実施

金次郎は二月、まず足柄下郡《あしがらしもぐん》の上新田村《かみしんでん》、中《なか》新田村、下《しも》新田村（小田原市）を対象に仕法を開始した。この仕法では日掛縄索法《ひがけなわない》を初めて実践させており、その後の報徳仕法の柱の一つとなる。三新田村の仕法は広く評判を呼び、以降の村々の仕法の手本となり、金次郎が報徳仕法の趣旨を理解させるために作成し交付した「日掛縄索手段帳」と「難村取直相続手段帳」は、報徳仕法の教典として筆写され世上に流布《るふ》した。

藩財政の分度をめぐる対立

だが、藩財政の「分度」は金次郎の要求どおりにはならなかった。小田原藩は文政十一年（一八二八）に始めた改革で、財政再建のために収支の「土台」を定めていた。それは、関東領分の朱印高《しゆいんだか》（将軍から拝領した公式の表高）の「四ツ物成《ものなり》」（四割の年貢収入）を「土台」と定め、そのうち四割を藩主や藩財政の経費に、六割を家臣の俸禄に充《あ》て、十年間は倹約に努めてこれを守る、というものであった。天保八年（一八三七）で十年の期限は切れたのであるが、藩当局は報徳仕法実施後もそれを「分度」とすればよいという考えをとり、それよりも低い物成高で「分度」設定を求める金次郎の主張は聞き入れられなかった（松尾公就「小田原藩の「御分台」と二宮尊徳」）。「分度」をめぐる対立のほかにも、金次郎が藩領域を越えて報徳金の運用（領外からの報徳金への加入引き受けと領外への貸付）を行ったことも、領内限りの仕法を主張する藩当局の批判を浴びることになった。

官僚の論理と報徳仕法

桜町領仕法と幕領仕法では、先例・規則を重視する官僚の論理が壁となったことを指摘したが、小田原藩領への仕法実施に際しても同様な問題に直面した。

松尾によれば、藩士たちの間では、報徳仕法は藩の規則・慣例とは相反すると認識されており、報徳方の役人も、「法」（規則・慣例）と「実《じつ》」（報徳仕法の趣旨）のどちらに従ったらよいか、ジレンマを抱えていたという。

金次郎の地方引受要請

天保九年九月二十六日、金次郎は「地方《じかた》引受」、すなわち地方（村方）の行政を自分に一任することを藩当局に求めた。桜町領の仕法でも前半にあっては、地方支配の取り扱いが小田原藩派遣役人に握られ、金次郎の仕法指導と齟齬《そご》をきたし、その進捗《しんちょく》を妨げられた。その経験から「地方引受」を要請したのであろう。

地方役人の仕法取り扱い

対して藩当局は、十二月十七日、報徳仕法を地方役人の取り扱いとすることを郡奉行に下達し、鵜沢には、地方役人たちと相談しながら仕法の御用向を勤めるよう命じた。

金次郎への地方行政一任を拒絶し、報徳仕法を藩の地方支配機構に包摂して、上位下達の官僚機構の論理で実施することを選択したのである。そして、地方支配の単位である各筋《すじ》ごとに地域の指導者層を報徳方肝煎《きもいり》と世話人に任命し、仕法実施の末端にまで藩当局の統制を及ぼそうとした。このような措置《そち》を決定したのち、鵜沢と東《ひがし》筋・中《なか》筋の各代官を桜町の金次郎のもとへ派遣して同意を得ようとしたものの、彼は重役中に仕法お断りを申し入れたいと返答し、両者の関係は抜き差しならない事態におちいる。

鵜沢作右衛門と山崎金五右衛門の決心書

その際、桜町領をはじめ各地の仕法を視察した一行は、その成果に感じ入り、鵜沢と東筋代官山崎金五右衛門《やまざききんごえもん》の両名は、それぞれ天保十年三月九日、三月十一日、「報徳」に「生涯相勤め申すべし」と誓った決心書を金次郎に差し出した（『全集』六）。両者ともに捺印したうえに花押《かおう》を据える重判《かさねはん》の様式をとり、その意志の強さを表明している。

藩の役人としては、藩の規則・先例に従うのが道理である。だが、鵜沢と山崎は金次郎と師弟関係を結び、金次郎と「報徳」の趣旨に対して忠誠を誓う道を選んだ。それは、領主制の主従関係と官僚制の規範に、根本的に背反するものである。両名の行為は藩士の間に波紋を広げ、藩当局は、藩内秩序を乱す存在として、金次郎を危険視するようになる。それが彼を排除しようとする動きを生む一因となったと、松尾はみている。

曽比・竹松両村の仕法

領民も藩役人よりも金次郎の方を慕《した》った。天保十年九月から十月にかけて、足柄上郡《あしがらかみぐん》曽比《そび》村（小田原市）の組頭広吉《くみがしらこうきち》、同郡竹松《たけまつ》村（南足柄市）の組頭幸介《こうすけ》ら、報徳方肝煎や世話人に連なる六人が、桜町の金次郎のもとを訪れ滞在した。

広吉と幸介は村方の借財返済方法について教示を願い、金次郎の教諭に感銘した両人は難村復興仕法の指導を申し入れた。

その際、自己の貸付米金のすべてを帳消しに、そのうえ仕法期間中は田畑を差し出し、極難の者たちの生活が立ち直るまでは、自分が年貢を負担して彼らに作り取りさせ、自身は小作人同様に暮し方を切りつめることを約している。藩役人の説得には聞く耳をもたなかった金次郎も、両人の熱意には心を動かされ、小田原行きを決心する。

仕法の評判

十二月十日に下新田村の報徳方出張所に到着した金次郎は、早速、曽比・竹松両村の復興仕法に着手した。その成果があがり始めるや、その評判はたちまち藩内外に広まり、村々から見学や仕法の依頼に多くの者が訪れるようになった。天保十年十二月から翌年七月までの「小田原出張中日記」(『全集』一五)には、一日に少なくても数人、多い日は一〇〇人を超える訪問者の名が記録されている。天保十一年正月十三日には、駿河国駿東郡藤曲《ふじまがり》村(静岡県小山町)の名主と百姓三名が訪れ、仕法導入を嘆願している。

藤曲村仕法

金次郎もそれに応じ、四月に、報徳の道と難村復興仕法の具体的方策をわかりやすく説いた「暮方日掛縄索手段帳」と「難村取直相続手段帳」を与えた。同村の仕法は一村仕法の模範として有名になったので、両仕法書は三新田村のそれと同様に次々に筆写されて流布し、報徳思想と仕法を広める媒体となった(拙著『近世の村と生活文化』I部第三章)。

金次郎と藩の対立

さて金次郎は、曽比・竹松両村の仕法を指導するかたわら、自己の存慮を藩首脳部に具申し、郡奉行や代官たちとも折衝《せっしょう》を重ねていたが、自身の提示する基準での「分度」の確立や、小田原藩領に限定しない報徳金の運用などを求める金次郎と、それに難色を示す藩側との溝は深まるばかりだった。

鵜沢の免職と家老の交代

天保十一年（一八四〇）五月下旬、報徳方の指導者鵜沢作右衛門は、大勘定奉行の本役と報徳方御用取扱、桜町御頼《おたのみ》御用取扱などの兼役をすべて解かれ、五十日間の閉門《へいもん》を命ぜられた。さらに八月五日には辻七郎左衛門に代わって大久保武太夫《ぶだゆう》が家老職に就任し、勝手《かって》方頭取《かたとうどり》を兼ねた。忠真の死後、藩政の主導権を握っていたのは辻であった。彼は報徳派ではなく、忠真の遺言もあって報徳仕法の実施は容認したものの、藩の論理で自己の統制下に置こうとした。ただ金次郎や鵜沢らには一定の理解も示し、彼らを排斥する意思はもっていなかった。そのために家老を罷免《ひめん》されたのであろう。

藩の金次郎からの離脱

鵜沢と辻を退けた藩当局は、金次郎も除く意思を固め、天保十二年正月、金次郎から離脱し、領内限りで一村仕法を実施することを藩の改革方針として決定する。

鵜沢の望み

鵜沢は、金次郎が服部家に奉公していた頃から懇意な間柄にあり、金次郎よりも三歳下である。役人としての栄達よりも報徳仕法に生涯献身する道を選択した彼は、もともと、藩の役職を辞し、家禄の一部も仕法に差し出して金次郎に仕えたい、と願っていた。したがって、役職すべてから解放されたことは、むしろ望むところであっただろう。

鵜沢の復職

倅《せがれ》の勇之助《ゆうのすけ》も天保十二年六月一日、晴れて元服《げんぷく》した。この際、家督《かとく》を譲って隠居しようと決意する。隠居の身になれば、藩に拘束されずに金次郎に随身できる。だが藩は、六月十一日、御普請奉行助《ごふしんぶぎょうすけ》を命じ、九月には大勘定奉行に復帰させた。自由の身にしておくと金次郎に接触し、危険とみなしたのであろう。そこで、復職させて藩の統制下に置き、財政に専念させる一方、報徳方とはいっさい切り離したのである。

報徳連中の形成

天保十二年正月以降は、小田原藩の仕法は公式には金次郎の手を離れ、藩の役人が管掌していた。金次郎自身は翌年十月に幕府に登用されたが、仕法の指導を求めて彼のもとを訪れる小田原藩の領民は跡《あと》を絶たなかった。

そして、「報徳連中」と称する全般的な指導者の一団を形成し、会合を催すまでになる（宇津木三郎「二宮尊徳の思想の特質と仕法」、同『二宮尊徳とその弟子たち』）。

報徳仕法は広範な民衆運動として展開するようになったのである。

藩の危機感

そうした状況に藩当局は危機感を強めた。「世直し」の気運が高まっている折、民衆の広域的な連携は一揆《いっき》に転化しかねないからである。ましてや金次郎は、領民から「報徳様」と呼ばれて神仏のように敬慕されており、求心力を備えている。

彼が一揆の頭取に祭りあげられ、先に紹介した、下館藩家老の奥山が藩主への上書《じょうしょ》で報徳仕法を評して言ったところの、「国民乱れ候《そうろう》」事態になりかねない危険性を、小田原藩首脳部が感じとったとしても、決しておかしくはない。

大塩平八郎蜂起の衝撃

天保八年、元大坂町奉行所与力《よりき》で儒学者の大塩平八郎《おおしおへいはちろう》が、門人と大坂近在の農民たちを糾合し、「救民」の旗印を掲げて蜂起《ほうき》した大事件は、支配層を震撼《しんかん》させていただけに、なおさらである。

五　小田原藩の仕法撤廃と総本家再興の成就

金次郎は、弘化《こうか》元年（一八四四）より、江戸にあって日光神領《にっこうしんりょう》仕法雛形《ひながた》の作成に没頭していた。そして、完成の近づいた同三年二月から六月にかけ、どこにでも適用できるように集大成した雛形をもって小田原藩領に仕法を施さんと志し、同藩の江戸留守居《るすい》（渉外掛）に書状でもって掛け合った（「小田原御仕法向取纏《とりまとめ》方往返書簡留」『全集』一九）。

仕法撤廃通告

ところが、小田原藩は突如、同年七月十六日、「報徳の儀、故障の次第これあり候《そうろう》に付き、畳《たた》みにいたし候」と仕法の撤廃を通告してきた（同前）。「故障の次第これあり」とはどういうことかと金次郎は追及したが、「政事《まつりごと》に差し障り候儀これあり」、それが撤廃の理由である、と藩側ははねつけた（「白銀並報徳金受納仕方御内慮奉伺候書付」『全集』一九）。

そして、金次郎が小田原藩領民に接触することさえ禁じた。

仕法撤廃の決定は、天保八年（一八三七）の発業から十ヵ年目の期限に当たっていたこともあろうが、金次郎が幕臣としての立場から、再び小田原藩領の仕法指導に乗り出す意気ごみをみせたことが、直接の引き金になっていたのではなかろうか。独自の理念と論理をもつ彼が藩内の仕法を指導すれば、必ずや政事に差し障る。そう考えて拒絶したのである。

仕法撤廃の通告を受けた翌日、金次郎は青山教学院にある大久保忠真の墓に詣《もう》でた（「二宮金次郎弘化三年日記帳」『全集』四）。その胸に去来するものは何であったか。

報徳金返済

小田原藩は仕法撤廃に際し、領内に投入した報徳金のうち五一〇〇両余を金次郎に返却すると言ってきたが、返金されても用いる場所がないとして断った。

だが藩も、仕法を畳み置きにした以上は返却すると強弁して譲らない。藩としては金の始末をつけて金次郎との縁を完全に断ち切りたいと思ったのであろう。そこで金次郎は、幕府に受領の許可を得て、弘化四年（一八四七）から受け取ることにした。

ところが藩は、海防に費用がかかることを理由に返金の延期を申し入れてきた。嘉永《かえい》四年（一八五二）から分割返済されたが、完済したのは金次郎没後の安政《あんせい》三年（一八五六）の暮れになってであった。返済された報徳金は、一部が金次郎の郷里の栢山《かやま》村の復興に用いられたほかは、すべて日光神領の復興仕法に投入されている（関係文書は『全集』一九所収）。

震災救助の申し出と拒絶

その間、嘉永六年二月二日に関東地方を大地震が襲い、とりわけ小田原藩領の被害は大きかった。江戸にいた金次郎は小田原の鵜沢作右衛門に被害状況を問い合わせ、鵜沢もただちに取り調べて報告した（「相州小田原大地震取調御届書写」『全集』一九）。

被害の甚大さを知った金次郎は、忠真の霊前に伺いを立てたうえで、当年返金分の三〇〇〇両の報徳金を無利息五ヵ年賦で被災者に貸し付け、危難を救うよう小田原藩に申し出たが、拒絶されてしまった（「小田原御領分村々大地震ニ付御内慮奉伺候書付」『全集』一九）。危急の時にあってでさえ、同藩は金次郎の関与を忌避《きひ》したのである。

鵜沢作右衛門の隠居と死去

大勘定奉行の職に復帰して以降、報徳仕法への関与を断たれていた鵜沢作右衛門は、藩の金次郎へのたび重なる仕打ちに、どのような思いをいだいたであろうか。彼はたびたび隠居を願い出たものの、金次郎への合流を危惧《きぐ》する首脳部は認めなかった。嘉永六年九月、ようやく隠居が許され家督を譲ったが、すでに病身となっていた。

翌年、病《やまい》をおして駕籠《かご》で領内を巡見し、村々にはいまだ報徳仕法が脈々と息づいていることを確認した彼は、八月七日付けの書状でもって金次郎に伝えた（『全集』九）。

その二ヵ月後、金次郎に二年先立ってこの世を去る。享年《きょうねん》六十五であった。

総本家再興仕法の再開

さて金次郎は、文化《ぶんか》二年（一八〇五）、十九歳の時より総本家再興仕法に取り組んだが、大久保忠真から野州桜町領の復興仕法を命ぜられ、さらには各地の仕法を指導することになったため、中断を余儀なくされていた。積み立ててきた再興基金は桜町領の仕法資金に充《あ》てていた。小田原藩領に仕法が導入されると、二宮一族は総本家再興を強く望むようになったので、天保十二年（一八四一）、同藩領仕法の一環として再開する。
報徳金を拝借して田畑を請け戻し、その小作料でもってさらに請け戻しを進めるという方法で、弘化三年（一八四六）には所持地は三町二反余にまで回復した（「相州足柄上郡栢山村二宮本家再興田畑増益取調帳」。以下、『全集』一六）。だが同年、小田原藩は仕法を撤廃し、金次郎は領内への立ち入りすら禁じられてしまう。彼は、総本家と他の一族家の仕法だけは、どうか継続させてくれ、と藩の江戸留守居に書状でもって嘆願し、藩当局もこれだけは認めてくれた（「嘉永元年　先生より御書簡写」）。

総本家再興の成就

田畑が五町一反余となっていた嘉永七年（一八五四）三月、金次郎は親類と相談して、栢山村名主二宮常三郎《つねざぶろう》の弟の増五郎《ますごろう》を総本家十代目当主に定め、田畑の半分を譲り、残り半分は一族の共同管理下に置き、その作徳《さくとく》金は「本家先祖代々の供養」料に充てるほか、「本家式無量の陰徳積善」となるよう村のために活用することを治定した（「相州足柄上郡栢山村伊右衛門式家株再興田畑作徳取扱方相談書」）。

ここに青年期以来の宿願を成就《じょうじゅ》し、先祖に対する「孝」の責務を果たし終えたのである。着手してから実に五十年近くもの星霜《せいそう》が流れていた。金次郎も早、齢《よわい》六十八歳。

それから二年半後、彼は先祖と父母のもとへと旅立つ。

第九　老いと死

一　中村藩の報徳仕法導入と娘の結婚・死

中村藩の概要

中村藩《なかむらはん》は、相馬《そうま》家が陸奥国《むつのくに》宇多《うだ》・行方《なめかた》・標葉《しねは》の三郡、現在の福島県相馬市と南相馬市を中心とする地域を領知《りょうち》した藩であり、相馬藩とも称される。

慶長《けいちょう》十六年（一六一一）に小高《おだか》城（南相馬市）から中村城（相馬市）に移り、寛永《かんえい》六年（一六二九）、将軍から与えられた公式の領知高（表高《おもてだか》）は六万石《ごく》と定まった。同藩においても十七世紀には新田開発が進み、実際の生産高（内高《うちだか》＝実高《じつだか》）は高まり、人口も年貢収納高も増大して十八世紀初頭にはピークに達する。

財政危機と文化の御厳法

しかし、その後は両者ともに減少に転じ、宝暦《ほうりゃく》五年（一七五五）、天明《てんめい》三（一七八三）、四、六年と相次いで大凶作・飢饉に見舞われ、飢えと病により多くの死者と失踪者を出したことにより、人口と年貢収納高は激減し、藩財政は危機的な状態におちいった。

文化《ぶんか》十年（一八一三）に十一代藩主となった益胤《ますたね》（一七九六～一八四五年）は、同十四年（一八一七）

より六万石の格式を一万石に切り下げて藩を運営する徹底した緊縮財政を実施し、「文化の御厳法《ごげんぽう》」と呼ばれた（『相馬市史1　通史編』）。

備荒貯蓄と真宗門徒の移民

益胤は、農村復興に力を入れるとともに、凶作への備えとして村方《むらかた》と町方《まちかた》の貯穀制度を整備した。中村藩は、人口回復のために北陸からの浄土真宗門徒の移民を積極的に進めたことでも知られ、文化十年から廃藩置県までに三〇〇〇戸にのぼる移民を導入している（岩本由輝「一事例を通してみた陸奥中村藩における浄土真宗信徒移民の受容」『東北学院大学東北文化研究室紀要』二八〜三二）。

天保飢饉と報徳仕法導入

備荒《びこう》貯蓄によって、天保《てんぽう》の飢饉時には中村藩領では餓死者は出なかったとされているが、復興途次にあった農村の受けた打撃は大きく、弘化《こうか》二年（一八四五）に報徳仕法が導入されることになる（以下、岩崎敏夫『二宮尊徳の相馬仕法』、拙稿「二宮尊徳と中村藩の報徳仕法」）。

仕法の導入と富田高慶

中村藩への仕法の導入と推進に中心的な役割を果たしたのは、同藩士で、天保十年（一八三九）に金次郎の門弟となっていた富田高慶《とみたたかよし》である。疲弊した自藩領を復興し藩を立て直すことを宿願としており、金次郎に弟子入りしたのも報徳仕法について学ぶためであった。それが良法であることを師に随身しながら身をもって理解した彼は、江戸家老《えどがろう》の草野正辰《くさのまさとき》（一七七二〜一八四七年）と国家老《くにがろう》の池田胤直《いけだたねなお》（一七九一〜一八五五年）に説いて、藩領に施《ほどこ》すことを勧《すす》めた。これを受けて草野と池田は、天保六年（一八三五）に十二代藩主となっていた充胤《みちたね》（一八一九〜八七年）に進言し、その許可を得て同十一年十一月より金次郎に仕法指導の依頼を始める（「相馬興国救民問答」。以下、『全集』三一）。

金次郎への仕法の依頼

だが金次郎は、例によって簡単には引き受けない。たびたび懇願してくる草野や池田らに、仕法の趣旨を説き、財政に「分度《ぶんど》」を確立して、荒地開発と領民の生産・生活安定に尽力する熱意があるかどうかを探った。その確信を得た金次郎はようやくにして受諾する。当時、彼は幕臣であったので、仕法の指導を受けるには幕府の許可が必要であり、天保十四年（一八四三）七月に草野が幕府老中《ろうじゆう》の水野忠邦《みずのただくに》に内々に伺いを立てて承諾を得たうえで、同年十二月、藩主の「相馬大膳亮《だいぜんのすけ》」（充胤）の名で正式に願書を提出した。

富田高慶坐像木彫（個人蔵）

藩財政の分度設定

幕府の許可を得た中村藩は、毎年の年貢収納高を示す資料を金次郎に提出し、藩財政の分度を立ててもらうことにした。

金次郎は、六十年を一周度とし、三周度を天地人に配して計百八十年間、寛文《かんぶん》五年（一六六五）から天保十五＝弘化元年（一八四四）までの年貢収納高を調査対象とし、三周度それぞれの平均収納高を算出した。その結果、一四万七九俵余、一一万八〇六四俵余、六万三七九三俵余と大幅に減少していっていることが判明したので、第一周度を盛時、第二周度を中時、第三周度を衰時とみなした。

そして、中時を二分して盛時、衰時にそれぞれ加え、上期九十年を陽《よう》、下期九十年を陰《いん》とし、陰時の宝暦五年（一七五五）～天保十五年の平均収納高七万六三四七俵余に、最近十ヵ年の平均収納高五万七二〇五俵余を加え、二分して算出した六万六七七六俵余を、以後十年間の藩財政の分度とした（「天禄温故中庸為政御土台帳」）。年貢収納高がもっとも落ち込んでいた時期を基準に分度を設定したわけである。

為政の基本策定

金次郎はこのようにして分度を設けたうえで、今後の為政の基本を次のように定めた（「天禄復古積徳為政御土台帳」「天禄復古積徳永安為政準縄帳」）。①藩財政は、分度内の年貢収納と、在郷給人《ざいごうきゅうにん》・足軽《あしがる》・郷士《ごうし》・職人などからの上納米、諸方からの拝借金、山野河海《さんやかかい》の用益や酒造などの諸営業に対して課す浮役《うきやく》・小物成《こものなり》、塩専売の利潤などによってまかなう。②分度外の年貢収納分は、（A）前々から実施してきた寿命料・養育料の支給、社倉・非常囲穀《かこいこく》の運営費用、新百姓取り立てなどの費用（「前々より三郡荒地開発人別増・寿命養育古復料」）と、（B）報徳仕法の費用（「窮民撫育・荒地開発難村古復料」）に充当する。そのうち

（A）は毎年一万一五三三俵余の定額とする。③分度は一期＝十年ごとに改定する。新分度は最初の分度に十年間の平均年貢収納高を合わせて二分したものとする。

分度遵守とその要因

金次郎の指導した仕法は多くの場合、領主は分度外の年貢増収分を財政に組み込むようになり、それに抗議する金次郎と対立して、両者の関係が断絶するに至っている。それに比べ中村藩は分度を守り、もっとも好成績をあげた代表例としての評価を得ている。それは、藩主充胤はじめ、当局が報徳仕法の趣旨をよく理解して事業を推進したこともあるが、熊川由美子が指摘するように、文化の厳法以来徹底した緊縮財政を実行し、それを前提に報徳仕法を導入したので、分度を遵守しやすかったことも要因をなしていよう（「二宮金次郎の仕法に関する一考察」）。

御仕法掛の心得

中村藩はこの事業を「興国安民主（仕）法」と呼び、仕法専管の報徳役所を設け、御仕法掛《かかり》の心得を定めた（「御仕法掛心得方大概」）。そこでは、「当御藩内荒地起し返し、窮民御撫育《ごぶいく》、村柄御取り直し御仕法の儀は、誠に富国安民の御大業」であるとして、「百姓安堵《あんど》」を実現し「永久衰廃の憂いこれなきよう」尽力すべきことを説き、こと細かに心得を定めている。そして、「一身を正しふして下民を正道に導き」と、民政に当たる治者としての自己修養を求めた。儒教の言う「修己治人《しゅうきちじん》」（己を修めて人を治む）である。

富田高慶の仕法指導

仕法は、富田高慶が金次郎の代理として指示を仰ぎながら指導した。藩は富田を勧農《かんのう》古復掛、代官次席に任命しようとしたが、富田は固辞した。彼は金次郎から送られた若干の金銭で荒地を開いて自給生活をし、藩からの支給はいっさい受け取らなかった。そのため藩は、彼に支給すべき俸禄を富田の名で仕法の資金に推譲《すいじょう》している。富田は中村藩士ではあったが、あくまで金次郎の代理としての立場で、仕法の指導に当たったのである。藩の役人となり俸禄を受けては、藩の官僚機構に拘束されかねないからである。彼は師の金次郎が、幕府や藩の官僚機構の論理と格闘していたのを間近にみていた。

富田と文の結婚

仕法の指導に心血を注いでいた富田は、嘉永《かえい》五年（一八五二）八月二十八日、中村城下で金次郎の娘の文《ふみ》と祝言《しゅうげん》をあげた（「富田高慶日記」）。仲立ちをしたのは、中村藩家老の池田胤直と、下館《しもだて》藩の郡奉行《こおりぶぎょう》で金次郎と親密な関係にあり、同藩の仕法推進の中心人物の一人であった衣笠兵太夫《きぬがさひょうだゆう》である。富田は三十九歳、文は二十九歳であった。

富田は兄の居宅に寄寓《きぐう》しており、自宅がなかったので、中村藩は城下に新居を建ててくれた。富田も半分を報徳役所に使用することにして拝借する。金次郎は公務に忙殺されて中村に赴《おもむ》くことができず、愛娘《まな》の晴れ姿は目にしていない。

弥太郎と鉸の結婚

同年には文より一足早く四月二十九日に、倅《せがれ》の弥太郎《やたろう》も結婚した。相手は、近江国高島郡大溝《おうみのくにたかしまぐんおおみぞ》（滋賀県高島市）に陣屋《じんや》を構える大名分部《わけべ》家の用人三宅頼母《ようにんみやけたのも》の娘、鉸《こう》である。

この縁談も池田胤直と衣笠兵太夫が世話をしており、衣笠夫妻が媒酌人《ばいしゃくにん》を務めた

（「東郷陣屋二宮金次郎嘉永五年日記帳」『全集』五）。弥太郎は三十二歳、鉸は天保七年（一八三六）生まれの十七歳であった。弥太郎も文も当時としては晩婚であるが、ともあれ所帯を持った。金次郎と妻の波も安堵《あんど》したことだろう。それぞれ六十六歳、四十八歳となっていた。

日光神領復興の下命と文の懐妊

嘉永六年（一八五三）二月十三日には、宿年の悲願だった日光神領《にっこうしんりょう》復興の命も下った。文は懐妊《かいにん》し、夫の高慶に伴われて三月六日に下野国《しもつけのくに》芳賀《はが》郡東郷《ぐんひがしごう》陣屋（栃木県真岡市）に帰ってきた（「東郷陣屋二宮金次郎嘉永六年日記帳」『全集』五）。父母のもとで出産したいと希望したのであろう。

もうじき初孫に会える。健康を害していた金次郎にとって、日光神領復興という大業にとりかかる励みにもなったにちがいない。だが事態は暗転し、悲劇が襲った。

文の死産と死去

体調が思わしくなく床に臥《ふ》した文は、六月五日、死産してしまう。死胎は桜町《さくらまち》の蓮《れん》城院《じょういん》（栃木県真岡市）に葬《ほうむ》られた。文も亡き子を追うように七月七日にあの世に旅立ってしまう（同前）。金次郎が桜町に赴任して翌年、文政《ぶんせい》七年（一八二四）に生まれた文は、あまりにも短い三十年の生涯を閉じたのである。彼女も我が子の眠る蓮城院に埋葬され、婚家には遺髪のみが戻り、高慶の実家斎藤家の菩提寺《ぼだいじ》蒼龍寺《そうりゅうじ》（福島県相馬市）に葬られた。

斎藤高行の仕法指導

三年ほどのちの安政《あんせい》三年（一八五六）十月二十日、金次郎も不帰の人となる。それを機に富田は弥太郎とともに日光神領仕法に携《たずさ》わり、中村藩の仕法は、富田の甥《おい》で金次郎の門人となっていた斎藤高行《さいとうたかゆき》が、富田の代理として指導することになる。藩主充胤《みちたね》はこれまでの富田の功労を謝して同四年、家老席に仰せつけ、ついで政事総裁という政治顧問に任じ、家老上席の格式を与えた（富田家文書）。

二　中村藩仕法の展開と維新

仕法の開始

中村藩の仕法は弘化二年（一八四五）十二月一日、中村城下近郊の宇多郡坪田《つぼた》・成田《なりた》両村（相馬市）から開始された。わずか二ヵ村から始めたのは、金次郎に「一挙に業を遂げんとすると成就《じょうじゅ》しがたい。幾万の廃地を開かんとするにも一鍬《ひとくわ》より始め、幾百邑《ゆう》（村）を再復せんとするにも一邑より始め、順次他邑に及ぼしていくべきだ。たとえば一歩ずつ進んで千里の遠きに至るがごとしである」と諭されたからである（『報徳記』）。

しかも、復興が比較的容易と思われ、人目にもつきやすい村から着手した。その方が仕法の成果が早くあがり、それを目にして仕法実施を懇願する村々が続出するし、復興の成果を他村に推譲することもできる。そうした計算を働かせていた。

仕法資金の推譲

仕法発業にあたり、藩主相馬充胤が御手元金《おてもときん》一〇〇〇両、二宮金次郎が報徳善種金《ぜんしゅきん》二〇〇両、それに報徳加入金として富田久助（高慶）、家老の池田図書《ずしょ》（胤直）、草野半《はん》右衛門《えもん》（正辰）をはじめとする藩士一九人が計金五二両一分《ぶ》二朱《しゅ》と銭六貫《かん》四〇〇文《もん》を、それぞれ推譲した（「三才報徳現量鏡一」。以下、『全集』三一）。

加入金のうち富田の推譲金が金二〇両二分、銭二貫四三三文も占め、家老の池田・草野の各三両、三両二分よりもはるかに多い。

また坪田・成田両村も、弘化二年十二月から翌年九月までに、村方加入米金として計米八九俵余、金二八両余、銭五八貫文余、日掛縄索《ひがけなわない》代銭積立差出として計金四二両余、銭八貫文余を仕法土台金に推譲している（同前）。前者は村人が倹約や手作業に励んで得た米金。後者は、老若男女《ろうにゃくなんにょ》誰でもできる縄ないや、草履《ぞうり》・草鞋《わらじ》作りなどによって得た代銭を一日五文ずつ積み立てたもので、仕法終了後に積立金の倍額が村人に戻された。

相次ぐ仕法実施嘆願

当初は藩が指定した村に仕法を実施し、弘化四年（一八四七）には二ヵ村、翌年には九ヵ村に発業した。仕法の効果が現れるや、思惑どおり、実施を嘆願する村々が相次いだ。そこで、組合郷《くみあいごう》単位に村々の代表の入札《いれふだ》で、本業に出精して他村の模範となっている村を選ばせ、一番札の村に発業する方式を採用した。村人こぞって農業に励んで復興への意欲を示し、周囲の村々から認められることを、仕法実施の要件としたわけである。

分度外米の増加と分度改定

仕法発業時の弘化二年の年貢収納高は四万二五三二俵余で、金次郎の定めた分度を下回っていたが、翌年には分度外米一万二八七三俵余を生じ、以後、仕法の進展に伴い増加してゆき、二期目に入った安政二年（一八五五）には、分度を第一期の六万六七七六俵余から七万二八五八俵余に改定した。三期目の慶応《けいおう》元年（一八六五）にはさらに八万七九二俵余にふやしたが、年貢収納量は一〇万一八四六俵余にのぼり、二万一〇五四俵も分度を上回っている。毎年の分度外米のうち定額の一万一五三三俵余は、報徳仕法発業前から実施していた「前々三郡荒地開発人別増・寿命養育古復料」に充《あ》て、残りを報徳仕法の費用に用いた（「天禄復古積徳永安為政正規帳」）。

農村復興と藩財政再建の進捗

仕法導入に伴い設定した分度により、以前から実施していた全領対象の農村復興策の費用も安定的に確保できるようになり、それに村単位に行う報徳仕法が加わり、順調に農村復興と藩財政の再建が進んだのである。

藩士の入門と活動

中村藩に報徳仕法が導入されると、藩士の多くが金次郎に弟子入りし、領内のみならず、日光神領はじめ各地の仕法を手伝った。金次郎晩年と没後の仕法は同藩士が支えており、同藩の仕法も、彼の門人たちのネットワークに組み込まれて推進されたのである。

他領仕法への協力

他の大名・旗本領や幕府領の仕法では領内限りの仕法にこだわり、領域を越えて報徳金や物資、人材を融通《ゆうずう》する金次郎のやり方と対立を招いたが、中村藩は他領の仕法にも積極的に協力した。嘉永六年（一八五三）、日光神領仕法が発業されると、藩主充胤《みちたね》は自領の復興の成果を推譲することを志願し、毎年五〇〇両ずつ十ヵ年献金したいと幕府に伺いを立て、翌年三月に許可されている（「相馬侯献金御内慮伺書並御願済御達書写」）。

蝦夷地開拓

蝦夷地《えぞち》（北海道）の箱館《はこだて》近辺に移民を送り、開拓事業を起こしてもいる（『相馬市史1 通史編』）。国防のために蝦夷地開拓を計画した幕府は、安政二年、金次郎をその任に当たらせようとして意向を聴取したが、すでに日光神領復興の命を受けており、病身でもあったので断った。そこで同四年（一八五七）七月、幕府から中村藩に蝦夷地開拓について照会があり、引き受けたのである（「発端御用留」『全集』三〇）。

「日本国」意識の高揚

藩は一つの国家でもあったが、外圧の強まりは、それを超えた「日本」「皇国」という国家意識を芽生えさせ、嘉永六年六月三日、アメリカ東インド艦隊司令長官ペリー率いる軍艦が浦賀《うらが》（神奈川県横須賀市）に来航したのを機に、一挙に高揚した。中村藩が日本全体の「興国安民」を志向するようになったのも、それと関連していただろう。

『牧民心鑑』の板行

藩主充胤は嘉永六年、中国明《みん》代の民政指導書である『牧民心鑑《ぼくみんしんかん》』の訳注書を板行《はんこう》したが、これも自藩を越えて普及させる意図があったという（小川和也『牧民の思想』）。

戊辰の内乱と財政悪化

だが、幕府倒壊後、中村藩も慶応四年＝明治元年（一八六八）の戊辰《ぼしん》の内乱に巻き込まれ、戦費がかさんで藩財政は火の車となった。そのため翌年五月には仕法発業時の弘化二年設定の分度に戻している（「明治二年五月 当巳十月より向五ケ年御暮方中勘」『原町市史』資料編Ⅲ）。

廃藩置県と仕法の廃止

戊辰戦争では奥羽列藩同盟《おううれっぱんどうめい》に加わったものの、積極的には動かず、新政府軍が藩境にせまると恭順《きょうじゅん》したので減封処分は受けずにすんだが、明治四年七月の廃藩置県により藩としての仕法は廃止を余儀なくされる。それまでに領内二二六ヵ村のうち半分近くの一〇一ヵ村で仕法が実施され、完了に至ったのは五五ヵ村であった（「興国安民方法御引渡書」）。領内の人口は、弘化元年（一八四四）の四万二〇六六人から明治三年には五万七七三三人に増加している（『野馬追の里歴史民俗資料館企画展示図録第七集　相馬中村藩の御仕法』）。

三　日光神領復興の受命と病臥

桜町領仕法の完了と宇津釩之助の感謝

天保八年（一八三七）十二月に宇津《うつ》家へ知行所《ちぎょうしょ》桜町領《さくらまちりょう》の引き渡しを終えてからも、同領の仕法は金次郎の助言を仰ぎながら村人が主体となって自治的に進められていた。その仕法もようやく完了することになり、嘉永五年（一八五二）十二月二十四日、宇津釩之助《はんのすけ》は金次郎に対し、三十年来の丹精を謝し、他領の仕法の資財として年々高一〇〇石を永代に贈ることを約した。それは金次郎出府中の日記（以下、『全集』五）嘉永六年正月六日条に書き留めてある。小田原藩主《おだわらはんしゅ》大久保《おおくぼ》忠真《ただざね》から桜町領復興の命を受けたのは文政四年（一八二一）、三十五歳の時。あれから三十年余の歳月が過ぎ去り、六十六歳となっていた。

日光神領仕法実施の下命

さて、弘化三年（一八四六）六月末、二宮一門の総力をあげ二年余もかけて完成した日光神領仕法雛形《ひながた》を幕府勘定所《かんじょうしょ》に提出し終えたものの、発業の命はいっこうに下りなかった。ようやくにして勘定奉行《ぶぎょう》からの下命があったのは、六年半余もたった嘉永六年二月十三日のことである。しかも、「日光御神領村々荒地起し返し難村復旧の仕法取り扱い」のみならず、「御料《ごりょう》私領手広《てびろ》に取り計らい候《そうろう》よう致すべし」というものであった。

それに伴い山内総左衛門《やまのうちそうざえもん》手付《てつき》は免ぜられた。正式発令に先立つ二月十日には、老中《ろうじゅう》の阿部伊勢守《あべいせのかみ》（正弘《まさひろ》）が日光奉行の小出長門守《こいでながとのかみ》に通達していた（「江戸麻布谷町逗留中二宮金次郎嘉永六年日記帳」）。

山内総左衛門の支援

金次郎は日光神領仕法の発業をたびたび嘆願していたが（『全集』二八）、それを側面から支援していたのは山内である。彼は、自己の責任を問われかねない事態になった時には、金次郎の活動を規制したものの、もともとは報徳仕法に理解を示していた。

仕法資金の調達案

金次郎は、日光神領仕法発業を嘆願するに当たり、資金の調達案も提示していた。幕府は財政難で、まかなう余裕などなかったからである。その中心をなすのは、小田原藩から返還予定の報徳金五〇〇〇両と、諸家に融資した報徳金のうち、彰道院殿《しょうどういんでん》（大久保忠真）回向《えこう》料への献金という形で返済させる一二〇〇両である。同仕法が発業されると、先述のように、中村藩主相馬充胤は毎年五〇〇両ずつ十ヵ年献金することを幕府に申し出て、許可された。幕藩制国家の聖地たる日光神領の復興は、一介の百姓の出である、二宮金次郎という一人の老人の双肩にゆだねられることになったのである。

金次郎の構想

彼としても、日光神領を復興して報徳仕法の評価を高め、御料所《ごりようしょ》（幕府領）、私領（大名・旗本領）を問わず全国に仕法を広めてゆく構想を、その雛形作成を命ぜられた時からいだいていたのであるから、ようやくにして、その宿願を果たす時がきたわけである。

老衰

大命を帯びた金次郎はもう六十七歳の老体である。長年にわたり村々の復興に心血を注いできた疲労からか、近年は病気がちになっていた。四月中旬から少し不快を感じていたが十八日から床に臥《ふ》し、東郷《ひがしごう》陣屋より吉良八郎《きらはちろう》と弥太郎が出府《しゅっぷ》中の金次郎のもとに駆けつけるという一幕もあった（「江戸麻布谷町逗留中二宮金次郎嘉永六年日記帳」）。吉良は元谷田部《やたべ》藩士で、藩主から永暇《えいいとま》の処分を受けたのちは金次郎の門人となっていた。

廻村開始と文死去の知らせ

懐妊して東郷陣屋に戻っていた文《ふみ》の出産が間近と聞いて、病身をおして六月三日に帰陣したものの、二日後に対面した初孫は息をしていなかった。文も産後の容体が悪く心配であったが、国家の大命を果たすべく、二十九日、弥太郎、吉良八郎ら四人の供を連れて日光へと旅立った（「東郷陣屋二宮金次郎嘉永六年日記帳」）。一行は七月二日より調査のために日光神領村々の巡廻を始めたが、七月八日、東郷陣屋からの飛脚が到着、文が昨七日に死去したことを知らされる（「日光出役中二宮金次郎嘉永六年日記帳」）。

廻村再開と病臥

顔を合わせるのを楽しみにしていた初孫はこの世に生を享《う》けず、最愛の娘にまで先立たれてしまった。骨身にこたえないはずがない。だが、国家の大任を帯びた身である。帰陣することなく出張先で十日間の忌《き》に服すと、悲しみを胸にしまって廻村を再開した。

日光神領は日光八九ヵ村と称せられたが、新田村を加えると九一ヵ村である。桜町領三ヵ村とは規模がまるで違う。老衰の身にとって真夏の炎天下での廻村は、修行僧の苦行にも似て過酷なものであった。九月十六日、ついに倒れてしまう（同前）。

見舞い客の来訪と兄弟の再会

数人の医師に診察してもらったが、何の病かよくわからない。薬を飲んでも効《き》きめがなく、夜分にもたびたび黄水《おうずい》を吐《は》くほどであった。寺社に祈禱《きとう》を依頼したが、効験《こうけん》はいっこうに現れない。金次郎病臥《びょうが》の知らせを受けて諸方より見舞い客が続々と訪れ、妻の波《なみ》も駆けつけた。ひとまず東郷陣屋に戻って静養することになり、十月十八日に帰陣し、勘定所にもその旨《むね》願い出て許可された。十二月一日には、郷里の栢山《かやま》村から弟の三郎左衛門《さぶろうざえもん》も見舞いに訪れている（同前）。久方ぶりの兄弟の対面であった。

二宮尊徳廻村の像
（小田原市栢山尊徳生誕地）

弥太郎の御普請役格見習就任と代理

幕府は弥太郎に金次郎の代理を勤めさせることに決め、翌嘉永七＝安政元年（一八五四）

二月二十三日、御普請役格見習《ごふしんやくかくみならい》に任じ、一ヵ年に金三両を下すので、「父一同日光御神領村々起し返し、難村旧複の仕法取り扱い、御料私領手広に取り計らうよう」申し渡した（「東郷陣屋二宮金次郎嘉永七年日記帳」）。弥太郎は三十四歳の働き盛りで、優秀な門人たちも多く育っていた。日光神領仕法は弥太郎の指揮のもと門人たちが推進し、金次郎は病床にあってその報告を聞き、指示を与えた。

今市の報徳役所への引っ越しと蝦夷地開墾の下命

安政二年（一八五五）には日光今市《いまいち》（栃木県日光市）に報徳役所と長屋、土蔵が落成したので、四月末に一家門弟こぞって引っ越した。

そこに五月十一日、山内総左衛門と勘定所からの御用状《ごようじょう》が到来する。箱館《はこだて》および蝦《え》夷《ぞ》地《ち》を開墾せよとの用命である。だが、自身は病身であり、門人たちも各地の仕法で多忙をきわめていたため、断らざるをえなかった（「今市宿二宮金次郎安政二年日記帳」、「蝦夷地並箱館付村々開墾等之儀に付御達並請書扣《ひかえ》」『全集』三〇）。幕府は、国防強化とその費用捻出のために計画した蝦夷地開拓という国家的大事業の責を、老衰の身の金次郎に負わせようとしたのである。二宮一門は開発のエキスパートとして評価されていたことを物語る。

中村藩士の蝦夷地開拓

安政四年（一八五七）七月十二日には、かつて勘定所役人として報徳仕法に理解を示していた箱館奉行の竹内下野守《たけうちしもつけのかみ》（保徳《やすのり》）から、中村藩に対し、同藩士の伊東発身《いとうほつみ》と新妻助惣《にいづますけぞう》を蝦夷地開墾のために雇い入れたい、と申し入れがあった。

だが、両人ともに二宮門下で、同藩仕法にとって欠かせない人材である。そのため、新妻のみを雇っていただきたいと返答した。十一月十一日、新妻は公式に御雇いの辞令を受け、ひきつづいて同藩士の佐々木《ささき》長左衛門《ちょうざえもん》と大友新六《おおともしんろく》も雇用され、翌年、箱館付近の開墾に着手する（「発端御用留」『全集』三〇）。

大友亀太郎の蝦夷地開拓

小田原藩領の農家の出身で二宮金次郎に弟子入りしていた大友亀太郎《かめたろう》も、幕府の蝦夷地開拓事業に抜擢され、安政五年に蝦夷地に渡り、木古内《きこない》（北海道木古内町）や札幌《さっぽろ》の開発などに従事した。札幌市に残る大友堀が彼の功績を今に伝えている。

四　白鳥の歌

初孫の誕生

金次郎の容体に快方の兆《きざ》しがみえず、報徳役所は沈痛な空気に覆《おお》われていたが、喜びに沸き立つひと時もあった。安政二年（一八五五）の十一月十六日、弥太郎の妻鉸《こう》が男児を出産したのである。日記（『全集』五）には「一同大悦《たいえつ》の事」とある。金次郎は初めて孫の顔をみることができた。幼名《ようみょう》は金之丞《きんのじょう》、長じて実名《じつみょう》を尊親《たかちか》、通称を金一郎《きんいちろう》と名乗る。

この孫が、明治の後半、祖父の果たせなかった北海道開拓に乗り出し、同地に「報徳」の種をまくことになる。初孫誕生の喜びに浸った金次郎であるが、病は重くなる一

白鳥の歌

方であった。日記の大晦日《おおみそか》の条には、次のように書きつけてある。

予《よ》が足を開ケ、予が手を開ケ、予が書簡ヲ見よ、予が日記ヲ見よ、戦々兢々《せんせんきょうきょう》深淵《しんえん》に臨むが如《ごと》く、薄氷をふむが如し。

金次郎の日記は天保の中頃より倅《せがれ》の弥太郎や娘の文、あるいは門人たちによって代筆されていたが、口授して筆録させることもあった。この言葉も、病の床にあって語ったのを筆録したものであるのは間違いない。死期の近いのを悟《さと》ったのであろう。幕藩《ばくはん》制解体期の政治と社会の現実に立ち向かい、領主と領民の狭間《はざま》に立って、まさに薄氷を踏む思いで村々の復興に後半生を捧げてきた自《みずか》らの人生の感懐を、考道につくしてきた曽子《そうし》（孔子《こうし》の弟子）の遺言《ゆいごん》に傍点の一句を加えて、表現したのである。おそらくや、声を絞り出すようにして語ったにちがいなかろう。悲痛な白鳥《はくちょう》の歌（辞世）である。

御普請役への昇進

翌安政三年（一八五六）二月二十三日、老中堀田備中守《ほったびっちゅうのかみ》（正睦《まさよし》）から、「御神領荒地起し返し、その余難村立て直し等の儀格別骨折り相勤め候に付き、出格《しゅっかく》の訳を以て」、御普請役《ごふしんやく》を仰せ渡され、高三〇俵と三人扶持《ぶち》を与えられることになった（「発端御用留」『全集』三〇）。

幕府は金次郎の長年の労に報いるために、特別の計らいとして、御普請役格から正規の御普請役に昇進させたのである。

危篤状態

栄誉に浴したものの、九月半ば頃から病勢が募り、十月に入ると重篤《じゅうとく》な状態となった。

遺言

死去

法名授与と仮内葬

各地の親類、門人、知人らに報知の飛脚が発せられ、十月十四日には、中村藩主相馬充胤《みちたね》が日光金蔵坊に祈禱を依頼した。金次郎は集《つど》った門弟たちを枕元に呼び寄せ、こう遺言した（「今市宿二宮金次郎安政三年日記帳」、原漢文）。

鳥のまさに死なんとす、その鳴くや哀れなり、その言や善し。慎めよ、慎めよ小子《しょう》子《し》、速きを欲するなかれ、速きを欲すれば則《すなわ》ち大事乱れる。勤めよ小子、倦《う》むなかれ。

拙速に報徳仕法を進めようとすると、障害が生じる。功を焦らず、倦むことなく、着実に勤めよ。このような訓戒を遺《のこ》し、十月二十日巳中刻《みのちゅうこく》（午前一〇時頃）、家族、親族、門弟、知人らに看取《みと》られて息を引き取る。足掛け七十年の生涯であった。

十月二十二日、今市の如来寺《にょらいじ》に法名《ほうみょう》を依頼して「誠明院功誉報徳中正居士《せいめいいんこうよほうとくちゅうせいこじ》」を授けられ、翌日、葬儀が営まれ、同寺の境内《けいだい》に埋葬された（同前）。

だが、これはあくまで仮の内葬である。二宮家の菩提寺は郷里の栢山村《かやまむら》にある善栄寺《ぜんえいじ》である。十月二十四日、弥太郎は善永寺に書状を発し、父の死去を知らせるとともに、「当所如来寺へ仮内葬致し」たが、「先祖代々の墓」は貴寺の所有であるので、そこに「歯ならびに遺髪」を納めたく存ずるゆえ、回向《えこう》をしていただきたい、と布施《ふせ》金一両を添えて依頼している（『全集』九）。

如来寺境内（現今市報徳二宮神社境内）の二宮尊徳の土饅頭墓と墓碑

善永寺境内の二宮尊徳墓碑

向かって右の墓碑．左は尊徳が建立した先祖・父母の墓碑．

総本家墓所への遺歯、遺髪埋葬

遺歯と遺髪は、弟の三郎左衛門と、金次郎が再興した二宮総本家の相続人増五郎《ますごろう》によって持ち帰られ、善永寺の総本家墓所に葬《ほうむ》られた。墓碑は、金次郎の建立になる先祖と父母の墓碑の脇に建てられた。弘化三年（一八四六）七月、小田原藩が仕法を撤廃して以来、金次郎は領内に立ち入ることを禁じられていたのであるが、遺歯、遺髪となって郷里の先祖と父母のもとに戻り、その傍《かたわ》らに眠ることになったのである。

遺髪は桜町の蓮城院《れんじょういん》にある娘文の墓の側にも葬《ほうむ》られた。如来寺境内の埋葬地には、墓石は分不相応であるので建てるなという遺言により、土饅頭《どまんじゅう》の形に土が盛られただけであったが、安政五年（一八五八）、門人たちにより石塔墓碑が建立されている。

小田原藩領からの悔み

安政三年十二月二十六日、小田原藩領から、相模国足柄上郡曽比《さがみのくにあしがらかみぐんそび》村（小田原市）の広吉《こうきち》と同郡竹松村（南足柄市）の幸介《こうすけ》二男徳次郎が、豊田正作《とよたしょうさく》らの書状（『全集』九）を携《たずさ》えて、今市に悔《くや》みにやってきた（「今市宿二宮金次郎安政三年日記帳」）。藩内の門人たちは師の訃報《ふほう》に接し、仏事供養を催し代表を今市に赴《おもむ》かせたのである。広吉と幸介は、金次郎に嘆願して自村に仕法を導入し、復興に尽力した人物である。やはり仕法によって難村から立ち直った同藩領の駿河国駿東郡藤曲《するがのくにすんとうぐんふじまがり》村（静岡県小山町）では、金次郎没後一周忌《しゅうき》に当たる安政四年十月、名主以下一七名が企画して墓碑を建立し、報恩の念を表わした。

豊田正作死去

悔み状を寄こした小田原藩士の豊田正作は、桜町領の仕法では金次郎と対立したが、その後、忠実な門弟となって補佐した。自藩に報徳仕法が導入されると村々の仕法推進に努めたものの、藩の仕法撤廃宣言により挫折し、失意の晩年を過ごしていた。

安政四年正月、師の跡《あと》を追うように死去する。享年《きょうねん》六十七であった。

五　遺家族の運命

公人としての金次郎の存命

安政三年（一八五六）十月二十日、金次郎は死去したのであるが、それは私人としての死であり、公人としての幕臣「二宮金次郎尊徳《たかのり》」はその後もしばらく生きつづけていた。

相続は当主の隠居もしくは死亡を機になされ、幕府や諸藩の法制では、隠居の場合は「家督《かとく》相続」、死亡の場合は「跡目《あとめ》相続」と称していた。弥太郎が跡目相続するためには、幕府に金次郎の死亡届を出さなくてはならない。そうすると服忌《ぶっき》の義務が生じた。

父母死亡の場合がもっとも長く、忌《き》（自宅にこもって慎む期間）五十日、服《ぶく》（喪に服する期間）十三ヵ月である。忌中は死の穢《けが》れを他に及ぼさないために出仕《しゅっし》を停止させられた。

ましてや神聖な日光神領では穢れはことのほか忌避《きひ》されている。弥太郎が長期間にわたり日光神領仕法を中断することはできない。そこで関係者が相談して、金次郎は存命していることにし、生前相続の手続きをとることにしたのだろう（以下、「発端御用留」）。

「二宮金次郎」名義の暇願い

安政四年十一月、「御普請役《ごふしんやく》　二宮金次郎」の名で勘定所に、病気で勤めができないので暇《いとま》を下され、倅《せがれ》の弥太郎に名跡《みょうせき》を継がせていただきたい旨《むね》の願書が提出された。

弥太郎の御普請役就任

願いを受けて、十二月三日付けで、二宮弥太郎を父跡《ふせき》の御普請役に抱え入れ、父と同様に三〇俵と三人扶持《ぶち》を下す辞令が発せられる。翌五年六月二十九日には、「父金治郎取り計らい来たり候《そうろう》通り」、日光神領仕法を取り扱うとともに、御料《ごりょう》・私領の仕法も手広に取り計らうよう勘定奉行から仰せ渡され、在勤御用中は諸雑費として一ヵ年に金五〇両ずつ下されることになった。父の事業の継承を正式に命ぜられたのである。

金次郎の公式の死亡届

父の隠居による生前相続という形式で手続きを終えたのち、弥太郎は安政六年五月二十日に父の死亡届を出した。仕法がひと段落ついたのであろう。ようやく子として、亡父に対する忌服《きぶく》の孝道を果たすことができた。日光神領仕法の中断を避けるために、二宮金次郎は実際の死後、二年八ヵ月も公式上は生きつづけていたわけである。

弥太郎の改名願いと却下

文久《ぶんきゅう》元年（一八六一）二月、弥太郎は「二宮金治郎」に改名したいと願い出たが、勘定《かんじょう》方《かた》に同名の者がいるという理由で却下されている。当時は家督相続を機に父祖の名を襲名した事例は広くみられるが、弥太郎の場合は、父の名を継ぐことによって、名実ともに父の事業の継承者たらんと欲したのであろう。だが、この時代には同じ役所に同名者が複数存在することは許されず、下位の者が別名にしなくてはならなかった。

弥太郎の御普請役元締格への昇進

父の名を襲うことはかなわなかったが、弥太郎はその遺志を受け継ぎ、日光神領の復興に精魂を傾けた。幕府もそれを評価し、文久元年七月二十三日、御普請役元締《もとじめ》格《かく》に昇格させ、五〇俵と三人扶持を与えることにしている。四十一歳にして父より上位に昇ったのであるが、親子二代にわたる功績が評価されての処遇であったのは間違いない。

関東御料開発計画と頓挫

幕府は慶応《けいおう》元年（一八六五）に財政基盤強化のために関東御料の大開発を計画し、翌年、弥太郎にその事業遂行を命じ、武蔵《むさし》・相模《さがみ》両国を廻村調査させたが、幕末の政治混乱のために頓挫《とんざ》した（「関東開墾御用留」『全集』三〇）。

幕府倒壊と内乱

さて、歴史は幕藩制国家の崩壊という方向に進み、幕府や諸藩の行財政を指導して行う報徳仕法も運命をともにするところとなる。幕府倒壊後、慶応四＝明治元年（一八六八）四月半ば頃から、下野国《しもつけのくに》（栃木県）も旧幕府軍と新政府軍の戦いの場となった。

奥州中村への家族と書類の避難

日光も戦火に巻き込まれる危険が高まった四月十九日、報徳役所は二宮一家と書類の避難の準備を始めた（以下、『いまいち市史　通史編・別編1』）。移転先は奥州中村（福島県相馬市）。仕法を導入し、二宮一家と強い絆《きずな》で結ばれていた中村藩が、救いの手を差し伸べてくれたのである。書類は三つに分けて送り、弥太郎を除く母の波《なみ》、妻の鉸《こう》と三人の子をひとまず避難させた。

日光神領仕法の終焉

四月末から日光にも戦火が及び、報徳役所は業務の打ち切りを余儀なくされる。金次郎が念願し、三十年計画で進めてきた日光神領仕法は十五年で終焉《しゅうえん》を迎えたのである。弥太郎は残務整理を終えたのちに中村へと赴《おもむ》いた。

一家の石神村への移住

中村では二宮一家は藩主相馬家から客分《きゃくぶん》として遇された。当初は城内に借宅していたが、明治三年（一八七〇）、領内の中ノ郷《なかごう》石神村《いしがみ》（南相馬市）に相馬家が新築してくれた家屋に移り住んだ。のちに金次郎の孫の尊親《たかちか》の語ったところによると、書類は民家の土蔵を借りて納めていたが、これも新宅に運んだという（井口丑二『報徳物語』）。

波と弥太郎の死

だが、生活が落ち着いたのもつかの間、翌四年七月一日、波は六十七歳で永眠する。弥太郎も心労が重なったためか病に倒れ、同じ年の十二月一日、五十一歳の若さで父母と妹のもとに旅立ってしまう。弥太郎は相馬家から「良淑先生《りょうしゅくせんせい》」という諡《おくりな》（死後の名前）を贈られた。その名の通り温良で淑徳な人物だったという。

二人の亡骸《なきがら》は背後の山に葬られ、墓標が建てられた。

本来なら、波は夫の郷里の栢山《かやま》村で百姓の妻として生涯を終え、弥太郎はその家を継いでいたはずである。だが、金次郎が野州《やしゅう》桜町《さくらまち》領の復興を小田原藩《おだわらはん》に命ぜられたのを機に、二人の運命も大きく変わった。文政六年（一八二三）、金次郎とともに桜町へと赴《おもむ》いた時には、波はいまだうら若い十九歳、弥太郎は生後一年六ヵ月足らずの幼児であった。

以来、難村復興事業が一家の家業となり、家族が力を合わせて多くの家と村を立て直し、窮民を救ってきた。そして、幕臣「二宮弥太郎尊行《たかゆき》」、その母として維新の荒波に呑み込まれた二人は、遠い奥州《おうしゅう》の地で永久《とわ》の眠りについたのである。

石神墓地への金次郎の墓標建立

　金次郎は一度も中村藩領には足を踏み入れていなかったが、当地の歴史に大きな影響を及ぼし、今日に至るも門弟の富田高慶《とみたたかよし》とともに人びとの精神的支柱となっている。昭和三十年（一九五五）、金次郎百年忌《ねんき》を記念し、波と弥太郎の墓標に並べて彼の墓標も建立された。桜町へと旅立った時の一家三人は、ようやく一緒になれたのである。

尊親の家督相続と富田高慶の後見

　波と弥太郎が死去し、鉸と二男二女の子が残された。鉸は三十六歳である。家督は十七歳になっていた長男の金一郎（尊親《たかちか》）が継ぎ、相馬家から七〇〇石を給せられた。明治六年には富田高慶も二宮家の隣に家を建てて移り住み、尊親の後見役となって、彼を報徳運動の後継者に育てるべく教育した。

二宮家と富田家の姻戚関係再構築

　また、再婚して生まれた長女のトクに尊親の弟で尊徳の孫に当たる延之助《えんのすけ》（高英《たかひで》）を婿《むこ》養子に迎え、再び二宮家との姻戚関係を築いた。

富田高慶と西郷隆盛の仕法継続工作

　明治四年（一八七一）七月の廃藩置県により中村藩は中村県となり、藩営の報徳仕法は廃止となった。十一月には平《たいら》県に併合され、磐前《いわさき》県と改称される。富田は磐前県に七等出仕で採用されると、仕法を存続させるべく政府要人への働きかけを始めた。

　それを支援してくれたのは、松方正義《まつかたまさよし》の紹介で面会した西郷隆盛《さいごうたかもり》である。西郷は、鹿児島藩の農村を荒廃から復興させる手だてを探していた折、江戸で水戸藩士の藤田東湖《ふじたとうこ》から報徳仕法のことを教えられ、関心をいだいていたという。

富田と西郷は、東は相馬から西は鹿児島から報徳仕法を展開して、全国に押し広める構想を語り合い、西郷が大蔵省に掛け合ったものの、大蔵省は財政難から農民保護策を旨《むね》とする報徳仕法には冷淡な姿勢を示した（宇津木三郎「西郷隆盛と報徳仕法」、同『二宮尊徳とその弟子たち』）。それでも、富田や斎藤高行《さいとうたかゆき》らの尽力で、原野荒蕪《こうぶ》地の開墾など報徳仕法の一部の事業は磐前県に引き継がれた。だが、明治九年（一八七六）八月、磐前県が福島県に統合されると、仕法関係の事業はいっさい打ち切られる。

二宮尊親肖像写真（報徳博物館蔵）

興復社設立

そこで富田と斎藤は、翌十年、旧藩や磐前県から受け継いだ資金などを基金として、民間結社の興復《こうふく》社を設立し、富田が社長になり、副社長には二宮尊親を据えた。

開墾や報徳金無利息融資などを行ったが、返済が滞った。十四年（一八八一）に大蔵卿《おおくらきょう》に就任した松方正義によるデフレ政策のもと、農民の没落が急激に進んだためであろう。二十年（一八八七）には事業中止を余儀なくされる。

富田高慶・斎藤高行死去

失意のなか、富田は二十三年正月五日、七十七歳で死去し、二宮家と同じ墓地に葬られた。隣接して立つ墓標は、あの世でも師の家族を見守っているかのようである。

斎藤も二十七年六月十二日、七十六歳で没する。

尊親の渡道と十勝の牛首別原野開墾

富田の死後、三十六歳で社長に就任した尊親は、北海道に新天地を求めるようになる。それは祖父尊徳の遺志を継ぐものであった。明治二十九年（一八九六）、渡道して十勝《とかち》の豊頃《とよころ》村（北海道豊頃町）の牛首別《うししゅべつ》原野を開墾適地と見定め、翌年、北海道庁から牛首別興復社設立の許可を得ると、三十五年（一九〇二）にかけ、六期にわたり計一六〇戸五六二名の入植者を送り込んだ。大半は旧中村藩領出身である。同年には牛首別報徳会が設立される。

尊親の中村帰住

十年間にわたり開拓を指導し、自作農を定着させた尊親は、四十年（一九〇七）、報徳会に興復社農場の運営を任せ、福島県相馬郡中村町に帰った（岩本由輝「相馬興復社による北海道開拓移民」、榎本守恵『北海道開拓精神の形成』）。

書類の整理・謄写

それからは、北海道移住の際に相馬家事務所の倉庫に託していた書類約一万巻の整理・解読と謄写《とうしゃ》事業に専念する。その資金を援助していたのは、精製糖事業を起こして財をなし、静岡県の報徳社員でもあった鈴木藤三郎《すずきとうざぶろう》（一八五五〜一九一三年）である。

尊親の晩年の活動と死

謄写本『報徳全書』は、明治三十年に落成した今市報徳二宮神社に奉納した。また、重要書類を抽出して『二宮尊徳遺稿』を編んで公刊するなど、尊徳研究の礎《いしずえ》を築いた。兵庫県の私立報徳実業学校（現報徳学園高等学校・中等学校）の校長を勤め、報徳主義教育にもつくしている。大正十年（一九二一）に東京に移住し、翌年、六十八歳で病没した。

鉸の晩年と死

弥太郎の妻の鉸《こう》は、夫と姑《しゅうとめ》が死去してからは子女を養育しながら、一家を陰で支えた。息子《むすこ》の尊親が北海道の十勝牛首別に移住した際には、孫の徳《いさお》が札幌農学校に入っていた関係で鉸は札幌に家を構え、徳をはじめとする三人（のち五人）の孫を預かり、面倒をみた。その頃、曽祖父《そうそふ》の尊徳を知らない孫たちに伝えるために、尊徳の日常生活を手記にしたためている（『報徳博物館資料集1』）。明治四十年、一家合流して中村に帰ってからは和歌や日本画を友として余生を楽しんだ。幕藩制の解体―近代化という時代の大転換期を生き抜き、二宮家存続の責を果たした彼女は、大正九年（一九二〇）、八十五年の天寿をまっとうし、夫らの待つ石神の二宮家墓地に永眠した。尊親は母の鉸から、祖父尊徳の人となりについて、こう語って聞かされたという（井口丑二『報徳物語』）。

尊徳の人柄

喜ぶときは至ッて優《やさ》しく、怒るときは畏《おそ》るべく、仰ぎ見る者がなかッたと、老母が申します。道楽は何もありませぬ。事業のみが楽みであッたのでせう。酒は晩酌《ばんしゃく》だけで用いました。晩餐《ばんさん》は門弟等も皆一所で、此《こ》の際種々談話をしたのです。酒は一切献酬《けんしゅう》を禁じました。

第十　近代報徳運動と少年「二宮金次郎」形象

一　報徳社の誕生と展開

報徳社運動の発展

二宮金次郎尊徳およびその門弟たちが、領主の行政を通じて実施しようとした報徳仕法は、あるいは領主側との対立により、あるいは幕藩制の崩壊により、中絶を余儀なくされた。代わって、近代に入ると民間結社の報徳社が全国各地に結成されてゆき、それが主体となって、報徳運動は広範な民衆運動として展開するようになる。のみならずイデオロギーとしての報徳主義は、企業経営や学校教育、社会教育にも浸透していく。

下館報徳信友講と小田原報徳社の成立

報徳社のモデルとなったのは、金次郎が小田原藩家老《おだわらはんかろう》の服部《はっとり》家に奉公していた折、文化《ぶんか》十一年（一八一四）に使用人を対象に組織した「五常講《ごじょうこう》」である（七七～七八頁参照）。その嚆矢《こうし》は、通説では、天保《てんぽう》十四年（一八四三）成立の下館《しもだて》（茨城県筑西市）の報徳信友講と小田原報徳社であったとされている。前者は下館藩の家臣が結んだ互助組織であるが（『全集』二六）、同藩仕法の衰退とともに幕を閉じており、近代の報徳社運動にはつながっていない。後者は、小田原城下の町人たちが金次郎から教諭を受け、三六名で結成している。彼から拝借した報徳金一六〇両とメンバーの報徳加入金を基金として、家政再建のために無利息融資を行う互助組織で、講としての色彩が強いものであったが、小田原報徳社の母体となった（松尾公就「小田原報徳社の成立と展開」）。

大澤市左衛門・小才太父子の仕法

小田原藩領には嘉永《かえい》五年（一八五二）に「克譲社《こくじょうしゃ》」が誕生し、やはり近代報徳社運動の源流の一つとなる。その発端は、相模国大住郡片岡村《さがみのくにおおすみぐんかたおか》（神奈川県平塚市）の地主、大澤市左《おおさわいちざ》衛門《えもん》・小才太《こさいた》父子の始めた報徳仕法である（早田旅人『報徳仕法と近世社会』第九章、同『近代西相模の報徳運動』）。村の荒廃により地主経営が不安定になったため、天保九年（一八三八）九月、大澤父子は金次郎に面会して片岡村の復興仕法を嘆願し、その折に教諭されたことを実践して、村人の生産・生活再建と自家経営の再建を一体的に進め、成果をあげた。

大沢政吉（福住正兄）

仕法は大澤家の血縁関係を通じて真田村《さなだ》（神奈川県平塚市）や湯本村《ゆもと》（同箱根町）などにも広まった。真田村名主《なぬし》の上野七兵衛《うえのしちべえ》は小才太の弟で、湯本村の仕法を主導したのは、嘉永三年に同村の温泉宿福住《ふくずみ》家に養子に入っていた末弟の政吉《まさきち》で、同家の家督《かとく》を継いで当主名の九蔵《くぞう》を襲名していた。彼は弘化《こうか》二年（一八四五）に金次郎に入門し、五年間随身しながら直接その教えを受けていた。この人物が、明治に入り報徳運動の立役者となる福住正兄《まさえ》（一八二四〜九二年）である。正兄は隠居後の名で、明治四年（一八七一）から名乗る。

克譲社成立

嘉永五年、大澤兄弟により運営される片岡・真田・湯本三村の仕法が合流して「克譲社」を設立し、結社による仕法を開始した。「克譲」とは「よくゆずる」という意味である。

同社は、世話人の経営危機に加えて維新の動乱に巻き込まれたことにより解散に追い込まれたが、福住正兄は新しい時代に順応して報徳運動の復興をはかった（佐々井信太郎『福住正兄翁伝』）。

福住正兄肖像写真（報徳博物館蔵）

福住正兄の報徳運動

明治五年（一八七二）、教部省が教導職を設け、「敬神愛国」「皇上奉戴《こうじょうほうたい》」を旨とする国民教化を開始すると、福住は「報徳教会」を設立し、その一翼を担うものとして公認を受け、自《みずか》らは教導職に任ぜられた。平田篤胤《ひらたあつたね》の国学《こくがく》にも傾倒していた彼は、報徳思想を神道的に解釈して教化を行うとともに、報徳社の設立を進めた。解散していた克譲社も報徳教会支社として再興される。同十七年（一八八四）に教導職が廃されたのに伴い、報徳教会も制度的根拠を失って廃止を余儀なくされ、福住は純然たる民間結社として「報徳社」ないし「報徳会」を称して、報徳運動を進めることになる。

『富国捷径』『二宮翁夜話』の刊行

著述・出版活動にも力を注いだ。なかでも明治六、七年に出版された『富国捷径《ふこくしょうけい》』と、同十七〜二十年出版の『二宮翁夜話《にのみやおうやわ》』は、報徳思想の普及に大きな力を発揮する。

富田高慶と岡田良一郎の福住批判

福住は報徳の教えを神道の一派として位置づけ喧伝《けんでん》したが、これについては富田高慶《とみたたかよし》や岡田良一郎《おかだりょういちろう》ら金次郎の門弟からは批判も受けた。だが岡田も、明治後期には「国体《こくたい》の尊厳を明らかにすることが報徳の務め」という解釈に転ずる（見城悌治『近代報徳思想と日本社会』第三章）。

安居院庄七

近代報徳社運動の拠点となったのは遠州《えんしゅう》地方である。同地に報徳仕法を伝えたのは、尊徳の正式な門人ではない、安居院《あぐい（あごいん）》庄七《しょうしち》（義道《よしみち》、一七八九〜一八六三年）という変わった経歴の人物であった（以下、鷲山恭平『報徳開拓者安居院義道』、原口清「報徳社の人々」、海野福寿「遠州報徳主義の成立」）。庄七は、相模国大住郡蓑毛《みのげ》村（神奈川県秦野市）の大山修験密正院《おおやましゅげんみっしょういん》に二男として生まれ、曽屋《そや》村（同前）の穀物商磯屋安居院家に婿《むこ》入りした。穀物商《あきな》いに失敗し、金次郎に金を無心する目的で、天保十三年（一八四二）に野州桜町陣屋《やしゅうさくらまちじんや》を訪れたものの、面会を許されない。そこで、風呂番として陣屋の厄介《やっかい》になっているうちに、金次郎が門人や来訪者に話して聞かせる報徳の教えを耳にして感化され、報徳の教理の会得に努めたと伝えられる。帰郷後、報徳仕法を商売に適用して家政再建に成功し、良法であることを確信した庄七は、やがて家郷《かきょう》を捨てその伝道者として各地を流浪した。

遠州の報徳運動

遠州で最初に受容したのは長上郡《ながかみ》下石田村《しもいしだ》（静岡県浜松市）の神谷与平治《かみやよへいじ》であり、弘化四年（一八四七）、彼を世話人とする下石田報徳社の設立をみている。翌嘉永元年（一八四八）には佐野《さや》郡倉真《くらみ》村（同掛川市）岡田佐平治《おかださへいじ》も庄七に面会して、報徳仕法について伝授され、倉真村下組に報徳社を結成した。その後、遠州各地に報徳社が結ばれていく。

大参会開催と遠江国報徳社設立

運動を主導したのは村役人層の豪農たちである。各結社はメンバーが推譲《すいじょう》した報徳善種金《ぜんしゅきん》でもって、自治的に難村復興仕法と個別の家政再建仕法を実施していたが、支配領域を越えて連繋する動きも活発になり、嘉永五年七月、下石田村の神谷与平治宅に遠州一円の報徳世話人が参集した大参会が開かれた。以後、毎年開催され、それが母体となって明治八年（一八七五）十一月、「遠江国《とおとうみのくに》報徳社」が設立されるに至る。初代社長は岡田佐平治で、翌年四月に長男の良一郎（一八三九〜一九一五年）が二代目社長に就任した。

岡田良一郎

良一郎は、安政《あんせい》元年（一八五四）、十六歳の時に金次郎の門に入ったが、金次郎はすでに病床にあり、二年後に没してしまう。この最晩年の弟子が近代の報徳社運動を主導することになる（原口清「報徳社の人々」、海野福寿・加藤隆編『殖産興業と報徳運動』、拙著『近世の村と生活文化』Ｉ部第四章）。彼は、維新を機に報徳思想を新時代に適応させるべく、ベンサムやミルの唱えた功利主義など西欧の近代思想も積極的に学び、新たな国家・社会のあり方を構想して、政府に対し活発に建言を行った。その一方、地域の近代化をはかるべく殖産興業と教育に力を入れ、政治活動も展開した。

岡田の「財本徳末論」と富田高慶の批判

　良一郎は報徳の実利性を強調することにより、それを広め、国家の評価を得ようとした。殖産興業に積極的に取り組んだのも、その見地に立っての実践だったのであり、財を生じてこそ徳を実践することができるのだという、「財本徳末」論を明治十四年（一八八一）刊行の『報徳富国論』で説いた。この報徳理解は、尊徳の思想の正統な継承者を自任する富田高慶にとっては、とうてい容認できるものではない。富田は、「報徳ノ名ハ徳ヲ本ニスルニ出ヅ、徳ヲ末ニスルノ名ニアラズ。狂セルカナ良一郎」と、激しく論《ろん》駁《ばく》している（加藤仁平編著『二宮尊徳全集補遺』第四章）。

岡田良一郎肖像写真（大日本報徳社蔵）

岡田の報徳社普及運動

　良一郎は報徳運動の指導者として政治への働きかけも活発に展開し、地方政界で活躍したのち、明治二十三年（一八九〇）には衆議院議員となり、国政の場に乗り出した。同三十一年（一八九八）に政治活動から身を引いて以降は、報徳社を全国に広めることに努め、自らが社長を務める遠江国報徳社の傘下《さんか》に入れた。同社所属の報徳社は明治四三年（一九一〇）には二六県五三七社にのぼる。ただし、その六八％近くは静岡県所在で、同県を中心に周辺の神奈川、長野、新潟、愛知の諸県に主として分布している（足立洋一郎「一九〇〇年代における報徳社の分布状況」）。

報徳社の年次別設立件数と報徳関係文献出版数の増加

各報徳社は村（明治二十二年の町村制施行以降は区）を主たる単位として設立されていた。

遠江国報徳社に所属する報徳社の年次別設立件数をみると、一八九〇年代半ば以降増加が目立ちはじめ、日露戦後の地方改良運動が展開された一九〇〇年代後半から一九一〇年代初めにかけて急増している。その後、減少に転じるが、昭和恐慌の対策として昭和七年（一九三二）から政府が推進した農山漁村経済更生運動を機に再び急増する（同前、小川信雄「報徳社の発展過程」）。農村が危機的状況に瀕し、政府が自力更生を促した時期がピークをなしているのである。両時期には報徳関係文献の出版数も増加しており、世間の関心が高まっていたことを物語る（並松信久「つくられた二宮尊徳」）。

地方改良運動と報徳社・報徳会

日露戦争に勝利して帝国主義国家の仲間入りをすると、欧米列強に伍していくために国力を増進することが国家的な課題となった。その一環として、国家官僚主導で町村財政の基盤強化と生活習俗の改良をはかる地方《ちほう》改良運動を開始したが、その際、国家の諸要請を受けとめ、自発的・主体的に下から運動を推進しうる篤志家《とくしか》集団として、報徳社

大日本報徳社への改称と報徳社大合同

岡田良平と一木喜徳郎

に注目した。その一方、推進組織を上からも創り出す。明治三十九年（一九〇六）に設立した半官半民の「報徳会」（大正元年〈一九一二〉、中央報徳会と改称）がそれである。同会は機関誌『斯民《しみん》』を発行して報徳主義を鼓吹《こすい》する（宮地正人『日露戦後政治史の研究』第一章）。

大日本報徳社講堂（旧遠江国報徳社公会堂）
明治36年（1903）に建築（静岡県掛川市）.

遠江国報徳社は明治四十四年十月、社名を「大日本報徳社」と改称する。翌年、良一郎は老齢を理由に社長を退き、長男の良平《りょうへい》が社長に選任される。大日本報徳社を名乗ったとはいえ、全国の報徳社の総本山の地位についたわけではなく、八つの本社がそれぞれ支社を組織して並立していた。それらが大合同して名実を備えるのは大正十三年（一九二四）四月に至ってである。

大合同後の大日本報徳社の社長も岡田良平が務め、昭和九年（一九三四）四月、弟の一木喜徳郎《いちききとくろう》が後任に就《つ》く（十九年十二月まで在任）。良平と喜徳郎は政府高官、政治家として国家権力の中枢を担った人物であり、報徳社運動を国家政策に結びつけていった。両者ともに報徳会の設立とその活動にも関わっている。

一木喜徳郎の推譲論

一木喜徳郎は、明治四十一年（一九〇八）刊行の『報徳の真髄《しんずい》』に「自治と報徳」という一文を載せ、「推譲は名誉の為《ため》に非《あら》ず、報酬の為にも非ず、全く郷里に報じ、国家に報ずるの一念に出づるものでなくてはならない」と説いている。尊徳の報徳仕法を正しく理解したならば、国家と府県市町村も自らの財政に「分度《ぶんど》」を設け、それを超える税収は「安民」策の費用として「推譲」しなくてはならないのであるが、その点は欠落させ、一方的に郷里と国家に奉仕させる規範に換骨奪胎《かんこつだったい》しているのである。

戦時期の大日本報徳社の活動

戦時体制下においては、大日本報徳社は戦争への協力を呼びかける教化活動に力を注ぐ。植民地経営にも関わり、開拓の課題に応じて報徳の精神と仕法を広めようとした。「大東亜《だいとうあ》共栄圏《きょうえいけん》」建設が唱えられると、副社長の佐々井信太郎《ささいしんたろう》（一八七四～一九七一年）は、「一円融合」を理念とする報徳思想は、皇道を圏内に確立する唯一の手段であると主張して、その実現に寄与しようとした（見城悌治『近代報徳思想と日本社会』第八章）。

「富国安民」と「富国強兵」

尊徳が創始した報徳仕法は「興（富）国安民」の実現をめざすものであった。それは、「富国強兵」路線に対抗する論理、ひいては反戦の論理ともなりうるが、近代の報徳運動は現実にはそのような歴史的役割は果たさなかった。報徳思想を広めることが第一義で、その方途《ほうと》として時々の国家政策に迎合《げいごう》したきらいがある。その際、指導者たちは、

「富国安民」の論理を、「富国強兵」の論理とどのように折り合いをつけたのか。近代の報徳運動と国家との関係を考えるとき、この点の分析が鍵《かぎ》となろう。

二　少年「二宮金次郎」形象と国民教化

寺門静軒の尊徳伝執筆と富田高慶の『報徳記』執筆

安政三年（一八五六）十月二十日、二宮尊徳が没すると、その直後から伝記の編纂が門弟たちの間で話題になった。本来なら息子《むすこ》の弥太郎《やたろう》（尊行《たかゆき》）か門弟が執筆すべきであるが、仕法でその暇《いとま》がない。そこで、尊徳と親交のあった寺門静軒《てらかどせいけん》に依頼した。彼は『江戸繁盛記《えどはんじょうき》』で評判を博《はく》していた文人である。静軒は弥太郎や門弟たちの座談をもとに執筆したが、真にせまるものがない。やむなく富田高慶が一気呵成《いっきかせい》に書きあげた。同年十一月のことである。翌年、それを推敲《すいこう》して八巻とした。これが二宮尊徳の伝記の原点となる『報徳記《ほうとくき》』で、後世、名作の評判を得て、今日まで読み継がれている。

『報徳記』の天皇への献上と出版

明治十三年（一八八〇）、旧中村藩主の相馬充胤《そうまみちたね》は、『報徳記』を浄書して天皇に献上した。十六年（一八八三）、宮内省がこれを印刷して政治・行政関係者に頒布し、十八年には農商務省と大日本農会が刊行して国民の間に行き渡り、二宮金次郎尊徳の名とその事蹟が広く知られるところとなった。

政府が『報徳記』に注目し、普及させようとしたのは、大蔵卿《おおくらきょう》松方正義《まつかたまさよし》のデフレ政策により農民の没落が急激に進み、農村の更生が課題となっていたからである。

尊徳への贈位と報徳二宮神社創立

明治二十四年（一八九一）には故二宮尊徳に従四位《じゅしい》が贈られた。尊徳への贈位は報徳関係者を喜ばせ、神社建設の気運を盛り上げ、二十七年（一八九四）、神奈川県小田原に、三十年には栃木県今市（日光市）に、「報徳二宮神社」が創立されるに至る。尊徳は神に祭りあげられたのである。後者には、翌年、二宮尊行《たかゆき》と富田高慶も合祀《ごうし》された。

宮内省の『報徳論』不受理

尊徳は贈位により、近代天皇制国家の栄誉の体系に位置づけられたのであるが、では政府は、どのような観点から彼を評価したのであろうか。この点を考えるうえで見落とせないのは、『報徳記』と一緒に天皇に献上された、同じ富田の著述になる『報徳論』の方は、下げ戻されていたことである。宮内省官吏が示した理由を宇津木三郎が紹介しているが（「二宮尊徳「人道作為」論の歴史的性格」）、それによると、『報徳記』の描く人物像については、「篤実温良《とくじつおんりょう》にして、人心を動かすに足るものあり」と評価しているものの、『報徳論』の方は、刊行したならば「誤りを天下に伝うる恐れあり」と断じている。

「人道作為」論の危険視

『報徳論』は、「人道作為」論に立って為政者に対し、「興国安民」のために主体的に自《みずか》らの職分《しょくぶん》（責務）に励むべきことを求めた政道論書である（一八七〜一八九頁参照）。だが政府は、天皇の統治する日本の国体は、天道にもとづく絶対不変の自然的秩序で

小田原報徳二宮神社

今市報徳二宮神社

あり、人為によって変えられるものではない、という立場をとっていた。したがって、「人道作為」論に、体制変革を正当化する危険性を見てとったのであろう。

資本主義化と報徳社運動・報徳思想

尊徳は、為政者の「安民」を保障する仁政《じんせい》、富裕者の社会の福利への貢献、一般民衆の勤労、この三者が相和することによって、「興（富）国安民」を実現できる、と考えていた。だが、非情な弱肉強食の資本主義世界システムに編入された日本は、欧米列強に肩を並べるために「富国強兵」を国家目標に掲げ、「安民」策を放棄する。

政府は報徳社運動に注目はしたが、それは急激な資本主義化の踏み台とされて疲弊した農村を自力で更生する運動としてである。

報徳思想も、本来の論理は換骨奪胎され、もっぱら勤倹自助努力と相互扶助《ふじょ》、一致協力を国民に促し、自発的に国家に奉仕させるイデオロギーとして鼓吹されることになる。したがって、為政者に対し「安民」につくすべき責任をきびしく説く『報徳論』は、この点でも受け入れがたいものであったにちがいない。

近世の儒教的仁政論と近代の儒教

近世の幕藩領主は「公儀《こうぎ》」として国家公権を担い、仁政を施《ほどこ》し「安民」を保障する責務を負っていた。尊徳も民本徳治《みんぽんとくち》の仁政論に立って領主に治者としての責任を説いたのであり、思想的には正統性をもっていた。それゆえ、治政を担う武士の間でも共鳴を得、彼の協力者になる者も少なくなかった。だが近代においては、儒教はもっぱら家族倫理や臣民の倫理として国民に説かれ、治者の倫理規範という面は捨象されてしまった。近世と近代では政治文化が異なっている。儒教的仁政論にもとづく尊徳の政道論が、近代の国家官僚には説得力をもちえなかったのは、その点にも理由があろう。

国家官僚の天皇への責任

儒教の政道論は「民は国の本《もと》」という民本主義に立脚しており、為政者は民の生活安定に責任を負ったのであるが、近代日本の国家官僚が責任を負うべきは天皇に対してであって、国民ではなかったのである。

『二宮翁夜話』の政道論欠如

明治十七～二十年（一八八四～八七）出版の福住正兄著『二宮翁夜話』は、平易な文章で報徳の教えを説き、報徳思想を国民の間に広めるのに大きな役割を果たしたが、人生論や処世訓を主としており、政道論は希薄である。権力側にも受け入れられるように、工夫がこらされていたからである（内山稔「尊徳語録類にみられる報徳仕法の基本的性格について」、宇津木三郎「二宮尊徳「人道作為」論の歴史的性格」、同『尊徳を発掘する』）。天覧にも供せられているので、政府もこの書を国家にとって都合のよい書物と認めていたことになる。

宮内省官吏の尊徳評価の観点

宮内省の官吏は『報徳記』の尊徳像を、「篤実温良にして、人心を動かすに足るものあり」と評したが、それはおそらく、極貧《ごくひん》のなかにあって親に孝行をつくし、弟をいたわり、勉学に励み、没落した家を刻苦《こっく》して立て直した時代を指しているであろう。農村の復興事業に取り組んでからは、為政者に対し「安民」を保障する仁政を施す責任をきびしく問い、確執《かくしつ》を生んでいたことは、『報徳記』にも余すところなく語られている。尊徳は決して権力に従順な人物ではなかった。修身教科書に、『報徳記』の記述にもとづき、少年時代の金次郎のみが造形されて取り上げられたのは、そこに理由がある。

修身教科書への二宮金次郎の登場

明治二十三年（一八九〇）十月、教育勅語が発せられて国民教育の大本《たいほん》が確定されると、修身教科書はそれにのっとって編集され、文部省の検定を受けることになる。

二宮金次郎は国定以前の検定修身教科書にも頻繁《ひんぱん》に登場している（以下、唐澤富太郎『教科書の歴史』Ⅷ）。同二十六年刊『小学修身経入門』には、文章はなく、少年金次郎が薪《たきぎ》をかついで本を読みながら歩いている図と、老後の尊徳の羽織をつけた肖像が掲げてある。少年時代に勉学に励んで立身出世したことを、児童の視覚に訴えたのであろう。

幸田露伴『二宮尊徳翁』

前者の図は、小説家の幸田露伴《こうだろはん》が著し、明治二十四年、博文館「少年文学叢書《そうしょ》」の一冊として刊行された『二宮尊徳翁《にのみやそんとくおう》』に口絵として掲載された、「負薪《ふしん》読書図」である（三三二頁参照）。ただ、露伴の『二宮尊徳翁』は、少年時代の金次郎に関する記述はわずかで、大部分は世のため人のために骨身をけずった後半生の生き方を叙述している。

資本主義化が進み、人々が私利を追求する風潮が強まったなかにあって、露伴は、尊徳のような公共の福利のために貢献する人物になってほしい、と少年たちに訴えかけたかったのではなかろうか。

内村鑑三の尊徳評価

内村鑑三《うちむらかんぞう》も『報徳記』を読んで「農民聖人」であると感銘し、明治二十七年（一八九四）に英文で刊行した『Japan and Japanese（日本及び日本人）』で、「代表的な日本人」として、西郷隆盛《さいごうたかもり》、上杉鷹山《うえすぎようざん》、中江藤樹《なかえとうじゅ》、日蓮上人《にちれんしょうにん》と並んで二宮尊徳を海外に紹介した（明治四十一年〈一九〇八〉、『Representative Man of Japan（代表的日本人）』と改題して改訂版出版）。

道徳教育と二宮金次郎

富田高慶が『報徳記』を著した意図も、尊徳の思想と仕法を後世に伝えるためであり、少年時代にはごくわずかしかふれていない。だが、国家の官僚たちは少年「金次郎」のみに目をつけ、それを道徳教育に利用しようとした。

明治26年（1893）刊『小学修身経入門』の二宮金次郎・尊徳図

検定修身教科書には、少年「二宮金次郎」は、自立心、勤勉、忍耐、親への孝行、弟へのいたわりなどの教材としてしばしば取り上げられ、明治三十年代には増加し、国定修身教科書に引き継がれることになる。三十七年（一九〇四）に始まる五期にわたる国定修身教科書にもっとも多く登場する人物は、明治天皇と少年「二宮金次郎」である。

二宮金次郎の文部省唱歌登場

四十四年（一九一一）には文部省唱歌の題材ともなり、「柴刈り、縄ない、草鞋《わらじ》を作り、親の手を助《す》け、弟《おとと》を世話し、兄弟仲良く孝行つくす、手本は二宮金次郎」と歌われる。こうして少年「二宮金次郎」は、勤倹力行《きんけんりっこう》と家族倫理を実践した模範的な帝国小臣民に祭りあげられ、唱歌を通じても児童の脳裏に刷り込まれていったのである。

明治天皇と二宮金次郎

教育史家の唐澤富太郎によれば、絶対的権威の象徴としての明治天皇に、下から対応する人物として位置づけられていたのが、勤倹力行の典型としての、少年「二宮金次郎」であったという。それは絶対的な高みからなされる軍国主義的、国家主義的な国民教化に、ただただ従順に服して勤倹力行に努める理想的な臣民の姿であった。

二宮金次郎のメッセージ

しかも二宮金次郎は、貧農の子として全国いたる所にみられる一般性を備えており、国民に親近感をいだかせやすい人物であった。資本主義化の進行のなかで、家が没落し金次郎と同様な境涯におちいる子どもは無数に発生しつづけた。彼らに対し、貧しいなかにあっても勤倹力行し勉学すれば自力で家を立て直せる、という激励のメッセージを発する役割を、日本近代の歴史において、少年「二宮金次郎」は担わされたのである。

不幸の心理的解決法

その一方で、「二宮金次郎のように勤倹力行につとめたら、こうもならなかったのに」というように、不幸の原因を自分自身に負わせて自責の念にからせるという、日本人ら

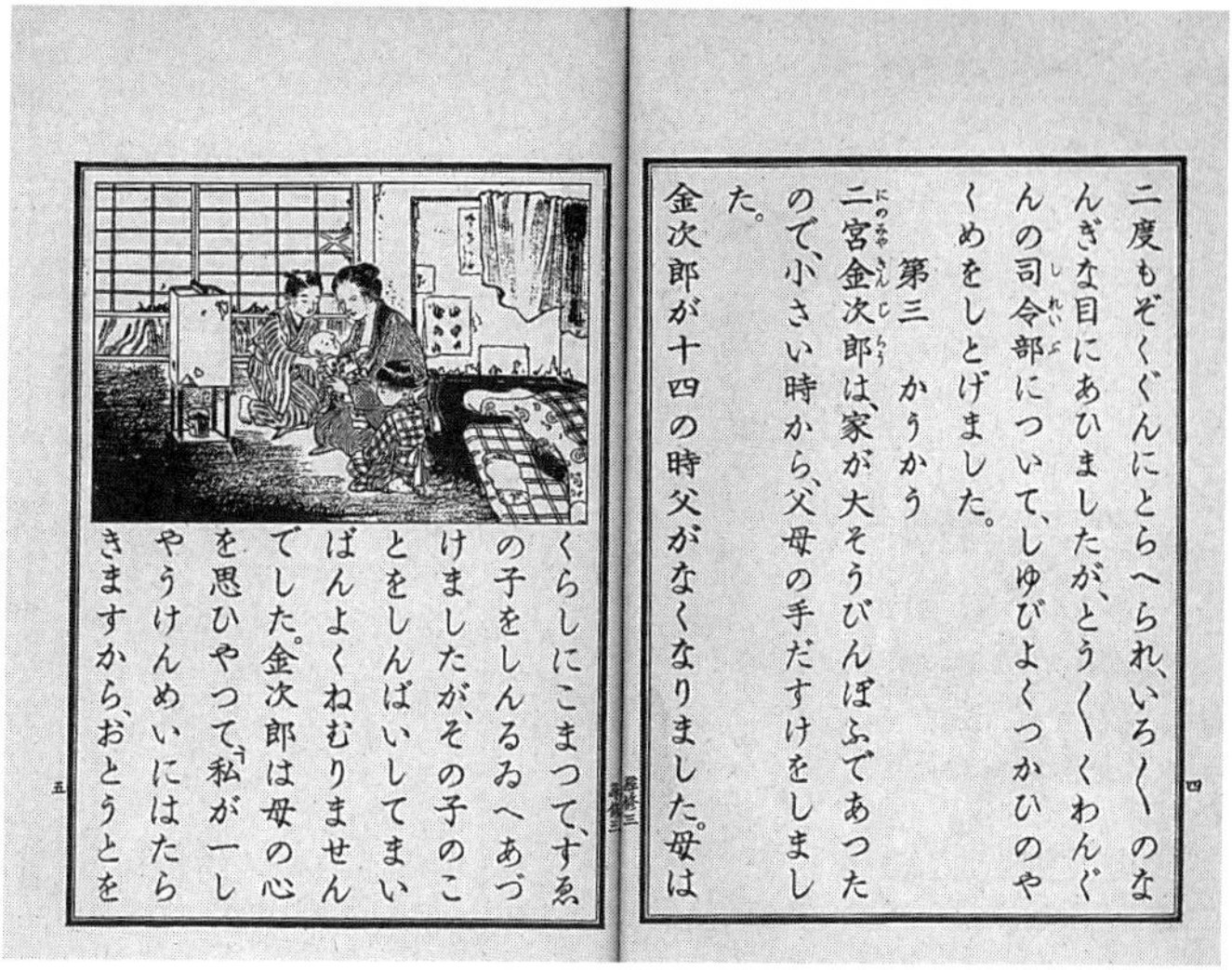
二度もぞくぐんにとらへられ、いろ〳〵のなんぎな目にあひましたが、とう〳〵くわんぐんの司令部《しれいぶ》について、しゆびよくつかひのやくめをしとげました。

第三　かうかう

二宮金次郎《にのみやきんじらう》は、家が大そうびんぼふであつたので、小さい時から、父母の手だすけをしました。

金次郎が十四の時父がなくなりました。母は

四

くらしにこまつて、すゑの子をしんるゐへあづけましたが、その子のことをしんぱいしてまいばんよくねむりませんでした。金次郎は母の心を思ひやつて、「私が一しやうけんめいにはたらきますから、おとうとを

五

大正８年（1919）刊『尋常小学修身書』巻三に登場する二宮金次郎

しい「不幸の心理的解決法」を与える恰好《かっこう》の材料ともなったことを、唐澤は指摘する。

　このように形象された少年「二宮金次郎」像は、薪《たきぎ》を背負って読書する姿にシンボライズされて広まっていった。

　幸田露伴『二宮尊徳翁』の口絵図像「負薪読書図」は、富山の薬売りがおまけとして配り歩いた売薬版画や引札《ひきふだ》（宣伝チラシ）、子ども向けの二宮金次郎の伝記類など、さまざまなメディアに取り入れられたので、広く流布《るふ》するところとなる。

　昭和に入り、恐慌から立ち直るために自力更生運動と報徳教育が展開されるようになると、この「負薪読書図」

薪を背負い読書する二宮金次郎の銅像
（報徳博物館蔵）

を石像や銅像として造形した「負薪読書像」が、全国の小学校に建立されていった。それにより、少年「二宮金次郎」は、帝国小臣民の理想像として、ビジュアルなイメージを伴って国民の間に定着していったのである（岩井茂樹『日本人の象徴　二宮金次郎』、井上章一『ノスタルジック・アイドル二宮金次郎』、松尾公就「二宮金次郎像の変遷と「応召（徴）」」、伊勢弘志『近代の陸軍と国民統制』第八章）。井上章一によれば、負薪読書の二宮金次郎像の普及は、文部省が企図したものではなく、愛知県岡崎の石材業者と富山県高岡の鋳物《いもの》業者が、それぞれ学校に売り込んだ結果だという。それが予想をはるかに超えて普及したのは、それだけ、少年「二宮金次郎」の人気が高かったことを示す。

戦後、価値観と理想的な人間像は大きく変わったが、負薪読書の二宮金次郎像が、小学校の校庭から完全に消え失《う》せたわけではない。今の児童たちには、その像の名前さえ知らない者が多いだろう。だが今日、道徳教育の教科化が現実の日程にのぼり、再び少年「二宮金次郎」がその教材にされようとしている。

今度はどのように形象され、いかなる役割を担わされるのであろうか。

二宮尊徳関係略系図（＝は婚姻・養子関係を示す。没年の（　）内の数字は数えの享年）

- 伊右衛門（栢山村二宮総本家四代目）…（略）…儀兵衛（九代目 寛政九年没）（絶家）…増五郎（二宮常三郎弟 嘉永七年再興）…（略）
- 権右衛門…（略）
- 三郎左衛門
  - 佐平治…（略）…三郎左衛門＝三郎左衛門（尊徳弟）（明治十年没（88））…（略）
  - 万兵衛―万兵衛
    - 万兵衛
      - 万兵衛（尊徳伯父）…（略）
      - 利右衛門（宝暦三年生）（二宮銀右衛門養子）
    - 銀右衛門（天明二年没）＝利右衛門（三代目二宮万兵衛二男）（寛政十二年没（48））
      ＝よし（好）（曽我別所村川久保太兵衛娘）（明和四年生 享和二年没（36））

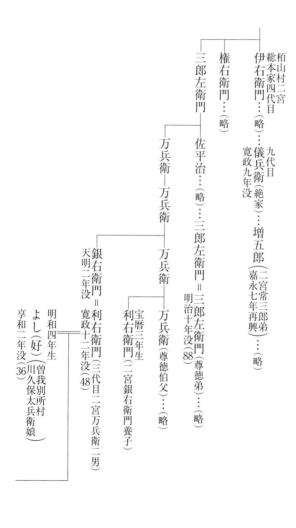

- きの（堀之内村 中島弥之衛門娘）
  ＝ 尊徳（金治（次）郎） 天明七年生 安政三年没（70）
  - 徳太郎 文政二年生 文政二年没（1）
- 尊徳 ＝ なみ（波）（飯泉村 岡田弥吉娘） 文化二年生 明治四年没（67）
  - 尊行（弥太郎） 文政四年生 明治四年没（51）
    ＝ 鉸（三宅頼母娘 大名分部家用人） 天保七年生 大正九年没（85）
    - 尊親（金之丞 金一郎） 安政二年生 大正十一年没（68）—徳—尊道—尊志
    - 延之助（富田高慶養子） 安政五年生
  - ふみ（文） 文政七年生 嘉永六年没（30）
    ＝ 富田高慶（久助 奥州中村藩士） 文化十一年生 明治二十三年没（77）
    ＝ 高英（二宮尊行二男） 明治十七年没（27）…（略）
- 友吉（二宮三郎左衛門養子） 寛政二年生
- 富治郎（富太郎） 寛政十一年生 文化四年没（9）

- サイ（須江家娘）
  ＝ 富田高慶
  - トク ＝ 高英

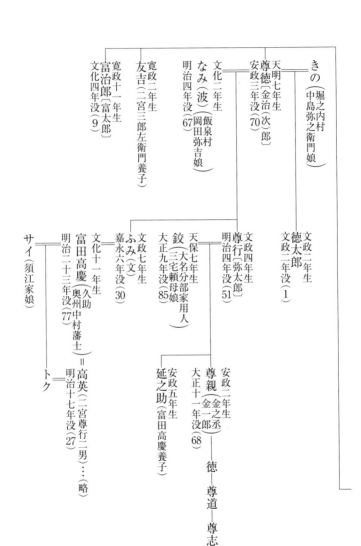

略年譜

年次	西暦	年齢	事蹟（主語を欠くものは尊徳の事蹟）	参考事項
天明　四	一七八四		一二月、二宮利右衛門と川久保よし（好）結婚（金次郎の父母）	
天明　七	一七八七	一	七月二三日、二宮利右衛門・好夫妻の長男として誕生	諸国大飢饉○各地で米騒動発生○老中松平定信が寛政改革開始
寛政　二	一七九〇	四	八月二八日、弟（二男）友吉誕生	
三	一七九一	五	八月五日、暴風雨で酒匂川の堤防が決壊して氾濫し、二宮利右衛門家の田畑流失	八月、全国的に暴風雨
九	一七九七	一一	正月、二宮一族総本家の当主儀兵衛が死去し、絶家となる	
一一	一七九九	一三	一二月晦日、末弟（三男）富治郎誕生	
一二	一八〇〇	一四	九月二六日、父利右衛門死去（享年四八）	
享和　二	一八〇二	一六	三月、母好の実父川久保太兵衛死去○四月、母好死去（享年三六）、父の実家の万兵衛家に厄介になり、弟の友吉と富治郎は母の実家の曽我別所村川久保家に預けられる○六月二九日、酒匂川の氾濫で自家の田畑残らず流失、居宅・家財・諸道具	六〜七月、諸国大雨、洪水

享和 三	一八〇三	一七	をすべて売却 この頃、他家の捨苗を植えて米一俵余の収穫を得、「積小為大」の真理を自得○菜種を荒地や川べりに蒔き、収穫物を売って燈油を得、夜学する	七月、アメリカ船が長崎に来航し通商要求
文化 二	一八〇五	一九	正月、この頃には万兵衛家を出て独立していたらしく、米金出納簿をつけはじめる○この年より米金の貸付がみられる○総本家の二宮伊右衛門家の再興仕法に着手	
三	一八〇六	二〇	三月、父の利右衛門が売り渡した田畑のうち田地九畝一〇歩を初めて請け戻す、以後、請け戻しを進める○一一月、書籍購入を始める（謡本より）○三年から六年にかけて句料を頻繁に支出	三月、江戸大火
四	一八〇七	二一	六月、末弟富治郎死去（享年九）	ロシア船がエトロフ島等襲撃
五	一八〇八	二二	この年より、米金出納簿に給金の記載がみえはじめる	八月、フェートン号事件
七	一八一〇	二四	三月、所持地が一町四反五畝二五歩となる○六月二八日～七月二日、富士登山○一〇月七日～一一月二四日、伊勢参宮、京都、大坂、金毘羅宮、高野山、吉野、奈良にも赴く○一二月、家屋再建、自家の再興なる	
八	一八一一	二五	小田原城下に出て武家奉公を始め、儒教関係の書	六月、ロシア艦長ゴローニン逮捕

			物を購入するようになる	
九	一八一二	二六	奉公先を小田原藩家老服部家に替え、奉公人名を林蔵と名乗る	一一月、神奈川地震
一一	一八一四	二八	曽我別所村川久保家から弟友吉が帰宅○服部家の奉公人らと五常講を組織	
一二	一八一五	二九	二月、服部家の家政再建案策定○二宮権右衛門家の家政再建仕法に着手	
一三	一八一六	三〇	この年には服部家への奉公を辞して自宅に帰っていたらしい	
一四	一八一七	三一	二月、相模国足柄下郡堀之内村中島弥之衛門の娘きのと結婚○一二月、服部家から家政再建仕法を依頼される○弟友吉が二宮三郎左衛門家の婿養子となり、常五郎と改名（のち家督を継いで三郎左衛門を襲名）、同家の家政再建仕法に着手	五～七月、諸国大旱○九月、イギリス船が浦賀に来航
文政元	一八一八	三二	服部家の家政再建仕法を用人から引き継ぎ開始する○一一月、小田原藩主大久保忠真から耕作に出精した模範的人物として表彰される	八月二日、小田原藩主大久保忠真が老中就任
二	一八一九	三三	正月一八日、長男徳太郎誕生、二月二日に死亡○三月、妻きのが家を去り、離縁となる	
三	一八二〇	三四	二月、小田原藩に手段金を出願して許可される○四月二日、相模国足柄下郡飯泉村岡田弥吉の娘な	

			み（波）と再婚○小田原藩に年貢納入枡の改正を献策し、一〇月に考案の枡が採用される○一一月、小田原藩に藩士救済のため年率八朱（八％）の低利融資制度を献策し、採用される（極難藩士には五常講を組織して無利息融資）	
文政四	一八二一	三五	八月、小田原藩主大久保忠真の命で、分家の宇津家の知行所下野国桜町領に赴いて調査、九月二一日、桜町領復興の命を受け、名主役格となる（扶持三人分支給）○九月二五日、長男弥太郎誕生（長じて実名を尚道、次いで尊行と名乗る）○所持地が二町九反九歩となる	八月、近畿・東海地方大暴風雨
五	一八二二	三六	正月、桜町領の調査書と復興仕法計画案を小田原藩に提出して伺いを立て、以後、交渉を重ねる○三月、桜町への引っ越しに備え、所持田畑を処分	四月、イギリス船が浦賀に来航
六	一八二三	三七	三月一二日、家屋敷家財を売却し、翌日、妻子とともに栢山村を出立、江戸で桜町領復興の委任条件に関する議定書を小田原藩から交付される○三月二八日、桜町到着	
七	一八二四	三八	七月一七日、ふみ（文）誕生	八月、関東・奥羽大洪水
九	一八二六	四〇	五月一日、名主役格から組徒格の士分に昇進し、桜町陣屋の現地責任者となる（切米五石・扶持二	

			人分支給）○昇進を機に実名を治政と名乗る	
一〇	一八二七	四一	一二月一一日、小田原から豊田正作が桜町陣屋に赴任、以降、金次郎と対立	一二月、小田原藩領地替えに伴い役人人事異動
一一	一八二八	四二	四月、小田原藩に役儀御免の願書提出○六月二四日、豊田正作が桜町陣屋詰めの任を解かれ、陣屋を去る○一〇月一日、豊田正作が再び桜町陣屋に着任○不二孝の小谷三志と盛んに交遊	六月下旬以降、金次郎の私日記を妻の波が代筆
一二	一八二九	四三	正月四日、桜町陣屋を出奔○三月、成田山新勝寺に参籠し、断食祈願○三月一九日、豊田正作解任○四月八日、桜町陣屋に帰る、以後、仕法進捗	
天保元	一八三〇	四四	正月から三月にかけて妻の波は弥太郎と文同伴で墓参を兼ねて郷里に帰る	
二	一八三一	四五	正月、大久保忠真の日光参詣に際し日光に赴く○一一月、祖父五〇回忌法要のため郷里に帰る○一一、一二月、金次郎の仕法請負期間終了のため桜町領民惣代が江戸に出て宇津家に仕法継続を嘆願	
三	一八三二	四六	仕法請負期間終了後も桜町に留まり仕法を継続指導○八月、飢饉対策を指示○この年より記録に「報徳」の語が登場○無利息報徳金融創始○私日記に思索の深まりを示す道歌を多く書きつける	天保の飢饉始まる（〜天保九年）
四	一八三三	四七	二月、常陸国真壁郡旗本川副家知行所青木村仕法	関東・奥羽大飢饉○親友の横山周平

			発業○八月から一二月にかけて妻の波が心神耗弱のため江戸で療養	死去（享年三六）
天保五	一八三四	四八	二月一九日、組徒格から徒並に昇進し、宇津家代官に就任○四月二七日、不退堂聖純が桜町陣屋を訪れる○六月、小田原藩と宇津家が金次郎に桜町領仕法の継続を正式に委任○不退堂聖純の浄書になる『三才報徳金毛録』成稿○この年から翌年にかけて思索を書き留めた草稿を多く作成	
六	一八三五	四九	谷田部藩仕法発業	
七	一八三六	五〇	桜町領仕法延長終了、翌年、桜町領永安法確定○常陸国真壁郡旗本斎藤家知行所仕法発業	諸国大飢饉
八	一八三七	五一	二月七日、小田原藩、尊徳に仕法実施を正式発令○三月九日、小田原藩主大久保忠真死去（享年五七）○三月初頭から四月下旬にかけて小田原藩領を巡廻して飢民救急仕法実施○一二月、宇津家に知行所引き渡し○烏山藩仕法発業	二月、元大坂町奉行所与力の大塩平八郎が門弟、近在農民らと「救民」を旗印に蜂起
九	一八三八	五二	正月二〇日、小田原藩、松下良左衛門を報徳金御用向取扱の責任者に任じ、鵜沢作右衛門を同御用向取扱とし、尊徳には松下に属して報徳金を取り扱わせる人事を発令○二月、相模国足柄下郡上新田村・中新田村・下新田村を対象に小田原藩領	

			村々の復興仕法開始、日掛縄索法を初めて実践させる○一二月一七日、小田原藩、報徳仕法を地方役人の取り扱いとし、尊徳への地方行政一任を拒絶○下館藩仕法発業	
一〇	一八三九	五三	三月九、一一日、小田原藩士鵜沢作右衛門・山崎金五右衛門、尊徳と報徳の趣旨への忠誠を誓った決心書を提出○六月一日、中村藩士富田久助（高慶）が桜町陣屋を訪れ、九月末頃に入門許可	
一二	一八四一	五五	正月、小田原藩、尊徳から離脱して領内限りで一村仕法を実施する方針を決定	五月、老中水野忠邦が天保改革開始
一三	一八四二	五六	一〇月二日、幕府の御普請役格に召し抱えられる（切米二〇俵・扶持二人分支給）○一〇月一七日、利根川分水路目論見御用を命ぜられ、掘割試掘調査実施○一二月二日、利根川分水路掘割普請計画書を勘定所に提出○一二月二〇日、幕府領下総国岡田郡大生郷村の荒地見分御用を命ぜられ、翌年正月に調査実施○谷田部藩との関係断絶○安居院庄七が桜町陣屋を訪れる	五月、烏山藩元家老菅谷八郎右衛門が『桜街拾実』を水野忠邦に上呈し、金次郎の登用を推薦
一四	一八四三	五七	七月一三日、御勘定所付御料所陣屋手付を命ぜられる○実名を尊徳と改める○下館報徳信友講結成○小田原報徳社結成	閏九月、水野忠邦失脚、天保改革頓挫

弘化 元	一八四四	五八	四月五日、日光神領荒地見分を命ぜられるが、中止となり、仕法雛形作成を下命される	
二	一八四五	五九	四月、中村藩、領民に報徳仕法開始告知○九月、中村藩士斎藤高行入門○一二月、中村藩、陸奥国宇多郡坪田・成田両村から復興仕法開始○大澤政吉（福住正兄）入門	正月二四日、江戸田町の仕法雛形編輯所が類焼し、宇津家邸内に移る
三	一八四六	六〇	六月二八日、日光神領仕法雛形を勘定所に全冊提出し終える○七月一六日、小田原藩、報徳仕法を撤廃し、金次郎と領民の接触を禁じる	五～七月、諸国大雨、洪水
四	一八四七	六一	五月一一日、山内総左衛門手付を命ぜられ、五月二六日に下野国芳賀郡東郷に着任し、東郷村神宮寺に仮住まいする○六月一四日、東郷村より幕領村々の復興仕法着手○神谷与平治が安居院庄七の指導で遠江国長上郡下石田村に報徳社設立	三月二四日、信州善光寺地震
嘉永 元	一八四八	六二	七月、旗本川副家、青木村仕法を引き取り、村民が尊徳に接触するのを阻止○七月、山内総左衛門が東郷陣屋より真岡陣屋に異動となり、東郷陣屋に移る○九月一七日、家族も桜町陣屋より東郷陣屋に引っ越す○岡田佐平治が安居院庄七の指導で遠江国佐野郡倉真村に報徳社設立	
二	一八四九	六三	菩提寺の善永寺境内に先祖・父母の墓碑建立	

三	一八五〇	六四	富田高慶『報徳論』成稿	九月、全国的に暴風雨
四	一八五一	六五	斎藤高行が奥州中村に帰り仕法指導	
五	一八五二	六六	四月二九日、倅弥太郎が大名分部家の用人三宅頼母の娘鉸と結婚○八月二八日、娘文が富田高慶と結婚○一二月二四日、宇津釩之助、三〇年来の丹精を謝し、他領の仕法資財として年々一〇〇石を永代に贈ることを約す○相模国大住郡片岡村に克譲社設立○遠江国の報徳世話人が参集して大参会開催、以後毎年開催	一二月、長野地震
六	一八五三	六七	二月一三日、日光神領復興の命が下る○六月五日、娘文死産○七月二日より日光神領村々の巡廻開始○七月七日、文死去（享年三〇）○九月一六日、日光神領廻村中、病に倒れる	二月二日、関東地震、小田原藩領大被害○六月三日、ペリー率いるアメリカ艦隊が浦賀に来航
安政元	一八五四	六八	二月二三日、倅弥太郎が御普請役格見習に任ぜられ父の代理を勤めることを命ぜられる○三月、二宮総本家再興成就○一〇月、小田原藩士鵜沢作右衛門死去（享年六五）○岡田良一郎入門	三月三日、日米和親条約調印○一一月四、五日、東海・南海地震
二	一八五五	六九	四月、日光今市に報徳役所と官舎落成、一家と門弟こぞって引っ越す○五月一一日、蝦夷地開拓の命が伝達されるが断る○一一月一六日、倅弥太郎の妻鉸が男児出産（幼名金之丞、長じて実名を尊	九月、遠州灘地震○一〇月二日、江戸地震

安政三	一八五六	七〇	親、通称を金一郎と名乗る）○一二月晦日、「予が足を開ケ、予が手を開ケ、予が書簡ヲ見よ、予が日記ヲ見よ、戦々兢々深遠に臨むが如く、薄氷をふむが如し」と人生の感懐を吐露 二月二三日、御普請役格から御普請役に昇進（三〇俵・扶持三人分支給）○一〇月二〇日、死去○一〇月二二日、今市の如来寺から「誠明院功誉報徳中正居士」の法名を授けられる○一〇月二三日、葬儀が営まれ如来寺に埋葬、遺髪と遺歯は郷里の栢山村善永寺の二宮総本家墓所に葬られる○一一月、富田高慶が『報徳記』を著す（翌年推敲して八巻とす）	八月、アメリカ総領事ハリス着任○八月、全国的に暴風雨
四	一八五七		正月、豊田正作死去（享年六七）○一一月、「御普請役　二宮金次郎」の名で勘定所に暇を願う○一二月三日、倅弥太郎が父跡の御普請役に召し抱えられる（三〇俵・扶持三人分支給）	閏五月、駿河地震○七月、箱館奉行が中村藩に蝦夷地開拓のため藩士雇用を申し入れ
五	一八五八		六月二九日、弥太郎、勘定奉行から父の事業継承を正式に命ぜられる	六〜九月、米・英・蘭・露・仏と修好通商条約締結
六	一八五九		五月二〇日、弥太郎が父の死亡届提出	
文久元	一八六一		二月、弥太郎が「二宮金治郎」に改名したいと願い出るが、却下される○七月二三日、弥太郎が御	

慶応　二	一八六六	普請役元締格に昇進（五〇俵・扶持三人分支給）七月一九日、弥太郎が関東御料開発を命ぜられ、一一月末から一二月半ばにかけて武蔵・相模両国を廻村調査するが、計画頓挫	六〜八月、第二次幕長戦争○各地で一揆発生
明治　元	一八六八	四月末、戊辰の戦火が日光に及び、日光神領仕法打ち切り○二宮一家は中村藩の誘いで奥州中村に移住し、城内に借宅	正月三日、鳥羽・伏見の戦いで戊辰戦争始まる
三	一八七〇	二宮一家は中ノ郷石神村の新居に移る	
四	一八七一	七月一日、波死去（享年六七）○七月、廃藩置県により中村藩仕法廃止○一二月一日、弥太郎（尊行）死去（享年五一）○福山滝助が遠江国磐田郡三川村に報徳遠譲社設立	七月一四日、廃藩置県の詔書発布
五	一八七二	富田高慶が報徳仕法存続のため西郷隆盛ら政府要人に働きかける○福住正兄が報徳会を設立し、教導職に任ぜられる	三月一四日、教部省設置
六	一八七三	富田高慶が石神村の二宮家の隣に移り住み、尊親を後見○この年から翌年にかけて福住正兄著『富国捷径』刊行（明治一八年完結）	正月一〇日、徴兵令布告○七月二八日、地租改正条例布告
八	一八七五	一一月、遠江国報徳社設立、岡田佐平治が社長となる	四月一四日、漸次立憲政体樹立の詔勅発布
九	一八七六	四月、岡田良一郎が遠江国報徳社社長に就任	三月二八日、廃刀令布告

明治一〇	一八七七	興復社設立、富田高慶が社長、二宮尊親が副社長となる○弟二宮三郎左衛門死去（享年八八）	一月一一日、教部省廃止○二～九月、西南戦争
一一	一八七八	片岡信明が駿河東報徳社設立	
一三	一八八〇	一〇月、旧中村藩主相馬充胤が『報徳記』を浄書して宮内省に献上し天覧に供す	三月一七日、国会期成同盟結成
一六	一八八三	一二月、宮内省が『報徳記』を印刷して政治・行政関係者に頒布	一一月二八日、鹿鳴館開館式
一七	一八八四	この年から明治二〇年にかけて福住正兄著『二宮翁夜話』刊行	八月一一日、教導職廃止○一〇月、秩父事件発生
一八	一八八五	二月、農商務省が『報徳記』を有志に頒布○八月、大日本農会が『報徳記』公刊	一二月二二日、太政官制度廃止、内閣制度設置
二三	一八九〇	正月五日、富田高慶死去（享年七七）○二宮尊親が興復社社長に就任	一〇月三〇日、教育勅語発布○一一月、国会開会
二四	一八九一	一一月一六日、従四位を追贈される○幸田露伴著『少年文学叢書　二宮尊徳翁』刊行	
二七	一八九四	六月一二日、斎藤高行死去（享年七六）○小田原市に報徳二宮神社創立	八月一日、日清戦争開始
二九	一八九六	二宮尊親が北海道に渡り十勝豊頃村の牛首別原野を開墾適地に選定し、翌年より明治三五年にかけて入植者を送り込む	
三〇	一八九七	今市に報徳二宮神社創立（翌年、二宮尊行と富田	

			高慶を合祀）○二宮尊親が牛首別興復社設立	
三五	一九〇二		二宮尊親が北海道牛首別報徳会設立	
三六	一九〇三		四月、国定教科書制度確立、少年二宮金次郎は翌年より五期にわたる国定修身教科書に登場	
三八	一九〇五		一一月、東京上野で二宮尊徳翁五十年記念会開催	九月五日、日露講和条約調印
三九	一九〇六		四月、半官半民の報徳会設立（大正元年に中央報徳会と改称）	
四〇	一九〇七		二宮尊親が福島県相馬郡中村に帰る	日露戦後恐慌始まる
四四	一九一一		一〇月、遠江国報徳社が大日本報徳社と改称○少年二宮金次郎が文部省唱歌に登場	
大正 元	一九一二		正月、岡田良一郎が大日本報徳社社長を退き、長男の良平が就任	
大正 九	一九二〇		二宮弥太郎（尊行）の妻鉸死去（享年八五）	第一次大戦後恐慌始まる
一一	一九二二		二宮尊親死去（享年六八）	
一三	一九二四		四月、全国の報徳社が大合同し大日本報徳社を本社とす	
昭和 二	一九二七		『二宮尊徳全集』刊行開始（昭和七年、全三六巻刊行完了）	金融恐慌
九	一九三四		四月、一木喜徳郎が岡田良平に代わって大日本報徳社社長に就任（昭和一九年一二月まで在任）	

主要参考文献

一　史　料

加藤仁平編著『二宮尊徳全集補遺』　報徳同志会　一九七一年
神奈川県教育庁社会教育部文化財保護課編『二宮尊徳関係資料図鑑』　報徳文庫　一九九〇年
斎藤高行著・佐藤高俊編『報徳秘稿　上・下』　相馬郷土研究会　一九七六〜七七年
佐々井信太郎代表編集『復刻版　二宮尊徳全集』全三六巻　龍溪書舎　一九七七年
（初版は一九二七〜三二年）
佐藤高俊編『富田高慶日記』　龍溪書舎　一九八一年
奈良本辰也・中井信彦校注『日本思想大系52　二宮尊徳・大原幽学』　岩波書店　一九七三年
『日本農書全集第六三巻　農村振興』　農山漁村文化協会　一九九五年
福住正兄筆記・佐々井信太郎校訂『二宮翁夜話』（岩波文庫）　岩波書店　一九三三年
『報徳博物館資料集1　尊徳門人聞書集』　報徳博物館　一九九二年
『報徳博物館資料集2　富田高慶　報徳秘録』　報徳博物館　一九九四年
『報徳博物館資料集3　斎藤高行　報徳秘稿（抄）』　報徳博物館　二〇〇八年

二　著書・論文

足立洋一郎「一九〇〇年代における報徳社の分布状況」(『静岡近代史研究』三二)　静岡近代史研究会　二〇〇六年

阿部昭「旗本宇津家知行所仕法の請負について」(『国士舘大学文学部人文学会紀要』四〇)　二〇〇八年

阿部昭「二宮尊徳の仕法請負に関する諸問題」(『二宮町史研究』五)　二宮町史編集委員会　二〇〇九年

阿部昭「二宮尊徳自家再建期の経営について」(『国士舘人文学』二)　国士舘大学文学部人文学会　二〇一二年

阿部昭「「報徳思想」の成立と「若林自修作文集」について」(『国士舘史学』一六)　国士舘大学日本史学会　二〇一二年

阿部昭「不退堂聖純著「墾田報徳序」より見た成立期の報徳思想」(『国士舘史学』一七)　国士舘大学日本史学会　二〇一三年

阿部昭「二宮尊徳の桜町領仕法と報徳思想の成立」(『地方史研究』三六六)　地方史研究協議会　二〇一三年

阿部昭「桜町仕法諸施策の展開と住民動向」(『栃木県文書館研究紀要』一八)　二〇一四年

飯森富夫「「栢山二宮氏」の出自をめぐって」(『かいびゃく』四三―七～一〇) 一円融合会 一九九四年
伊勢弘志『近代の陸軍と国民統制』 校倉書房 二〇一四年
稲葉守『尊徳仕法と農村振興』 農山漁村文化協会 二〇一〇年
井上角五郎編『二宮尊徳の人格と思想』 国民工学院 一九三五年
井上章一『ノスタルジック・アイドル二宮金次郎』 新宿書房 一九八九年
井口丑二『報徳物語』 内外出版社 一九〇九年
岩井茂樹『日本人の肖像 二宮金次郎』 角川学芸出版 二〇一〇年
岩崎敏夫『二宮尊徳の相馬仕法』 錦正社 一九七〇年
岩本由輝「相馬興復社による北海道開拓移民」(『講座 東北の歴史』第一巻) 清文堂出版 二〇一二年
上杉允彦「幕政期の報徳仕法」(『立正史学』四三) 立正史学会 一九七八年
内山稔『尊徳の実践経済倫理』 高文堂出版社 一九七八年
内山稔「尊徳研究における原典批判の問題」(『かいびゃく』二七―九～一二、二八―一) 一円融合会 一九七八～七九年
内山稔「尊徳語録類にみられる報徳仕法の基本的性格について」(『かいびゃく』二八―四～一二、二九―一～四) 一円融合会 一九七九～八〇年

宇津木三郎「二宮尊徳の思想の特質と仕法」(『かいびゃく』二七―六、七、八)
一円融合会　一九八七年
宇津木三郎「二宮尊徳と幕府勘定所吏僚山内総左衛門」
(『かいびゃく』三九―七～一二、四〇―一)　一円融合会　一九九〇～九一年
宇津木三郎「二宮尊徳「人道作為」論の歴史的性格」(『かいびゃく』四四―九～四五―一〇)
一円融合会　一九九五～九六年
宇津木三郎「西郷隆盛と報徳仕法」(『大倉山論集』四七)　大倉精神文化研究所　二〇〇一年
宇津木三郎『二宮尊徳とその弟子たち』　夢工房　二〇〇二年
宇津木三郎『尊徳を発掘する』　夢工房　二〇一四年
海野福寿「遠州報徳主義の成立」(『駿台史学』三七)　駿台史学会　一九七五年
海野福寿・加藤隆編　『殖産興業と報徳運動』　東洋経済新報社　一九七八年
榎本守恵『北海道開拓精神の研究』　雄山閣出版　一九七六年
大木茂『尊徳　上下』　随想舎　二〇〇三年
大塚英二『日本近世農村金融史の研究』　校倉書房　一九九六年
大藤修『近世の村と生活文化―村落から生まれた知恵と報徳仕法―』
吉川弘文館　二〇〇一年
大藤修「「土の哲学」と「金銭の哲学」―守田志郎著『二宮尊徳』の論評を通して―」

（『報徳学』二）　国際二宮尊徳思想学会　二〇〇五年

大藤　修「二宮尊徳と中村藩の報徳仕法」（『講座　東北の歴史』第二巻）　清文堂出版　二〇一四年

岡田　博『報徳と不二孝仲間』　岩田書院　二〇〇〇年

岡田　博『二宮尊徳の政道論序説』　岩田書院　二〇〇四年

小川信雄「報徳社の発展過程」（『駿台史学』三一）　駿台史学会　一九七七年

加藤仁平『成田山における二宮尊徳の開眼』　龍溪書舎　一九七七年

上牧健二「天保後期下館藩の尊徳仕法」（『常総の歴史』一七、一八）　崙書房　一九九六〜九七年

上牧健二「下館藩における尊徳仕法導入の経緯」（『茨城史林』二一）　茨城地方史研究会　一九九七年

唐澤富太郎『教科書の歴史』　創文社　一九五六年

河内八郎『幕末北関東農村の研究』　名著出版　一九九四年

木龍克己「二宮尊徳と利根川分水路調査」（『地方史研究』三二一）　地方史研究協議会　二〇〇六年

熊川由美子「二宮金次郎の仕法に関する一考察―相馬藩の場合を中心に―」（『静岡大学人文学部人文論集』二五）　一九七四年

見城悌治『近代報徳思想と日本社会』ぺりかん社　二〇〇九年
小林惟司『二宮尊徳』ミネルヴァ書房　二〇〇九年
紺野浩幸「旗本宇津家の財政と桜町仕法」（『千葉史学』三七）千葉史学会　二〇〇〇年
斎藤清一郎「不退堂藤原聖純考」（『報徳学』九）国際二宮尊徳思想学会　二〇一二年
佐々井信太郎『福住正兄翁伝』報徳文庫　一九二四年
佐々井信太郎『二宮尊徳伝』日本評論社　一九三五年
（一九七七年、経済往来社より復刊）
佐々井信太郎『二宮尊徳の体験と思想』一円融合会　一九六三年
佐々井典比古『尊徳の森』有隣堂　一九九八年
佐々井典比古『尊徳の裾野』有隣堂　一九九八年
下程勇吉『二宮尊徳の人間学的研究』広池学園出版部　一九六五年
柴桂子「二宮尊徳を支えた女性たち」（『かいびゃく』四二―一二、四三―一、二）一円融合会　一九九三～九四年
柴桂子『二宮文』桂文庫　二〇〇〇年
長倉保『幕藩制解体の史的研究』吉川弘文館　一九九七年
中村雄二郎・木村礎編『村落・報徳・地主制』東洋経済新報社　一九七六年
並松信久「つくられた二宮尊徳」（吉田光邦編『一九世紀日本の情報と社会変動』）

京都大学人文科学研究所　一九八五年
奈良本辰也『二宮尊徳』（岩波新書）　岩波書店　一九五九年
仁木良和「小田原藩竈新田村の報徳仕法について」（『立教経済学研究』四五—三）　立教大学経済学研究会　一九九二年
仁木良和「報徳仕法の受容について—小林平兵衛を事例として—」（『立教経済学研究』四七—二）　立教大学経済学研究会　一九九三年
二宮尊徳生誕二百年記念事業会編『尊徳開顕』　有隣堂　一九八七年
二宮康裕『二宮金次郎の人生と思想』　麗澤大学出版会　二〇〇八年
二宮康裕『二宮金次郎正伝』　モラロジー研究所　二〇一〇年
二宮康裕『日本人のこころの言葉　二宮尊徳』　創元社　二〇一三年
林玲子「下館藩における尊徳趣法の背景」（『茨城県史研究』六）　茨城県歴史館　一九六六年
早田旅人『近代西相模の報徳運動』　夢工房　二〇一三年
早田旅人『報徳仕法と近世社会』　東京堂出版　二〇一四年
原口清「報徳社の人々」（『日本人物史大系』第五巻）　朝倉書店　一九六〇年
藤田覚『幕藩制国家の政治史的研究』　校倉書房　一九八七年
舟橋明宏『近世の地主制と地域社会』　岩田書院　二〇〇四年
松尾公就「小田原藩政の展開と報徳仕法」（『かいびゃく』四六—六～九、一一、

四七—一～三、六、七）　一円融合会　一九九七～九八年
松尾公就「小田原藩政の展開と二宮尊徳」（『地方史研究』二八三）　地方史研究協議会　二〇〇〇年
松尾公就「小田原報徳社の成立と展開」（『小田原地方史研究』二一）　小田原地方史研究会　二〇〇〇年
松尾公就「小田原藩の「御分台」と二宮尊徳」（『神奈川県地域史研究』二一）　神奈川地域史研究会　二〇〇三年
松尾公就「堀と道普請にみる報徳仕法」（小田原近世史研究会編『交流の社会史』）　岩田書院　二〇〇五年
松尾公就「二宮金次郎像の変遷と「応召（徴）」」（『昭和のくらし研究』第四号）　昭和館　二〇〇六年
松尾公就「伊豆韮山の報徳仕法と「報徳」ネットワーク」（『小田原地方史研究』二六）　小田原地方史研究会　二〇一二年
松尾公就「二宮尊徳の窮民救急仕法」（小田原地方史研究会編『近世南関東地域史論』）　岩田書院　二〇一二年
宮地正人『日露戦後政治史の研究』　東京大学出版会　一九七三年
守田志郎『二宮尊徳』　朝日新聞社　一九七五年

（二〇〇三年、農山漁村文化協会より復刊）
八木繁樹『報徳運動一〇〇年の歩み』 龍溪書舎 一九八〇年
安丸良夫『日本の近代化と民衆思想』 青木書店 一九七四年
山本悠三『明治末期の民衆統合』 宝文堂 一九八五年
鷲山恭平『報徳開拓者安居院義道』 大日本報徳社 一九五三年

三 自治体史

『いまいち市史 通史編・別冊Ⅰ』 栃木県今市市 一九八〇年
『小田原市史 通史編 近世』 神奈川県小田原市 一九九九年
『小山町史7 近世通史編』 静岡県小山町 一九九八年
『開成町史 通史編』 神奈川県足柄上郡開成町 一九九九年
『相馬市史1 通史編』 福島県相馬市 一九八三年
『栃木県史 通史編5 近世二』 栃木県 一九八四年
『二宮町史 通史編Ⅱ 近世』 栃木県二宮町 二〇〇八年
『原町市史』 福島県原町市 一九六八年
『南足柄市史6 通史編』 神奈川県南足柄市 一九九九年

著者略歴

一九四八年山口県に生まれる
一九七五年東北大学大学院文学研究科博士課程中途退学
一九九四年東北大学より博士(文学)の学位取得
東北大学大学院文学研究科教授を経て
現在　東北大学名誉教授

主要著書
『近世農民と家・村・国家』(吉川弘文館、一九九六年)
『近世の村と生活文化』(吉川弘文館、二〇〇一年)
『近世村人のライフサイクル』(山川出版社、二〇〇三年)
『検証イールズ事件』(清文堂出版、二〇一〇年)
『日本人の姓・苗字・名前』(吉川弘文館、二〇一二年)

人物叢書　新装版

二宮尊徳

二〇一五年(平成二十七)五月二十日　第一版第一刷発行

著　者　大《おお》藤《とう》修《おさむ》
編集者　日本歴史学会
　　　　代表者　笹山晴生
発行者　吉川道郎
発行所　株式会社　吉川弘文館
東京都文京区本郷七丁目二番八号
郵便番号一一三—〇〇三三
電話〇三—三八一三—九一五一〈代表〉
振替口座〇〇一〇〇—五—二四四
http://www.yoshikawa-k.co.jp/
印刷＝株式会社 平文社
製本＝ナショナル製本協同組合

ISBN978-4-642-05274-0

『人物叢書』（新装版）刊行のことば

人物叢書は、個人が埋没された歴史書が盛行した時代に、「歴史を動かすものは人間である。個人の伝記が明らかにされないで、歴史の叙述は完全であり得ない」という信念のもとに、専門学者に執筆を依頼し、日本歴史学会が編集し、吉川弘文館が刊行した一大伝記集である。

幸いに読書界の支持を得て、百冊刊行の折には菊池寛賞を授けられる栄誉に浴した。

しかし発行以来すでに四半世紀を経過し、長期品切れ本が増加し、読書界の要望にそい得ない状態にもなったので、この際既刊本の体裁を一新して再編成し、定期的に配本できるような方策をとることにした。既刊本は一八四冊であるが、まだ未刊である重要人物の伝記についても鋭意刊行を進める方針であり、その体裁も新形式をとることとした。

こうして刊行当初の精神に思いを致し、人物叢書を蘇らせようとするのが、今回の企図である。大方のご支援を得ることができれば幸せである。

昭和六十年五月

日本歴史学会

代表者　坂本太郎

北条重時　森　幸夫著
親　鸞　赤松俊秀著
北条時頼　高橋慎一朗著
日　蓮　大野達之助著
阿仏尼　田渕句美子著
北条時宗　川添昭二著
一　遍　大橋俊雄著
叡尊・忍性　和島芳男著
京極為兼　井上宗雄著
金沢貞顕　永井　晋著
菊池氏三代　杉本尚雄著
新田義貞　峰岸純夫著
花園天皇　岩橋小弥太著
赤松円心・満祐　高坂　好著
卜部兼好　冨倉徳次郎著
覚　如　重松明久著
足利直冬　瀬野精一郎著
佐々木導誉　森　茂暁著
細川頼之　小川　信著
足利義満　臼井信義著
今川了俊　川添昭二著
足利義持　伊藤喜良著
世阿弥　今泉淑夫著
上杉憲実　田辺久子著

山名宗全　川岡　勉著
一条兼良　永島福太郎著
亀泉集証　今泉淑夫著
蓮　如　笠原一男著
宗　祇　奥田　勲著
万里集九　中川徳之助著
三条西実隆　芳賀幸四郎著
大内義隆　福尾猛市郎著
ザヴィエル　吉田小五郎著
三好長慶　長江正一著
今川義元　有光友學著
武田信玄　奥野高広著
朝倉義景　水藤　真著
浅井氏三代　宮島敬一著
織田信長　池上裕子著
明智光秀　高柳光寿著
大友宗麟　外山幹夫著
千　利休　芳賀幸四郎著
豊臣秀次　藤田恒春著
足利義昭　奥野高広著
前田利家　岩沢愿彦著
長宗我部元親　山本　大著
安国寺恵瓊　河合正治著
石田三成　今井林太郎著

真田昌幸　柴辻俊六著
高山右近　海老沢有道著
島井宗室　田中健夫著
淀　君　桑田忠親著
片桐且元　曽根勇二著
藤原惺窩　太田青丘著
支倉常長　五野井隆史著
伊達政宗　小林清治著
天草時貞　岡田章雄著
立花宗茂　中野　等著
宮本武蔵　大倉隆二著
小堀遠州　森　蘊著
徳川家光　藤井讓治著
由比正雪　進士慶幹著
佐倉惣五郎　児玉幸多著
林　羅山　堀　勇雄著
松平信綱　大野瑞男著
国姓爺　石原道博著
野中兼山　横川末吉著
隠　元　平久保章著
徳川和子　久保貴子著
酒井忠清　福田千鶴著
朱舜水　石原道博著
池田光政　谷口澄夫著

山鹿素行　堀　勇雄著
井原西鶴　森　銑三著
松尾芭蕉　阿部喜三男著
三井高利　中田易直著
河村瑞賢　古田良一著
徳川光圀　鈴木暎一著
契沖　久松潜一著
市川団十郎　西山松之助著
伊藤仁斎　石田一良著
徳川綱吉　塚本　学著
貝原益軒　井上　忠著
前田綱紀　若林喜三郎著
近松門左衛門　河竹繁俊著
新井白石　宮崎道生著
鴻池善右衛門　宮本又次著
石田梅岩　柴田　実著
太宰春台　武部善人著
徳川吉宗　辻　達也著
大岡忠相　大石　学著
賀茂真淵　三枝康高著
平賀源内　城福　勇著
与謝蕪村　田中善信著
三浦梅園　田口正治著
毛利重就　小川國治著

本居宣長　城福　勇著
山村才助　鮎沢信太郎著
木内石亭　斎藤　忠著
小石元俊　山本四郎著
山東京伝　小池藤五郎著
杉田玄白　片桐一男著
塙保己一　太田善麿著
上杉鷹山　横山昭男著
大田南畝　浜田義一郎著
只野真葛　関　民子著
小林一茶　小林計一郎著
大黒屋光太夫　亀井高孝著
松平定信　高澤憲治著
菅江真澄　菊池勇夫著
島津重豪　芳　即正著
狩谷棭斎　梅谷文夫著
最上徳内　島谷良吉著
渡辺崋山　佐藤昌介著
柳亭種彦　伊狩　章著
香川景樹　兼清正徳著
平田篤胤　田原嗣郎著
間宮林蔵　洞　富雄著
滝沢馬琴　麻生磯次著
調所広郷　芳　即正著

橘守部　鈴木暎一著
黒住宗忠　原　敬吾著
水野忠邦　北島正元著
帆足万里　帆足図南次著
江川坦庵　仲田正之著
藤田東湖　鈴木暎一著
二宮尊徳　大藤　修著
広瀬淡窓　井上義巳著
大原幽学　中井信彦著
島津斉彬　芳　即正著
月照　友松圓諦著
橋本左内　山口宗之著
井伊直弼　吉田常吉著
吉田東洋　平尾道雄著
佐久間象山　大平喜間多著
真木和泉　山口宗之著
高島秋帆　有馬成甫著
シーボルト　板沢武雄著
高杉晋作　梅溪　昇著
川路聖謨　川田貞夫著
横井小楠　圭室諦成著
小松帯刀　高村直助著
山内容堂　平尾道雄著
江藤新平　杉谷　昭著

和宮　武部敏夫著
西郷隆盛　田中惣五郎著
ハリス　坂田精一著
森有礼　犬塚孝明著
松平春嶽　川端太平著
中村敬宇　高橋昌郎著
河竹黙阿弥　河竹繁俊著
寺島宗則　犬塚孝明著
樋口一葉　塩田良平著
ジョセフ＝ヒコ　近盛晴嘉著
勝海舟　石井孝著
臥雲辰致　村瀬正章著
黒田清隆　井黒弥太郎著
伊藤圭介　杉本勲著
福沢諭吉　会田倉吉著
星亨　中村菊男著
中江兆民　飛鳥井雅道著
西村茂樹　高橋昌郎著
正岡子規　久保田正文著
清沢満之　吉田久一著
滝廉太郎　小長久子著
副島種臣　安岡昭男著
田口卯吉　田口親著
福地桜痴　柳田泉著
陸羯南　有山輝雄著
児島惟謙　田畑忍著
荒井郁之助　原田朗著
幸徳秋水　西尾陽太郎著
ヘボン　高谷道男著
石川啄木　岩城之徳著
乃木希典　松下芳男著
岡倉天心　斎藤隆三著
桂太郎　宇野俊一著
徳川慶喜　家近良樹著
加藤弘之　田畑忍著
山路愛山　坂本多加雄著
伊沢修二　上沼八郎著
秋山真之　田中宏巳著
前島密　山口修著
成瀬仁蔵　中嶌邦著
前田正名　祖田修著
大隈重信　中村尚美著
山県有朋　藤村道生著
大井憲太郎　平野義太郎著
河野広中　長井純市著
富岡鉄斎　小高根太郎著
大正天皇　古川隆久著
津田梅子　山崎孝子著
豊田佐吉　楫西光速著
渋沢栄一　土屋喬雄著
有馬四郎助　三吉明著
武藤山治　入交好脩著
坪内逍遙　大村弘毅著
山室軍平　三吉明著
南方熊楠　笠井清著
山本五十六　田中宏巳著
中野正剛　猪俣敬太郎著
河上肇　住谷悦治著
牧野伸顕　茶谷誠一著
御木本幸吉　大林日出雄著
尾崎行雄　伊佐秀雄著
緒方竹虎　栗田直樹著
石橋湛山　姜克實著
八木秀次　沢井実著

▽以下続刊